Grund- und Aufbauwortschatz Griechisch

bearbeitet von
Thomas Meyer
Hermann Steinthal

ERNST KLETT SCHULBUCHVERLAG LEIPZIG
Leipzig Stuttgart Düsseldorf

Inhalt

*Im Grundwortschatz werden solche Wörter mit einem Sternchen * gekennzeichnet, auf die unter den aktuellen Bedingungen beim Lernen verzichtet werden kann.*

Neuausgabe 1993

1. Auflage 1 14 13 12 11 | 2013 2012 2011 2010

Im Inhalt unveränderte Neuausgabe des 1973 erstmals erschienenen Klettbuches Nr. 6632. Alle Auflagen und Ausgaben können im Unterricht nebeneinander benutzt werden, sie sind untereinander unverändert. Die letzte Zahl bezeichnet das Jahr dieses Druckes.

Internetadresse: http://www.klett.de
Einbandgestaltung: Manfred Muraro, Stuttgart
Druck: Druckhaus Götz GmbH, Ludwigsburg

ISBN 3-12-663210-6

Hinweise für den Benutzer

Dieses Buch will dem Benutzer genau diejenigen Vokabeln zu lernen geben, die er bei der Lektüre griechischer Texte kennen sollte, damit er direkten Zugang zu den Texten gewinnt und das Lexikon nicht ständig und hastig heranziehen muß, sondern es für wenige wichtige und gründliche Nachforschungen reservieren kann.

Statistische Untersuchungen des Wortschatzes verschiedener europäischer Sprachen haben in den Grundzügen überall (auch in der „toten Sprache" Latein) das gleiche Ergebnis gebracht: Nur 100 verschiedene Wörter machen ungefähr 50% aller in Texten gezählten Einzelwörter aus. Das bedeutet: Denkt man sich ein Lexikon mit einem Bestand von 50000 Wörtern, füllen die häufigsten 100 ebensoviel Text wie die übrigen 49900 zusammen. Rund 1000 verschiedene Vokabeln ergeben in der Regel schon 80% der Texte, 3000 sogar 90%.
Der Grund- und Aufbauwortschatz Griechisch bietet die in griechischen Texten häufigen Wörter. Nun kommen zwar viele Wörter nahezu in allen Texten häufig vor. Andererseits fallen bei jedem einzelnen Autor einige Vokabeln als häufig auf, die anderswo kaum zu finden sind. Das liegt u.a. daran, daß bei den Griechen die großen Themen und Gattungen der Literatur (Geschichtsschreibung, Philosophie u.s.f.) erst entstehen und dabei ihren Wortschatz ausbilden. Das vorliegende Wörterlernbuch bietet deshalb nicht einen einheitlich fixierten Wortschatz, sondern erlaubt es, für eine bestimmte Lektüre nur den jeweils benötigten Lernwortschatz gezielt zusammenzustellen.

Die Auswahl basiert auf Häufigkeitszählungen bei folgenden Autoren: Platon und Aristoteles; Herodot, Thukydides und Xenophon; Homer, Tragiker (Aischylos, Sophokles und Euripides); Neues Testament. (Beim Neuen Testament und den Tragikern sind die Häufigkeitszahlen aus den einzelnen Büchern bzw. Autoren addiert worden; diese Gruppen wurden also je als „ein Autor" gezählt).

Zugrunde lagen die Indizes und Spezialwörterbücher zu den einzelnen Autoren. Die Zählung erstreckte sich auf das gesamte Werk dieser Autoren (ausgenommen sind nur die Fragmente der Tragiker). Jede Beschränkung hätte eine zu enge Festlegung der zu wählenden Lektüre oder aber eine Minderung der Brauchbarkeit dieses Wortschatzes bedeutet. Eine gewisse Vorentscheidung liegt natürlich schon in der Beschränkung auf die genannten Autoren. Dieses Corpus dürfte jedoch — aus sehr verschiedenen Bereichen der Literatur — die Autoren umschließen, aus denen am ehesten längere Partien gelesen werden, bei denen es sich folglich am ehesten lohnt, ihre spezifischen Wörter in einen Lernwortschatz zusammenzufassen.

Alle darüber hinaus gelesenen Autoren dürften von dieser Basis aus mit dem Lexikon gut zugänglich sein.

Aufgenommen wurden die Wörter, die mit folgender Häufigkeit bei den einzelnen Autoren vorkamen:

Aristoteles: mindestens 20 mal
Herodot: mindestens 12 mal
Homer: mindestens 30 mal
Neues Testament: mindestens 10 mal
Platon: mindestens 12 mal
Thukydides: mindestens 10 mal
Tragiker: mindestens 15 mal
Xenophon: mindestens 12 mal

Durch die Verschiedenheit der Häufigkeitsgrenzen sollen der verschiedene Umfang der Werke und ihre verschiedene Wortschatzstruktur angemessen berücksichtigt werden.
Die Stammformen der „unregelmäßigen" Verben wurden angegeben, soweit sie im untersuchten Corpus häufig sind, damit sich die Lernarbeit auch hier auf die wirklich wichtigen Erscheinungen konzentriert.

Der Grundwortschatz (GWS) besteht aus denjenigen Wörtern, die bei mindestens drei Autoren die geforderte Häufigkeitszahl erreichen (sie wird natürlich oft weit überschritten) und bei den übrigen mehr als nur vereinzelt vorkommen. Vorangestellt sind die **„Kleinen Wörter"**, zumeist sog. Strukturwörter, deren wesentliches Merkmal natürlich nicht ihre Kürze ist, sondern die Tatsache, daß sie sich am besten aus ihren gegenseitigen Beziehungen erhellen und lernen lassen. Manche sind deshalb tabellenmäßig geordnet. Sie gehören nach ihrer Häufigkeit und Wichtigkeit zum Grundwortschatz, dessen sichere Beherrschung unerläßlich ist für jede erfolgreiche Lektüre!

Der Aufbauwortschatz (AWS) gliedert sich nach Autoren. Die Wörter, die sowohl bei Platon als auch bei Aristoteles die genannten Mindestzahlen erreichen, sind im Aufbauwortschatz Philosophie zusammengefaßt. Ebenso gibt es einen zusammenfassenden Aufbauwortschatz Geschichtsschreibung (mit den Wörtern, die bei mindestens zweien der drei Autoren Herodot, Thukydides, Xenophon[1] häufig sind), sowie einen Aufbauwortschatz Poesie (Homer und Tragiker). Der Aufbauwortschatz ist in allen seinen Teilen naturgemäß stark von der Thematik der betreffenden Literatur geprägt. So enthält die zusammenfassende „Philosophie"-Liste die wichtigsten philosophischen Wörter, die über den Grundwortschatz hinausgehen, z.B. ὁ ἔλεγχος, διορίζω, διαλεκτικός. Es ergibt sich auf diese Weise von selbst eine gewisse Ordnung nach Sachgebieten, die das Einprägen der Wörter erleichtert. — Diejenigen Wörter, die bei zwei Autoren häufig sind und nicht in eine der drei genannten zusammenfassenden Listen fallen, sind in zwei Spezialwortschätzen aufgeführt, z.B. ἀγαπητός bei Platon und Neues Testament, ἀγχοῦ bei Herodot und Homer.

---

[1] Xenophon ist natürlich nicht nur „Historiker". Aber die Wörter, die er mit Thukydides und/oder Herodot gemeinsam hat, stammen größtenteils aus seinen historischen Schriften.

Soviel zum grundlegenden Prinzip der Sortierung. Abweichungen davon gibt es in Einzelfällen. Z.B. erreichen die Wörter συφορβός und ὑφορβός, jedes für sich gezählt, nicht die nötige Häufigkeit. Sie sind aber in den Spezialwortschatz Homer aufgenommen, weil sie zusammen genügend häufig sind und fürs Lernen als eine einzige Vokabel betrachtet werden können. Wenn dagegen ein Wort in zwei lautlich stark voneinander abweichenden Varianten auftritt, ist es wie zwei verschiedene Wörter gezählt worden (z.B. ἔρσην bei Herodot gegenüber ἄρρην/ἄρσην bei den übrigen Autoren). — In einigen Fällen konnten stammverwandte Wörter leichter erklärt werden, wenn sie zusammen aufgeführt wurden. So steht ἀλκή zusammen mit ἄλκιμος im Aufbauwortschatz Dichtung, obwohl das erstere die erforderliche Häufigkeit bei den Tragikern nicht erreicht, sondern nur bei Homer. — Jedoch wurde diese „Sippenzusammenführung" nur maßvoll betrieben. Es hätte wenig Sinn, z.B. ἐξῆς in den Grundwortschatz aufzunehmen und zu hoffen, dadurch erleichtere man das Lernen der Wortsippe ἔχω. Solange ἐξῆς kaum in Texten begegnet, ist es keine Lernhilfe, sondern eine zusätzliche Last. Man findet also einige verwandte Wörter, die man in anderen Wortkunden zu einer Sippe vereinigt zu sehen gewohnt ist, hier auf verschiedene Sparten aufgeteilt. Die Verwandtschaft dieser Wörter braucht darum für den Lernvorgang nicht ungenutzt zu bleiben: jeweils bei den später auftretenden Verwandten wird auf bereits bekannte Glieder der Wortsippe hingewiesen.

Den **Aufbau des Ganzen,** den Umfang der einzelnen Teile sowie die verschiedenen Kombinationsmöglichkeiten des Lernwortschatzes zeigt die folgende Skizze:

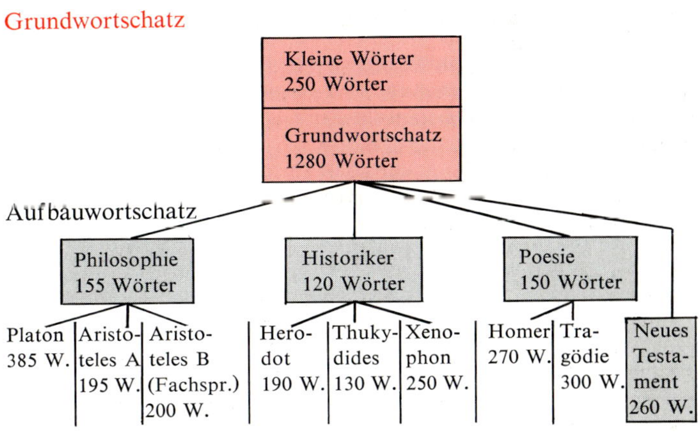

Die ca. 1530 Wörter des Grundwortschatzes (einschließlich der „Kleinen Wörter") dürften großenteils bereits aus der Arbeit am Lehrbuch während der ersten beiden Jahre des Unterrichts bekannt sein. Ein Lerndurchgang am Ende dieser Jahre oder im dritten Jahr sollte den Lernenden dieses Besitzes vollends vergewissern.

Für die weitere **Auswahl des Lernwortschatzes** kommt es auf die Ziele des Unterrichts an:

In einer Klasse z.B., in der zunächst längere Zeit Platon gelesen wird, lernt man zuerst den Aufbauwortschatz Philosophie, dann Platon. Nimmt man an, in Klasse 13 werde dann vorwiegend Tragödie gelesen, also die Aufbauwortschätze Dichtung und Tragödie gelernt: dann hat der Schüler insgesamt ca. 2500 Wörter zu lernen gehabt und hat eine sehr umfassende und gleichzeitig eingehende Wortkenntnis. — Soll dagegen z.B. erst einige Monate Xenophon und in den folgenden Jahren mit einigem Schwergewicht politisch-historische Literatur gelesen werden, so beginnt man mit dem Aufbauwortschatz Historiker, dann folgen Xenophon und Thukydides: zusammen ein Gesamtlernwortschatz von ca. 2000 Wörtern. — Drittes Beispiel: Wenn eine Klasse sich in vielen verschiedenen Literaturregionen umsehen soll oder wenn eine thematisch bedingte Lektüreauswahl Texte sehr verschiedener Art berührt, dann empfiehlt es sich, alle drei zusammenfassenden Listen des Aufbauwortschatzes (Philosophie, Historiker und Dichtung) lernen zu lassen. Nimmt man dann an, daß ein Schüler diesen in die Breite gehenden Wortschatz noch an einer Stelle vertieft (etwa indem er bei Gelegenheit einer größeren Jahresarbeit über Herodot den diesbezüglichen Spezialwortschatz mit ca. 190 Wörtern lernt), so hat er insgesamt ca. 2100 Vokabeln zu lernen gehabt und ist nach allen Seiten bestens gerüstet. Im Zuge der reformierten Oberstufe kann das Lernprogramm im Aufbauwortschatz auch individuell (also nicht klasseneinheitlich) zusammengestellt und auf verschiedene Studieninteressen ausgerichtet werden: Der angehende Theologe wird etwa den Wortschatz Neues Testament lernen, der künftige Mediziner die physiologisch-medizinischen Fachwörter (Aristoteles B), von denen sehr viele in der Fachsprache der heutigen Medizin fortleben.

Mit einem Gesamtlernwortschatz von durchschnittlich 2200 Vokabeln ist man in allen diesen Fällen weit besser für die zu bewältigenden Aufgaben vorbereitet als mit den 3500 oder mehr unsortierten Vokabeln, die andere Wortkunden enthalten.
Neben der Verringerung der Wortmenge bringt dieser Aufbau einen weiteren wesentlichen Vorzug. Alle Wörter werden nun in engem Zusammenhang mit Texten gelernt, in denen sie immer wieder vorkommen. Das richtige und produktive Wörterlernen geschieht nämlich auf zwei getrennten Wegen, die im selben Ziel zusammentreffen. Auf dem einen Weg lernt man die Wörter aus dem speziellen Text: dort wird die Wortbedeutung geklärt und gestützt vom Sinn des Satzes, des Kapitels und der ganzen Schrift, die man liest. Auf dem anderen Wege (den unser Buch hier führt) lernt man die Wörter ebenfalls in einem stützenden und klärenden Zusammenhang: dem des Gesamtwortschatzes der Sprache; denn jedes Wort bekommt seine unverwechselbare Bedeutung durch mannigfaltige Kontraste gegenüber anderen Wörtern. Um diese für das Lernen fruchtbar zu machen, sind hier die Wörter, soweit nötig, nicht einfach nur verdeutscht, sondern dazu versehen mit *Hinweisen*, die man beim Lernen bewußt nutzen sollte:

Die Anordnung nach Wortsippen bietet eine wirksame Lernhilfe im griechischen Wortschatz, dessen einfache, gut durchschaubare Prinzipien der Wortzusammensetzung und Wortableitung das Einzelwort im Zusammenhang seiner Wortfamilie oft auf einen Blick verständlich machen. Dem trägt in diesem Buch die Einordnung der Wörter in ihre Wortfamilien Rechnung. Im Aufbauwortschatz wird dazu am Anfang der jeweils auftretenden Gruppe verwandter Wörter aus dem GWS das zugehörige Leitwort (erstes der Gruppe) mit den engeren Verwandten der neu zu lernenden Wörter aufgeführt. Hier bietet sich zugleich die Möglichkeit laufender Wiederholung und Kontrolle der unerläßlichen Grundkenntnisse. (Vgl. auch S. 5.)

Der Abschnitt **„Wortbildung"** bietet demgemäß eine wichtige Hilfe zur Rationalisierung des Wortverständnisses und des Wörterlernens. Er ist das Bindeglied zwischen Grund- und Aufbauwortschatz und ist mit Absicht an diese Stelle gesetzt worden. Aus dem Grundwortschatz verfügt man über Beispiele für alle wichtigen Wortbildemuster des Griechischen. Wenn nun vor dem Aufbauwortschatz diese Muster als solche zur Kenntnis genommen werden, kann diese Kenntnis das weitere Lernen sehr erleichtern. Der Abschnitt „Wortbildung" ist kurz und einfach gehalten, ebenso wie auch die Wortbildungshinweise bei den einzelnen Wörtern.

Weitere Hinweise erläutern viele Wörter zusätzlich:

△ auf andere, nicht sippenverwandte griechische Wörter, insbesondere Gegenbegriffe (hierauf weist der Doppelpfeil ↔);

△ auf lateinische, deutsche oder andere nichtgriechische Verwandte; hieraus bekommt man oft überraschenden Einblick in die Urbedeutung bzw. die Bedeutungsentwicklung, andererseits in das Weiterleben griechischer Wörter. Diese Angaben sollen darüberhinaus einfach eine anregende Zutat sein: man muß sie nicht behalten, sie bieten aber interessante Merkhilfen.

Die Verdeutschungen selbst sind meist nicht auf ein einzelnes deutsches Wort beschränkt; oft bringt erst ein zweites oder drittes Wort die nötige Klarheit und Verständlichkeit der Bedeutungsangabe. In nicht wenigen Fällen sind hierbei die verschiedenen deutschen Angaben ausdrücklich gegliedert:

△ Mit Ziffern (1., 2. usw.) wird darauf hingewiesen, daß sich mehrere Teilbedeutungen deutlich gegeneinander abheben (selbst wenn sie in *eine* Grundbedeutung zusammenlaufen); wo es tunlich ist, werden dabei die Anwendungsbereiche ausdrücklich benannt („bei Personen", „bei Sachen" usw.).

△ Manchmal ist in Klammern eine „eigentliche" Bedeutung vorangestellt; sie gibt einen Eindruck von der Ur- oder Grundbedeutung des Wortes, eignet sich aber meist nicht als Übersetzungsformulierung.

△ Schließlich gibt das Buch kürzere oder längere Textbeispiele sowie Konstruktionsangaben. Sie zeigen, wie das Wort in Texte eingebaut auftritt.

Wenn man alle diese Hinweise ausschöpft, ist das Wörterlernen nicht nur für die Zwecke des Griechischunterrichts nützlich, sondern vermittelt übergreifende und weiterführende Einsichten in sprachliche und kulturgeschichtliche Zusammenhänge.

Bearbeiter und Verlag

Liste der Abkürzungen und Zeichen

adv.	Adverb, adverbial
Akk.	Akkusativ
allg.	allgemein
Aor.	Aorist
b.	bei(m)
Biol.	Biologie
Bot.	Botanik
Chem.	Chemie
d.h.	das heißt
d.i.	das ist
Dat.	Dativ
eigtl.	eigentlich
enkl.	enklitisch
etw.	etwas
fem.	femininum
Fut.	Futur
Gen.	Genitiv
Geogr.	Geographie
Geol.	Geologie
Impf.	Imperfekt
Ind.	Indikativ
Inf.	Infinitiv
intr.	intransitiv
jmd.	jemand (alle Kasus)
Komp.	Komparativ
Konj.	Konjunktiv
M.	Medium
Math.	Mathematik
Med.	Medizin
Meteor.	Meteorologie
Mus.	Musik(-wissenschaft)
Part.	Partizip
Pass.	Passiv
Pf.	Perfekt
Phil.	Philosophie
Phys.	Physik
Pl.	Plural
Präp.	Präposition
s.u.	siehe unten
spez.	speziell
Stil.	Stilistik
Subst.	Substantiv
Superl.	Superlativ
Techn.	Technik
Theol.	Theologie
tr.	transitiv
urspr.	ursprünglich
v.	von
vgl.	vergleiche
Zool.	Zoologie

— Wiederholung eines vorangegangenen Wortes
↔ Gegensatz
⚠ Achtung!
‹ › stammverwandtes deutsches Wort
D deutsch, Deutsch
E englisch
F französisch
L lateinisch
} (-e Verwandte)
▷ Die Wortfamilie wird auf der folgenden Seite fortgesetzt.

Kleine Wörter

I Artikel

ὁ, ἡ, τό	der, die, das
ὁ μέν..., ὁ δέ....	der eine ..., der andere ...

II **Personalpronomina**	**Reflexive Pers.pron.**	**Possessivpron.**
ἐγώ, ἐμοῦ (μου) *usw.* ich, meiner *usw.* (L ego)	ἐμαυτοῦ, ῷ *usw.* meiner, mir *usw.*	ἐμός, ή, όν mein (L meus)
σύ, σοῦ (σου) *usw.* du, deiner *usw.* (L tu)	σεαυτοῦ (σαυτοῦ), ῷ *usw.* deiner, dir *usw.*	σός, σή, σόν dein (L tuus)
(—, αὐτοῦ, ῆς, οῦ *usw.*, *vgl.* III seiner, ihrer, dessen *usw.*)	ἑαυτοῦ (αὑτοῦ), ῷ *usw.* seiner, sich	(αὐτοῦ, ῆς, οῦ, *vgl.* III sein; *wie* L eius)
ἡμεῖς, ἡμῶν *usw.* wir, unser *usw.*	ἡμῶν αὐτῶν *usw.* unser *usw.*	ἡμέτερος, α, ον unser
ὑμεῖς, ὑμῶν *usw.* ihr, euer *usw.*	ὑμῶν αὐτῶν *usw.* euer *usw.*	ὑμέτερος, α, ον euer
(—, αὐτῶν *usw.*, *vgl.* III ihrer *usw.*)	ἑαυτῶν (αὑτῶν), οἷς *usw.* ihrer, sich *usw.*	(αὐτῶν, *vgl.* III) (ihr, *wie* L eorum)

οἷ *Dat. Sing.*	ihm, sich (*indirekt refl.*)
σφίσι(ν) *Dat. Pl.*	ihnen, sich (*indirekt refl.*)

III αὐτός

αὐτός, ή, ό (⚠)	selbst (*vgl.* Auto-mobil)
ὁ τύραννος αὐτός	der Tyrann selbst, der Tyrann persönlich
ὁ αὐτός, ἡ αὐτή, τὸ αὐτό	derselbe, der gleiche
ἡ αὐτὴ ναῦς	dasselbe Schiff, das gleiche Schiff
⚠ *Gen.*, *Dat.*, *Akk.*	*vertreten das Personalpron. 3. Pers.;*
ὁρῶ αὐτόν	ich sehe ihn [*vgl.* II
⚠ *Gen.*	*vertritt auch das Poss.pron. 3. Pers.;*
ὁ φίλος αὐτοῦ	sein Freund [*vgl.* II

IV **Korrelative Pronomina**

demonstrativ	relativ		interrogativ		indefinit (*enkl.*)
	speziell	allgemein	indirekt	direkt (*auch* indirekt)	
ὅδε, ἥδε, τόδε *und* οὗτος, αὕτη, τοῦτο (△) dieser	ὅς, ἥ, ὅ welcher	ὅστις, ἥτις, ὅτι wer auch immer	ὅστις, ἥτις, ὅτι wer, welcher	τίς, τί; wer? welcher?	τις, τι irgendeiner
τοιόσδε, τοιάδε, τοιόνδε *und* τοιοῦτος, τοιαύτη, τοιοῦτο derartig, so (beschaffen)	οἷος, οἷα, οἷον wie (beschaffen)	ὁποῖος, ὁποία, ὁποῖον wie auch immer	ὁποῖος, ὁποία, ὁποῖον wie (beschaffen)	ποῖος, ποία, ποῖον; wie (beschaffen)?	
τοσόσδε, τοσήδε, τοσόνδε *und* τοσοῦτος, τοσαύτη, τοσοῦτο so groß, so viel	ὅσος, ὅση, ὅσον wie groß/viel	ὁπόσος, ὁπόση, ὁπόσον wie groß/viel auch immer	ὁπόσος, ὁπόση, ὁπόσον wie groß/viel	πόσος, πόση, πόσον; wie groß? wie viel	

οἷον *und* οἷα *adv.*	wie zum Beispiel	οὕτως *und* ὧδε	so
οἷός τέ εἰμι	imstande sein	ἐκεῖνος, η, ο (△) *oder* κεῖνος, η, ο	der dort, jener (*wie* L ille)
ὅσον *adv.*	sofern, soweit		
ὅσῳ ..., τοσούτῳ	je ..., desto ...		

V **Pronomina der Zweizahl** (Dualpronomina)

ἄμφω	beide (L ambo)
ἕτερος, α, ον	1. einer (von zweien) 2. der andere (von zweien) (*vgl.* hetero-gen)
πότερος, α, ον;	welcher von beiden? (L uter)
ὁπότερος, α, ον	welcher von beiden (*allg. rel. + indir. interrog.*)
ἀμφότεροι, αι, α	beide
ἑκάτερος, α, ον	jeder von beiden
οὐδέτερος, α, ον	keiner von beiden (*wie* L ne-uter)

VI **Zahlen und Zahlwörter**

εἷς, μία, ἕν	‹eins›	πρῶτος	der erste (*Phys.* Protonen)
δύο	‹zwei› (L duo)	δεύτερος	der zweite
τρεῖς, τρία	‹drei› (L tres)	τρίτος	der dritte
τέσσαρες, α (τέτταρες)	‹vier› (L quattuor)	τέταρτος	der vierte
πέντε	‹fünf› (L quinque)	πέμπτος	der fünfte
ἕξ	‹sechs› (L sex)	ἕκτος	der sechste
ἑπτά	‹sieben› (L septem)	ἕβδομος	der siebente
ὀκτώ	‹acht› (L octo)	ὄγδοος	der achte
ἐννέα	‹neun› (L novem)	ἔνατος	der neunte
δέκα	‹zehn› (L decem) (*vgl.* Dekade)	δέκατος	der zehnte

δώδεκα	zwölf (*Math.* Dodeka-eder)
εἴκοσι(ν)	zwanzig (L viginti)
ἑκατόν	‹hundert› (*vgl.* Hekt-ar, Hekto-liter)
χίλιοι	tausend (*vgl.* Kilo, *über Ital.*)
δισ|χίλιοι	zweitausend
μύριοι	zehntausend
μυρίοι	unzählige (*vgl.* Myriade)
-κοντα	-zig
z.B. πεντήκοντα	fünfzig
-κόσιοι	-hundert
z.B. διακόσιοι	zweihundert
οὐδείς, οὐδεμία, οὐδέν *bzw.* μηδείς ...	keiner
οὐδέν *bzw.* μηδέν	nichts
ἔνιοι	einige
δίς	zweimal
δισσός, ή, όν *oder* διττός, ή, όν	doppelt
δίχα *adv.*	zweifach, zweigeteilt (*vgl.* Dicho-tomie: Zweiteilung)

ἁπλοῦς, ῆ, οῦν	einfach
διπλοῦς, ῆ, οῦν	doppelt (*vgl.* Diplom: urspr. doppelt gefaltete Urkunde)

VII **Präpositionen beim Genitiv**

ἄνευ	ohne
ἀντί	anstelle von, statt
ἀπό	1. (*räumlich*) von ... her 2. (*zeitlich*) seit
ἐκ *oder* ἐξ	1. (*räumlich*) aus 2. (*zeitlich*) seit
ἐκ πολλοῦ χρόνου	seit langem
ἐκ τούτου	infolge dessen
ἕνεκα (*nachgestellt*)	1. wegen 2. um ... willen
τούτου ἕνεκα	deswegen
ὑγιείας ἕνεκα	um der Gesundheit willen
μέχρι	bis zu
πρό	1. vor (*räuml. und zeitl.*) 2. für (L pro)

VIII **Präpositionen beim Dativ**

ἐν	in
σύν	mit

IX **Präpositionen beim Akkusativ**

ἀμφί	um ... herum (*vgl.* Amphitheater)
ἀνά	1. auf ... hinauf (↔ κατά *b. Gen.*) 2. gemäß, entsprechend
⚠ ἀνὰ πᾶσαν τὴν ἡμέραν	den ganzen Tag über
ἀνὰ κράτος	mit aller Macht
εἰς	in ... hinein, gegen (*wie* L in *b. Akk.*)
⚠ εἰς ἀεί	für immer

X **Präpositionen beim Genitiv oder Akkusativ**

διά	1. *beim Gen.*	durch ... hindurch (*wie* L per)
	διὰ τῆς χώρας	durch das Land
	2. *beim Akk.*	wegen
	διὰ τοῦτο	deswegen
κατά	1. *beim Gen.*	von ... herab (↔ ἀνά) (*Phys.* Kathode ↔ Anode)
	2. *beim Akk.*	gemäß, entsprechend
	κατὰ τοὺς νόμους	gemäß den Gesetzen
	⚠ καθ' ἡμέραν	täglich
	⚠ καθάπερ ἐλέγετο (< κατά + ἅ + περ)	wie gesagt

μετά	1. *beim Gen.*	mit
	μετὰ τῶν φίλων	mit den Freunden
	2. *beim Akk.*	nach (*wie* L post)
	μετὰ τοῦτο	danach
ὑπέρ	1. *beim Gen.*	a) oberhalb (*wie* L super) b) im Interesse von
	ὑπὲρ φίλου κινδυνεύειν	für einen Freund Gefahren auf sich nehmen
	2. *beim Akk.*	über … hinaus (*wie* L ultra) (*vgl.* hypermodern)
	ὑπὲρ δύναμιν	über das Maß seiner Kräfte

XI **Präpositionen beim Genitiv oder Dativ oder Akkusativ**

ἐπί	1. *beim Gen.*	auf … darauf
	ἐπὶ τοῦ ὄρους	auf dem Berge
	⚠ ἐπὶ Κύρου	zur Zeit des Kyros
	2. *beim Dat.*	1. auf … darauf
	ἐπὶ τῷ ὄρει	auf dem Berge
	ἐπὶ τούτῳ *oder* τούτοις	2. in diesem Sinne (*je nach Zusammenhang:* unter dieser Bedingung, aus diesem Grunde, in dieser Absicht)
	3. *beim Akk.*	gegen, zu … hin
παρά	1. *beim Gen.*	von jmd. her
	2. *beim Dat.*	bei, neben
	3. *beim Akk.*	a) zu jmd. hin b) entlang an c) gegen
	φοιτᾶν παρὰ τὸν Σωκράτη	regelmäßig zu Sokrates gehen
	παρὰ τὸ τεῖχος	längs der Mauer
	παρὰ τοὺς νόμους	gesetzwidrig
περί	1. *beim Gen.*	bezüglich, betreffs (*wie* L de)
	διαλέγεσθαι περὶ τῆς πολιτείας	ein Gespräch über den Staat führen
	2. *beim Dat.*	um … herum
	3. *beim Akk.*	um … herum (*wie* L circum)
πρός	1. *beim Gen.*	von … her
	2. *beim Dat.*	a) bei, an; b) zusätzlich zu (πρὸς τούτῳ außerdem, noch dazu)
	3. *beim Akk.*	gegen, zu … hin
ὑπό	1. *beim Gen.*	a) unter (*Frage* wo?) b) *beim Passiv* von (*wie* L ab)
	2. *beim Dat.*	unter (*Frage* wo?)
	3. *beim Akk.*	unter … hinunter (*Frage* wohin?)
	⚠ ὑπὸ νύκτα	gegen Einbruch der Nacht, gegen Abend

XII **Adverbien des Ortes**

Häufige Suffixe bei Ortsadverbien sind:

-θι *oder* -σι	(*auf die Frage* wo?)
Ἀθήνησι	in Athen
-θεν	(*auf die Frage* woher?)
Ἀθήνηθεν	von Athen
-σε *oder* -δε	(*auf die Frage* wohin?)
Ἀθήναζε (< Αθηνασδε)	nach Athen

demonstr.	relativ		interrogativ		indef. (*enkl.*)
	speziell	allg.	indir.	direkt (*auch* ind.)	
ἔνθα *und* ἐνθάδε hier ἐνταῦθα dort	οὗ wo	ὅπου wo immer	wo	ποῦ; wo?	που irgendwo
ἐνθάδε hierher ἐνταῦθα dorthin	οἷ wohin	ὅποι wohin immer	wohin	ποῖ; wohin?	ποι irgend-wohin
ἐντεῦθεν von dort	ὅθεν woher	ὁπόθεν woher immer	woher	πόθεν; woher?	

ἄλλοθι	anderswo
ἄλλοθεν	anderswoher
ἄλλοσε	anderswohin
ἄνω ↔ κάτω	hinauf ↔ hinab
ἄνω *b. Gen.*	oberhalb
ἄνωθεν	von oben
αὐτόθι *und* αὐτοῦ	ebendort
αὐτόθεν	von ebendort
αὐτόσε	ebendorthin
δεῦρο	hierher
ἐγγύς *b. Gen.*	nahe
ἐγγύθεν	aus der Nähe
ἐκεῖ	dort
ἐκεῖθεν	von dort
ἐκεῖσε	dorthin
ἔξω ↔ εἴσω (*od.* ἔσω)	hinaus ↔ hinein
ἔξω *b. Gen.*	außerhalb
ἔξωθεν	von draußen
ἐκτός *b. Gen.* ↔ ἐντός *b. Gen.*	außerhalb ↔ innerhalb

ἔνδον	drinnen
μεταξύ	1. (*räuml.*) dazwischen 2. (*zeitl.*) inzwischen
μεταξύ *b. Gen.*	zwischen
ὄπισθε(ν) (↔ πρόσθεν)	1. von hinten; 2. hinten
ὀπίσω (↔ πρόσω)	1. (*räuml.*) a) nach hinten; b) hinten 2. (*zeitl.*) hinterdrein, später
οὐδαμοῦ	nirgends
πανταχῇ *und* πανταχοῦ	überall
πανταχόθεν	von überall
πάντοσε	überall hin
πόρρω	1. weiter, ferner 2. *b. Gen.* fern von
πρόσθεν *und* ἔμπροσθεν (↔ ὄπισθεν)	1. (*räuml.*) a) von vorn; b) vorn 2. (*zeitl.*) vorher

XIII **Adverbien der Zeit und der zeitlichen Abfolge**

<table>
<tr><th rowspan="2">demonstr.</th><th colspan="2">relativ</th><th colspan="2">interrogativ</th><th rowspan="2">indef.
(enkl.)</th></tr>
<tr><th>spez.</th><th>allg.</th><th>indir.</th><th>direkt
(auch ind.)</th></tr>
<tr><td>τότε
damals,
dann</td><td>ὅτε
als,
wenn</td><td colspan="2">ὁπότε</td><td>πότε;
wann?</td><td>ποτέ
irgend-
wann</td></tr>
<tr><td></td><td></td><td>als,
wenn</td><td>wann</td><td></td><td></td></tr>
</table>

ἄλλοτε	ein andermal
ἀεί	immer
ἅμα	zugleich
ἄρτι *und* ἀρτίως	gerade jetzt, soeben
αὖ *und* αὖθις	wieder
αὔριον	morgen
αὐτίκα	sofort, im selben Augenblick
ἔπειτα *und* εἶτα	dann, danach, darauf
ἔτι	noch
ἔτι δέ	(noch dazu:) ferner, außerdem
ἤδη	schon, jetzt
νῦν	nun, jetzt
νυ(ν) *enkl.*	nun, also
νῦν δέ	nun aber (*wie* tatsächlich aber; *leitet oft die 2. Prämisse eines log. Schlusses ein*)
οὐκέτι *bzw.* μηκέτι	nicht mehr
οὔπω	noch nicht
πάλιν	wieder
πρὸς δέ	(noch dazu:) ferner, außerdem
τίς ποτε;	wer denn eigentlich?

XIV **Adverbien des Ortes bzw. der Art und Weise**

demonstr.	relativ		interrogativ		indef. (*enkl.*)
	spez.	allg.	indir.	direkt (*auch* ind.)	
τῇδε 1. da 2. so ταύτῃ 1. dort 2. so	ᾗ 1. wo 2. wie	ὅπῃ 1. wo immer 2. wie immer	1. wo 2. wie	πῇ; 1. wo? 2. wie?	πῃ 1. irgend-wo 2. irgend-wie

XV **Adverbien der Art und Weise und des Grades**

demonstr.	relativ		interrogativ		indef. (*enkl.*)
	spez.	allg.	indir.	direkt (*auch* ind.)	
ὣς *oder* ὥς so	ὡς wie	ὅπως wie immer	wie	πῶς; wie?	πως irgend-wie

ἄγαν *und* λίαν	zu sehr
μόγις *oder* μόλις	kaum, mit Mühe
μάλα	sehr
μᾶλλον	mehr
μάλιστα	am meisten
σφόδρα	sehr, heftig
ὡσαύτως	ebenso
ὥσπερ	(genau wie:) wie
οὐδαμῶς	in keiner Weise, keineswegs

XVI **Verneinungspartikeln**

οὐ (οὐκ) *bzw.* μή	nicht
οὐδέ	und nicht, auch nicht, aber nicht
οὐδέν (*adv. Akk.*)	in keiner Weise
οὐδὲν ἧττον	nichtsdestoweniger
οὔτε ... οὔτε ...	weder ... noch ...
οὔτε ..... τε	(einerseits) nicht ..., (andererseits) aber ...
οὔτι	in keiner Weise

XVII **Fragepartikeln**

ἆρα	(*wird nicht übersetzt; die Frage ist ohne suggestive Färbung; wie* L -ne)
ἆρ' οὐ	nicht? nicht wahr? (*die Frage suggeriert ein "Doch" als Antwort; wie* L nonne)
ἆρ' οὐχ οὕτως ἐγένετο;	War es nicht so?
ἆρα μή	doch nicht etwa? (*die Frage suggeriert ein „Nein" als Antwort; wie* L num)
ἆρα μὴ οἴει 'Αχιλλέα φροντίσαι θανάτου;	Du glaubst doch nicht etwa, daß Achill sich um den Tod Sorgen machte?
πότερον ... ἤ ...	ob ... oder ...

XVIII **Verknüpfende und entgegensetzende Partikeln**

ἀλλά	1. aber (*Gegensatz, vgl. dagegen* δέ) 2. *nach Verneinung:* sondern
ἀτάρ	aber, hingegen
... δέ	... aber (*Weiterführung*)
ὁ δέ	der aber
εἴτε ... εἴτε	sei es, daß ... oder daß
ἤ	oder
ἤ ... ἤ ...	entweder ... oder
καί	1. und 2. auch, sogar
⚠ πολλὰ καὶ καλά	viel Schönes
... τε (*enkl.*)	und ...
καί ... καί ... *und* ... τε καί ... *und* ... τε ... τε	sowohl ... als auch (*einfacher: das erste nicht, das zweite mit „und" übersetzen*)
καίπερ + *Part.*	wenn auch, obwohl
καίπερ ἐν πολλῇ ἀπορίᾳ ὄντες θαρροῦμεν.	Obwohl wir in großen Schwierigkeiten sind, verlieren wir nicht den Mut.
καίτοι	und doch, trotzdem (*vgl.* τοι XIX)
... μέν ... δέ ...	(zwar) ..., aber ...
vgl. ὁ μέν ..., ὁ δέ ... (I)	der eine ..., der andere ...
μέντοι	freilich, zwar (*vgl.* τοι XIX)
ὅμως	dennoch

XIX **Folgernde und begründende, bekräftigende und einschränkende Partikeln**

ἄν	(*einschränkende Partikel, etwa wie im* D wohl, eventuell)
ἄρα	also, folglich

γάρ	1. denn, nämlich
ἡ Τύχη ἀμελεῖ μου· ἔστι γὰρ τυφλή.	Das Glück vernachlässigt mich; es ist nämlich blind.
⚠ καὶ γάρ	denn (*verstärkt, etwa:* denn ... ja)
—	2. (*als Antwort auf eine Frage:*) aber gewiß
ἆρ' ἔστιν ἡ Τύχη τυφλή; ἔστι γάρ.	Ist das Glück blind? Aber gewiß ist es das.
—	3. (*in Fragen:*) denn
τί γάρ; πῶς γάρ;	Was denn? Wie denn?
γε (*enkl.*) *und* γοῦν	wenigstens
δή *und* δῆτα	(*wie* οὖν:) 1. also, folglich 2. wirklich
ἐν πολλῇ δὴ ἀπορίᾳ ἦσαν.	Sie waren wirklich in großer Not.
εἴθε (*mit Opt.*)	(*Wunschpartikel*) wenn doch ...
εἶτα	dann
ἦ (*auch Fragen einleitend*)	gewiß
οὐ μὰ Δία	*beteuernd:* nein, bei Zeus!
μήν *und* ἦ μήν	gewiß
ὑπέσχετο ἦ μὴν παραμενεῖν.	Er hatte versprochen, ganz gewiß zu bleiben.
ναί	ja
οὖν	(*wie* δή:) 1. also, folglich 2. wirklich
οὐκοῦν (*Akzent auf dem bekräftigenden* οὖν)	folglich (*bei Fragen:* nicht wahr?)
οὔκουν (*Akzent auf dem verneinenden* οὐκ)	folglich nicht
τοι *und* τοίνυν	also, folglich, gewiß (*eigentl.* „dir", *wie* „Das war dir ein toller Kerl")

XX **Temporal-Konjunktionen**

ἐπεί *od.* ἐπειδή	nachdem, als ⚠ *vgl. auch* XXI!
ἕως	1. solange als, während; 2. solange bis
ἐν ᾧ	während
ἔστε *und* μέχρι (*vgl. auch* VII)	bis
ἡνίκα	als
ὅτε	als, wenn (*vgl.* XIII)
ὅταν *mit Konj.*	(immer) wenn
πρίν	bevor (*auch adv.*: vorher)

XXI **Bedingende und begründende Konjunktionen**

ἅτε *mit Part.* (↔ ὡς *mit Part.* XXIII)	da ja (*objektiv begründend*)
ἐπανῆλθον ἅτε νικήσαντες.	Sie kehrten zurück, da sie ja gesiegt hatten.

εἰ	1. wenn, falls; 2. ob
ἐάν (*kontr.* ἤν) *mit Konj.*	wenn, jedesmal wenn
κἄν = καὶ ἐάν	auch wenn
εἴπερ	wenn wirklich, wenn also
εἴπερ ἡ ψυχὴ ἀθάνατος, ἐπιμελείας δὴ δεῖται.	Wenn nun die Seele wirklich unsterblich ist, dann muß man auch Sorge um sie tragen.
ἐπεί *od.* ἐπειδή	da (ja) ⚠ *vgl. auch* XX!
ὅτι	1. weil, da 2. (*in Aussagesätzen:*) daß
διότι *oder* διό	weil, da

XXII **Konjunktionen, die Zweck oder Folge anzeigen**

ἵνα *mit Konj. bzw. Opt.*	damit
ὅπως	1. *mit Konj. bzw. Opt.:* damit (*wie* ἵνα) 2. *mit Ind. Fut. nach Verben des Sorgens:* daß, wie
ἐπιμέλεται, ὅπως ὡς τάχιστα ἐλεύθερος ἔσται.	Er sorgt dafür, daß er (= wie er) möglichst schnell freikommt.
ὥστε	so daß

XXIII **ὡς**

(*Grundbedeutung:* wie; *vgl.* XV)

1. ὡς als Konjunktion:	
a) *in Zeitsätzen*	als (wie ὅτε)
ὡς ἀφίκετο	als er ankam
b) *nach Verben wie sagen, behaupten usw.*	daß (*wie* ὅτι)
ἔλεγεν, ὡς ...	er sagte, daß ...
c) *mit Konj. bzw. Opt.*	damit (*wie* ἵνα)
2. ὡς mit Partizip	(*etwa:* in der Meinung, zu ...)
a) *allg. mit Partizip* (↔ ἅτε *mit Part.* XXI)	als ob (*subjektiv begründend*)
ἐπανῆλθον ὡς νικήσαντες.	Sie kehrten zurück, als ob sie gesiegt hätten.
b) *mit Part. fut.*	um zu
ὡς θύσων	um zu opfern
3. besondere Wendungen	
ὡς ἀληθῶς	in Wahrheit
ὡς τὸ πολύ	meistens, üblicherweise
θαυμαστῶς ὡς	in erstaunlichem Maße
ὡς *mit Superl.*	möglichst
ὡς τάχιστα	(so schnell, wie man kann:) möglichst schnell

Der Grundwortschatz

Römische Zahlen verweisen auf Abschnitte der „Kleinen Wörter“.
Arabische Zahlen verweisen auf eine andere GWS-Familie.

▷ : Die Wortfamilie wird auf der folgenden Seite fortgesetzt.

* : Diese Wörter (insgesamt 191) sind nicht so häufig wie die übrigen des GWS. Sie können zunächst weggelassen werden.

A

	1	ἀγαθός, ή, όν (↔ κακός 221)	gut, tüchtig
*	2	τὸ ἄγαλμα, ατος	die Kostbarkeit, das Kleinod (*z. B.* die Statue eines Gottes)
	3	ἀγαπάω	1. jmd. lieben 2. mit etw. zufrieden sein
	4	ὁ ἄγγελος	der Bote (*vgl.* ‹Engel›)
		ἀγγέλλω *und* ἀπ|αγγέλλω *Aor.* ἤγγειλα	melden, berichten
		παρ|αγγέλλω	ankündigen, befehlen
	5	ἡ ἀγορά	1. die Versammlung 2. der Versammlungsplatz, Markt
		ἀπ|αγορεύω *Stammformen s. u.*	(versagen:) 1. verbieten, untersagen 2. bei etw. versagen, (wegen Erschöpfung) aufhören
*		προ|αγορεύω	1. im voraus sagen (*auch:* weissagen) 2. öffentlich bekanntmachen
		κατ|ηγορέω (τινός)	jmd. anklagen
	6	ὁ ἀγρός	der ‹Acker›, das Feld (L ager)
		ἄγριος, α, ον	wild, roh
	7	ἄγω *Fut.* ἄξω. *Aor.* ἤγαγον	1. führen, treiben (L agere) (*Mus.* Agogik: Gestaltung der Tempi) 2. (*eigtl.* das Heer führen:) ziehen, marschieren

▷

ἀπ|αγορεύω ἀπ|ερῶ ἀπ|εῖπον ἀπ|είρηκα

	ἀν|άγω	hinaufführen
*	ἀν|άγομαι (↔ κατ|άγομαι)	(‚hinauf'fahren auf ‚hohe' See:) in See stechen, abfahren
	ἀπ|άγω	wegführen
	εἰσ|άγω	hineinführen; *spez.* jmd. vor Gericht bringen, anklagen
	ἐξ|άγω	1. herausführen 2. (*eigtl.* das Heer hinausführen:) ausrücken, ins Feld ziehen
	ἐπ|άγω	herbeiführen
	κατ|άγω	1. hinabführen 2. zurückführen
*	κατ|άγομαι (↔ ἀν|άγομαι)	landen
	προσ|άγω	heranführen
	συν|άγω	zusammenführen, versammeln (*vgl.* Synagoge)
8	ὁ ἀγών, ῶνος	1. der Wettkampf (*vgl.* Ant-agonismus; *Med.* Agonie: Todeskampf des Organismus) 2. der Prozeß
	ἀγωνίζομαι	1. kämpfen 2. prozessieren
9	ὁ ἀδελφός	der Bruder (*Name* Phil-adelphia: Stadt der ‚Bruderliebe')
10	ᾄδω	singen, etw. besingen
	ἡ ᾠδή	das Lied, die Ode (*vgl.* Mel-odie, Par-odie)
11	τὸ ἆθλον	1. der Wettkampf 2. der Kampfpreis (*vgl.* Leichtathletik)
*	ἄθλιος, α, ον	mühselig, unglücklich
12	ἀθρόος, α, ον	versammelt, dichtgedrängt
	ἀθροίζω	sammeln, versammeln
13	ἡ αἰδώς, δοῦς	1. die Scheu, Scham 2. die Ehrfurcht, Achtung
	αἰδέομαι	Scheu bzw. Ehrfurcht empfinden (*z. B.* θεόν vor einem Gott)
14	τὸ αἷμα, ατος	das Blut (*Med.* An-ämie: Mangel an roten Blutkörperchen)
15	ὁ ἔπ|αινος	das Lob
	ἐπ|αινέω *Stammformen s. u.*	loben
	παρ|αινέω	(jmd. aufmunternd zureden:) jmd. raten

ἐπ|αινέω ἐπ|αινέσομαι ἐπ|ῄνεσα

	16	αἱρέω *Stammformen s. u.*	1. nehmen; 2. ergreifen, fangen
		αἱρέομαι *Stammformen s. u.*	1. sich etw. nehmen; 2. wählen
		ἀν|αιρέω	1. aufnehmen, aufheben 2. (*eigtl.* das Los aufheben, aus der Urne oder vom Boden:) weissagen 3. (aufheben = beseitigen:) zerstören, töten
		ἀφ|αιρέω	wegnehmen
		δι|αιρέω	(auseinandernehmen:) 1. teilen (*Phil.* Diärese: Begriffszerlegung) 2. niederreißen, abbrechen, zerstören
		ἐξ|αιρέω	herausnehmen
		καθ|αιρέω	niederreißen, abbrechen, zerstören
*		προ|αιρέομαι	vorziehen
	17	αἴρω *Aor.* ἦρα	hochheben
		ἐπ|αίρω	aufrichten, erheben
*		ἐπ|αίρομαι *Pass.*	sich gehoben fühlen, überheblich werden
	18	αἰσθάνομαι *Aor.* ᾐσθόμην. *Pf.* ᾔσθημαι	bemerken, wahrnehmen (*vgl.* Ästhetik; *Med.* Anästhesie)
	19	αἰσχρός, ά, όν (↔ καλός 223)	1. (ästhetisch unschön:) häßlich 2. (moralisch unschön:) schändlich, niederträchtig, gemein
		ἡ αἰσχύνη	1. die Scham; 2. die Schande
		αἰσχύνομαι (τινά) *Aor.* ᾐσχύνθην	sich schämen, sich scheuen (vor jmd.)
	20	αἰτέω	fordern, bitten
		ἡ αἰτία	1. die Schuld, Ursache 2. die Beschuldigung
		αἴτιος, α, ον (τινός)	schuld an etw., Urheber von etw.
		αἰτιάομαι	beschuldigen
*	**21**	ἡ αἰχμή	die Lanze
	22	ἀκολουθέω	folgen (*Stil.* An-akoluth: ‚folgewidriges' Verlassen der Satzkonstruktion)
	23	ἀκούω *Pf.* ἀκήκοα	hören (*vgl.* Akustik)
*		ἡ ἀκοή	1. das Gehör 2. (was man hört:) das Gerücht, die Überlieferung

▷

αἱρέω αἱρήσω εἷλον | *Aor. Pass.* ᾑρέθην
αἱρέομαι αἱρήσομαι εἱλόμην

		ὑπ|ακούω	gehorchen
		ὑπήκοος, ον	(hörig:) untergeben, abhängig
*	24	ἀκριβής, ές	genau, sorgfältig (*vgl.* Akribie)
	25	ἄκρος, α, ον	1. spitz 2. äußerst, höchst (L acer, F aigre, E eager; *vgl.* Akro-bat, von βαίνω)
	26	ἁλίσκομαι *Stammformen s. u.*	1. gefangen werden 2. (eines Unrechts) überführt werden
*		ὁ αἰχμάλωτος (αἰχμή 21 + ἁλίσκ.)	der Kriegsgefangene
		ἀν|αλίσκω *und* ἀν|αλόω	verbrauchen, vergeuden
	27	ἄλλος, η, ο ⚠	ein anderer (L alius)
		ἀλλότριος, α, ον	anderen gehörig, fremd (*vgl.* Allotria)
		ἀλλήλων *Gen.* *Dat.* οις, αις, οις *Akk.* ους, ας, α	einander (*vgl.* Par-allele)
		ἀπ|αλλάττω	1. entfernen 2. befreien (*z. B.* φόβου von Furcht)
		ἀπ|αλλάττομαι *Stammformen s. u.*	1. sich entfernen, sich davonmachen 2. sich freimachen von etw.
*	28	ὁ ἅλς, ἁλός	das ‹Salz› (L sal; *vgl.* Stadtnamen auf -hall; *Chem.* halogen: salzbildend)
*		ἡ ἅλς, ἁλός	das Meer
	29	ἁμαρτάνω *und* δι|αμαρτάνω *Aor.* ἥμαρτον	1. etw. verfehlen, danebentreffen (*z. B.* τῆς ἐξόδου den Ausgang nicht finden; ↔ τυγχάνω) 2. (sich verfehlen:) sündigen, etw. falsch machen
		ἡ ἁμαρτία *und* τὸ ἁμάρτημα, ατος	der Fehler (*Med.* Hamartom: Geschwulst aus ‚fehlgebildetem' Gewebe)
*	30	ἀμείβομαι *ionisches Wort*	erwidern (Worte ‚wechseln'; *Zool.* Amöbe: Wechseltierchen)
	31	ἀμείνων, ον, *Gen.* ονος (*Komp. zu* ἀγαθός 1)	tüchtiger, besser, tapferer
*	32	ἡ ἅμιλλα, ης	der Wettkampf
*	33	ἀμύνω	1. (τινά) abwehren 2. (τινί) helfen
		ἀμύνομαι (τινά) *Stammformen s. u.*	sich wehren, sich (gegen jmd.) verteidigen

---

ἁλίσκομαι ἁλώσομαι ἑάλων ἑάλωκα

ἀπ|αλλάττομαι ἀπ|αλλάξομαι ἀπ|ηλλάγην ἀπ|ήλλαγμαι

ἀμύνομαι ἀμυνοῦμαι ἠμυνάμην

34	ἡ ἀνάγκη	1. der Zwang, die Notwendigkeit 2. die Not
	ἀναγκάζω	zwingen
	ἀναγκαῖος, α, ον	1. zwingend, notwendig 2. verwandt (*vgl.* L necessarius)
35	ὁ ἄνεμος	der Wind (L animus: Geist, Herz, Mut; *Bot.* Anemone)
36	ὁ ἀνήρ, ἀνδρός	1. der Mann; 2. der Mensch (*Biol.* andro-gyn: scheinzwittrig)
	ἀνδρεῖος, α, ον	mannhaft, tapfer
	ἡ ἀνδρεία	die Tapferkeit
37	ὁ ἄνθρωπος	der Mensch (*vgl.* Anthropologie)
	ἀνθρώπειος, α, ον *und* ἀνθρώπινος, η, ον	menschlich
38	ἀντίος, α, ον *und* ἐν|αντίος, α, ον	entgegen; *Subst.* der Gegner
	ἐν|αντιόομαι	sich widersetzen
	ἀπ|αντάω	begegnen
39	ἄξιος, α, ον	wert, würdig
	ἀξιόω	1. jmd. für würdig halten (*z.B.* eines Amts oder einer Auszeichnung) 2. (etw. für angemessen halten:) fordern, bitten
40	ἡ ἀπάτη	die Täuschung, der Betrug
	ἀπατάω *und* ἐξ|απατάω	täuschen, betrügen
* **41**	ἀπειλέω	drohen
42	ἅπτομαι (τινός) *Stammformen s. u.*	anfassen, berühren (*Med.* haptisch: d. Tastsinn betreffend)
	συν|άπτω	verknüpfen, zusammenfügen
	— μάχην	Krieg beginnen
43	ὁ ἄργυρος *und* τὸ ἀργύριον	das Silber, das Geld (L argentum)
44	ἀρέσκω *Aor.* ἤρεσα	gefallen
	ἄριστος, η, ον (*Superl. zu* ἀγαθός 1)	der tüchtigste, beste, tapferste (*vgl.* Aristokratie)
	ἡ ἀρετή	(‚Bestform', von Personen und Sachen:) die Tüchtigkeit, Tugend, Tapferkeit
45	ὁ ἀριθμός	die Zahl (*Math.* Arithmetik, Log-arithmus)
46	ἀριστερός, ά, όν (↔ δεξιός 103)	link(s)

ἅπτομαι ἅψομαι ἡψάμην ἧμμαι

	47	ἀρκέω	stark genug sein (εἴς τι, ἐπί τι) (*vgl.* Aut-arkie)
	48	ἁρμόττω *oder* ἁρμόζω	zusammenfügen (*vgl.* Harmonie)
*		τὸ ἅρμα, ατος	der Wagen (ein zweirädriger niedriger Streit- oder Rennwagen)
	49	ἁρπάζω	rauben (L rapere) (*Name* b. Molière: Harpagon, ‚der Geizige')
*	**50**	ἄρρην, εν *oder* ἄρσην, εν, *Gen.* ενος	männlich
	51	ἄρχω (τινός) *Aor.* ἦρξα	(der erste sein:) 1. anfangen 2. herrschen (*vgl.* Archi-tekt: ‚leitender Baumeister', ἀρχ|επίσκοπος: ‚Erz'-bischof)
		ὑπ|άρχω	1. anfangen 2. (von Anfang an da sein:) vorhanden sein, zur Verfügung stehen
		ἡ ἀρχή	1. der Anfang 2. die Herrschaft, das Amt
		ἀρχαῖος, α, ον	alt, ehemalig (*vgl.* archaisch)
		ὁ ἄρχων, χοντος	der Herrscher, Beamte, Vorgesetzte (Athen wählte jährlich 9 ‚Archonten')
	52	ἀσκέω	1. üben (*z. B.* τὸ σῶμα den Körper) (*vgl.* Askese: Übung in Enthaltsamkeit) 2. ausüben (*z. B.* τέχνην eine Kunst)
	53	ἀσπάζομαι	jmd. begrüßen
	54	ἡ ἀσπίς, ίδος	der Schild
	55	τὸ ἄστρον	der Stern, das Gestirn (*vgl.* Astro-nomie)
	56	τὸ ἄστυ, ἄστεως	die Stadt, Hauptstadt
		ὁ ἀστός	der Städter, Bürger
*	**57**	ἡ αὐλή	der Hof (*vgl.* Aula)
	58	αὔξω *und* αὐξάνω	1. vermehren, vergrößern (*Biol.* Auxin: Pflanzenwuchsstoff) 2. stärken 3. verherrlichen, rühmen (L augere)
	59	αὐτός, ή, ό (III)	(selbst *u. s. w.*)
		αὐτόματος, ον	aus eigenem Antrieb, von selbst (*vgl.* Automat)
*	**60**	ὁ αὐχήν, αὐχένος	der Nacken, Hals
	61	ἄχθομαι *Aor.* ἠχθέσθην	bedrückt, ärgerlich, unzufrieden sein

B

62	βαίνω *Stammformen s. u.*	gehen
	ἀπο|βαίνω *und* ἐκ|βαίνω	weggehen; *spez.* absteigen, landen
	ἀπο|βαίνει (καλῶς) *und* ἐκ|βαίνει (καλῶς)	es geht (gut) aus
	εἰσ|βαίνω *und* ἐμ|βαίνω	hineingehen; *spez.* an Bord gehen
	ἐπι|βαίνω	betreten, besteigen
	κατα|βαίνω	herabsteigen
	προ|βαίνω	vorrücken, fortschreiten
	τὸ πρόβατον	das Kleinvieh (Schaf, Ziege)
	συμ|βαίνει	(‚es kommt zusammen‘:) es ereignet sich
*	ὑπερ|βαίνω	überschreiten
*	βαδίζω	gehen
63	τὸ βάθος, ους	1. die Tiefe; 2. die Höhe
	βαθύς, εῖα, ύ	1. tief (*vgl.* Bathy-skaph: Tiefsee-kapsel) 2. hoch
64	βάλλω *Aor.* ἔβαλον. *Pf.* βέβληκα	1. werfen (*Phys.* Ballistik: Lehre von der Bewegung ‚geworfener‘ Körper) 2. treffen
	δια|βάλλω	(Zer-würfnis stiften:) verleumden (*vgl.* ‚Teufel‘ < διάβολος)
	ἐκ|βάλλω	hinauswerfen; *spez.* vertreiben, verbannen
	ἐμ|βάλλω	1. hineinwerfen (*Med.* Embolie: Ader-Verstopfung) 2. (*eigtl.* das Heer hineinwerfen:) einfallen (in ein Gebiet)
	ἐπι|βάλλω	1. draufwerfen, jmd. etw. auferlegen 2. (*eigtl.* sich auf etw. werfen:) sich an etw. machen, sich wohin begeben
	κατα|βάλλω	hinabwerfen, niederwerfen
	μετα|βάλλω	1. ändern; 2. sich ändern
	ἡ μεταβολή	die Veränderung
	περι|βάλλω	etw. um etw. herumlegen
	συμ|βάλλω	1. zusammenwerfen 2. zusammenstellen, vergleichen
	ὑπερ|βάλλω	(darüber hinaus werfen:) 1. übertreffen; 2. übertreiben (*Math.* Hyperbel)
*	τὸ βέλος, λους	(Waffe zum Werfen, *spez.*:) der Pfeil

βαίνω βήσομαι ἔβην βέβηκα

65	βάρβαρος, ον	nichtgriechisch, der Barbar (*eigtl.* „unverständlich sprechend", ohne abwertenden Unterton!)
66	βαρύς, εῖα, ύ	schwer (*Meteor.* Bar: Maßeinheit des Luftdrucks; Barometer)
67	ὁ βασιλεύς, έως	der König, Herrscher (*vgl.* Basilisk, urspr. ‚kleiner König')
	βασιλεύω	König sein
	ἡ βασιλεία	das Königtum
	βασιλικός, ή, όν	königlich (*vgl.* Basilika: urspr. königl. Markt- und Gerichtshalle, dann allg.: Gebäude-Typus)
* **68**	βέβαιος, α, ον	feststehend, fest, zuverlässig
*	βεβαιόω	1. befestigen; 2. bestätigen
69	βελτίων, ον, *Gen.* ονος	besser (der Abstammung nach oder in moralischem Sinn; *vgl.* ἀμείνων, κρείττων)
	Superl. βέλτιστος, η, ον	der beste
70	ἡ βία	1. die Gewalt 2. die Gewalttat, der Frevel
	βιάζομαι	zwingen, erzwingen
	βίαιος, α, ον	gewalttätig
71	ὁ βίος	das Leben (L vivus) (*vgl.* Biologie, Biographie)
72	βλάπτω *Aor.* ἔβλαψα	schädigen
73	βλέπω	blicken, sehen
74	βοάω	rufen, schreien
	ἡ βοή	der Ruf, Schrei
* **75**	ὁ βορέας, έου	1. der Nordwind 2. der Norden (*Geogr.* boreal: dem nördlichen Klima zugehörig)
76	ἡ βουλή	1. der Rat (den man jmd. gibt) 2. der Plan, die Absicht 3. der Rat (= die Ratsversammlung)
	βουλεύω	1. raten, beraten 2. Mitglied des Rats sein
	βουλεύομαι	sich beraten (mit andern oder mit sich selbst)
	Aor. ἐβουλευσάμην	ich beschloß
	ἐπι|βουλεύω (τινί)	einen Anschlag planen (auf jmd. oder etw.), gegen jmd. intrigieren
	συμ|βουλεύω (τινί)	(jmd.) raten
77	βούλομαι *Stammformen s. u.*	wollen
	ὁ βουλόμενος	jeder beliebige

βούλομαι βουλήσομαι ἐβουλήθην

78 ὁ, ἡ βοῦς, βοός — das Rind, die ‹Kuh› (L bos, F boeuf, E beef; *Ländernamen:* Böotien, Euböa)

* **79** βραδύς, εῖα, ύ — langsam

80 βραχύς, εῖα, ύ — kurz (*Stil.* Brachylogie: kurze, knappe Ausdrucksweise)

81 ὁ βωμός — der Altar

Γ

82 γαμέω γυναῖκα — eine Frau heiraten

* γαμέομαι ἀνδρί — einen Mann heiraten

ὁ γάμος — die Hochzeit, Ehe (*vgl.* Polygamie)

* **83** ἡ γαστήρ, γαστρός — der Bauch (*Med.* Gastritis: Magenentzündung)

84 γελάω — lachen

Aor. ἐγέλασα

* ὁ γέλως, ωτος — das Gelächter

γελοῖος, α, ον — lächerlich, komisch

85 τὸ γένος, γένους — das Geschlecht, die Gattung (L genus; *Biol.* das Gen: in den Chromosomen lokalisierter Erbfaktor)

ἡ γενεά — das Geschlecht, die Abstammung (*vgl.* Genealogie)

γεννάω — 1. (Kinder) zeugen 2. erzeugen, hervorbringen

γενναῖος, α, ον — 1. adlig 2. tüchtig 3. echt, unverfälscht

συγ|γενής, ές — verwandt (*vgl.* -gen *in Fremdwörtern,* z. B.: hämatogen: blutbildend, autogen: selbst erzeugt, fotogen: wie geschaffen fürs Fotografiertwerden)

ὁ γονεύς, έως — der Vater; *Pl.* die Eltern

οἱ πρό|γονοι — die Vorfahren

γίγνομαι — 1. werden, entstehen

Stammformen s. u. — *Aor.* ἐγενόμην *oft:* ich war

2. (*mit Ortsangabe*) wohin kommen

ἐγ|γίγνομαι — (in etw.) entstehen, eingepflanzt sein

ἐκ|γίγνομαι — (aus etw. heraus) entstehen; *spez.* abstammen (von ...)

* ὁ ἔκ|γονος — der Nachkomme

▷

γίγνομαι γενήσομαι ἐγενόμην γεγένημαι *od.* γέγονα

	ἐπι|γίγνομαι	1. (zu etw. hinzu) entstehen 2. darauffolgen (*vgl.* Epigone)
	παρα|γίγνομαι *und* προσ|γίγνομαι	1. dazu kommen; 2. dabei sein
	περι|γίγνομαι	1. überlegen sein 2. übrig sein, etw. überleben
86	ὁ γέρων, γέροντος	der alte Mann, Greis (*Med.* Ger-iatrie: Altersheilkunde)
	γεραιός, ά, όν	alt
	τὸ γῆρας, ρως	das Alter
*	τὸ γέρας, ρως	(das Vorrecht des Alters:) 1. die Würde, Ehre 2. das Ehrengeschenk
* **87**	γεύομαι (τινός)	‹kosten›, essen (von etw.)
88	ἡ γῆ, γῆς *und* ἡ γαῖα	die Erde, das Land (*vgl.* Geo-logie; aus γη-νόμος ‚Erdbewohner' bildete Paracelsus ‚Gnom')
* **89**	γλυκύς, εῖα, ύ	süß (*Chem.* Glycerin, *Bot.* Glyzinie)
90	ἡ γλῶττα *od.* γλῶσσα, ης	1. die Zunge; 2. die Sprache (*vgl.* poly-glott: viele Sprachen sprechend; Glosse)
91	ἡ γνώμη	1. der Verstand, die Einsicht 2. die Gesinnung, Meinung (*vgl.* Gnome: Sinnspruch)
	γιγνώσκω *Stammformen s. u.*	1. (Kenntnis bekommen:) erkennen, erfahren, einsehen 2. (Kenntnis haben:) kennen, wissen 3. beschließen
	ἀνα|γιγνώσκω	1. wiedererkennen; 2. lesen
	ἀ|γνοέω	nicht kennen, nicht wissen (*Phil.* Agnostizismus: Lehre von der Unerkennbarkeit des übersinnl. Seins)
* **92**	τὸ γόνυ, γόνατος	das ‹Knie›
93	γράφω *Stammformen s. u.*	1. schreiben; 2. malen (*vgl.* graphisch, Grapho-logie u.a.)
	ἡ γραφή	die Schrift; *spez.* die Anklageschrift
	τὸ γράμμα, ατος	der Buchstabe, die Schrift (*vgl.* Telegramm u. a.)
	Pl. τὰ γράμματα, άτων	die Literatur, die Wissenschaften (*vgl.* Grammatik)
94	γυμνός, ή, όν	1. nackt, leicht bekleidet 2. unbewaffnet
	γυμνάζω	üben, trainieren (*vgl.* Gymnastik)
95	ἡ γυνή, γυναικός	die Frau (*vgl.* Gynäko-logie; E queen)

γιγνώσκω γνώσομαι ἔγνων ἔγνωκα \| ἔγνωσμαι ἐγνώσθην
γράφω γράψω ἔγραψα γέγραφα \| γέγραμμαι ἐγράφην

Δ

	96	ὁ δαίμων, μονος	1. die Gottheit (*vgl.* Dämon) 2. das Schicksal
		δαιμόνιος, α, ον	1. göttlich, wunderbar, merkwürdig 2. (von e. δαίμων geschlagen:) unselig
		εὐ|δαίμων, ον	1. glücklich 2. wohlhabend
		ἡ εὐδαιμονία	1. das Glück (*Phil.* Eudämonismus: hält das individuelle Glück für den höchsten Wert) 2. der Wohlstand
*	**97**	δάκνω	beißen
*	**98**	τὸ δάκρυ, υος *und*	die ‹Träne›
*		τὸ δάκρυον	(L lacrima < dacruma, E tear)
*		δακρύω	weinen, beweinen
	99	δείδω, *meist Pf.:* δέδοικα *od.* δέδια *Aor.* ἔδεισα	fürchten
		δεινός, ή, όν	furchtbar, gewaltig, tüchtig
*		τὸ δέος, δέους	die Furcht
*		δειλός, ή, όν	1. furchtsam, feig 2. elend
	100	δείκνυμι *Aor.* ἔδειξα	‹zeigen› (*vgl.* deiktisch: hinweisend)
		ἀπο|δείκνυμι	1. vorzeigen, vorweisen 2. beweisen (*Phil.* apodiktisch: von schlagender Beweiskraft)
		ἐπι|δείκνυμι	vorzeigen, vorweisen; *spez.* etw. zur Schau stellen
		τὸ παρά|δειγμα, ατος	das Beispiel, Vorbild
		ἡ δίκη	(die ‚Weisung'; *verwandt mit* L dicere) 1. das Recht (*vgl.* Syn-dikat: rechtl. selbständiger Unternehmerverband) 2. der Rechtsstreit, Prozeß 3. die Strafe
		δικάζω	richten, entscheiden
		ὁ δικαστής, τοῦ	der Richter
		δίκαιος, α, ον	gerecht
		ἡ δικαιοσύνη	die Gerechtigkeit
		δικαιόω	etw. für recht halten, fordern
		ἄ|δικος, ον	ungerecht
		ἀδικέω (τινά)	ich tue (jmd.) unrecht, kränke jmd.
		ἡ ἀδικία	das Unrecht
*	**101**	τὸ δεῖπνον	die Mahlzeit (Hauptmahlzeit am Spätnachmittag)

	102	τὸ δένδρον	der Baum (*Bot.* Rhodo-dendron)
	103	δεξιός, ά, όν (↔ ἀριστερός 46)	rechts
*		ἡ δεξιά	1. die rechte Hand 2. der Handschlag, das Versprechen
	104	δέομαι (τινός) *Fut.* δεήσομαι. *Aor.* ἐδεήθην	1. etw. brauchen, nötig haben 2. jmd. bitten
		προσ|δέομαι	1. noch dazu brauchen, — nötig haben 2. noch dazu bitten
		δεῖ	es ist nötig, erforderlich
		ἐν|δεής, ές	1. (*von Personen:*) bedürftig 2. (*von Sachen:*) dürftig, mangelhaft
		ἡ ἔνδεια	der Mangel
		δεύτερος, α, ον	(*eigtl.* zurückbleibend hinter dem ersten:) der zweite
*	**105**	τὸ δέρμα, ατος	die Haut (*Med.* Dermatologie: Lehre von den Hautkrankheiten; Epidermis: Oberhaut)
	106	ὁ δεσπότης, του	der Herr, Herrscher, Despot
	107	δέχομαι *Fut.* δέξομαι. *Aor.* ἐδεξάμην	1. etw. annehmen 2. jmd. aufnehmen (als Gast)
*		ἐν|δέχομαι	etw. hinnehmen, zulassen
		προσ|δέχομαι	1. etw. annehmen; 2. erwarten
		προσ|δοκάω	erwarten (*Stil.* A-prosdoketon: unerwartete Redewendung)
		ὑπο|δέχομαι	1. jmd. empfangen (freundl. od. feindl.) 2. etw. auf sich nehmen, übernehmen
	108	δέω *Aor.* ἔδησα. *Pf. Pass.* δέδεμαι	binden (*Stil.* A-syn-deton: Verbindung ohne ‚Binde'-wort)
*		ὁ δεσμός	das Band, die Fessel
	109	δῆλος, η, ον	offenbar, klar
		ἄ|δηλος, ον	unbekannt, ungewiß
		δηλόω	klar machen, zeigen
	110	ὁ δῆμος	1. die Gemeinde, Heimatgemeinde 2. das Volk (als politische Einheit, *vgl. dagegen* ἔθνος)
		δημόσιος, α, ον	offiziell, staatlich
		adv. δημοσίᾳ	im Namen des Staats, offiziell, auf Staatskosten

111	ἡ δίαιτα, ης	1. (wie man lebt:) die Lebensweise (*vgl.* Kranken-diät) 2. (wovon man lebt:) der Lebensunterhalt
112	διδάσκω *Fut.* διδάξω. *Aor.* ἐδίδαξα	lehren (*vgl.* Autodidakt: einer, der sich selbst unterrichtet)
	ὁ διδάσκαλος	der Lehrer
113	δίδωμι (*Wurzel* δο-, δω-) *Stammformen s. u.*	geben (L dare)
	ἀπο|δίδωμι	1. (Geliehenes) zurückgeben, (eine Schuld) bezahlen, (ein Versprechen) erfüllen 2. etw. übergeben
	ἐκ|δίδωμι	ausliefern, preisgeben (*vgl.* An-ekdote: *urspr.* eine wegen bedenklichen Inhalts ‚noch nicht herausgegebene' Schrift)
	παρα|δίδωμι	übergeben, überlassen
	προ|δίδωμι	preisgeben, verraten (L prodere)
	τὸ δῶρον *und* ἡ δωρεά	das Geschenk, die Gabe (*Namen* Doro-thea, Fjodor)
	δωρέομαι	schenken
* 114	διψήω	Durst haben
115	διώκω (↔ φεύγω 481)	1. verfolgen 2. verklagen (vor Gericht)
⚠	*Wurzel* δο-, δω-: *s.* δίδωμι	
116	δοκέω *Aor.* ἔδοξα	1. meinen; 2. scheinen
	δοκεῖ *Aor.* ἔδοξε	es scheint gut, man beschließt
	Pf. δέδοκται	es ist beschlossen
	ἡ δόξα	1. (was man meint:) die Meinung (*bes.* die subjektive Annahme, *vgl. dagegen* ἐπιστήμη) 2. (was andere von einem meinen:) der Ruf; *spez.* der gute Ruf, Ruhm
	δοξάζω	meinen
	δοκιμάζω	1. prüfen; 2. billigen (*vgl.* Dokimasie: Prüfung des Gehalts an Edelmetall)
	εὐ|δοκιμέω	in gutem Ruf stehen, angesehen sein
* 117	ὁ δόλος	die List, der Betrug (L dolus)
* 118	τὸ δόρυ, δόρατος	1. der Balken; 2. der Speer

δίδωμι δώσω ἔδωκα δέδωκα | δέδομαι ἐδόθην

119	ὁ δοῦλος	der Sklave
	δουλεύω	Sklave sein, dienen
	ἡ δουλεία	der Sklavendienst, Dienst
	δουλόω	zum Sklaven machen, unterdrücken
120	δράω	tun, handeln (*vgl.* Drama)
121	ὁ δρόμος	1. der Lauf, Wettlauf 2. die Rennbahn (*vgl.* neugriech. ταχυδρομεῖον *sprich* tachidromion: Post; Hippodrom; *Med.* Syndrom: Krankheitsbild, in dem mehrere Symptome ‚zusammenlaufen')
*	ἔδραμον *Aor.* (*Inf.* δραμεῖν)	laufen
	ἀπο|διδράσκω *Aor.* ἀπ|έδραν	entlaufen
122	δύναμαι *Fut.* δυνήσομαι. *Aor.* ἐδυνήθην	können, imstande sein (*wie* L posse)
	ἡ δύναμις, μεως	die Macht, Fähigkeit (*vgl.* Dynamik; Dynamit)
	δυνατός, ή, όν	1. (*von Personen:*) mächtig, fähig 2. (*von Sachen:*) möglich
	ἀ|δύνατος, ον	1. (*von Personen:*) machtlos, unfähig 2. (*von Sachen:*) unmöglich
123	ἐν|δύομαι *Aor.* ἐν|έδυν	sich etw. anziehen

Ε

⚠	*Wurzel* ἑ-: *s.* ἵημι	
* **124**	τὸ ἔαρ *Gen.* ἔαρος *od.* ἦρος	der Frühling (L ver)
125	ἐάω *Fut.* ἐάσω. *Aor.* εἴασα	lassen: 1. zulassen; 2. in Ruhe lassen
126	ἐγείρω	wecken
127	καθ|έζομαι	sich setzen
	κάθ|ημαι *Pf.*	sitzen
	ἵζω *und* καθ|ίζω	1. setzen; 2. sich setzen
	ἱδρύω	(‚hinsetzen':) errichten, gründen, bauen
128	ἐθέλω *od.* θέλω *Fut.* ἐθελήσω. *Aor.* ἠθέλησα	wollen

	129 τὸ ἔθνος, νους	1. das Volk (als blutsmäßige und kulturelle Einheit; *vgl. dagegen* δῆμος) (vgl. Ethno-graphie: Völkerkunde)
		2. die (soziale) Klasse (Stand, Zunft)
	130 τὸ ἔθος, ἔθους	die Gewohnheit, Sitte
	ἐθίζω	gewöhnen
	Pf. Med./Pass. εἴθισμαι	
	εἴωθα *Perf.*	gewohnt sein, pflegen
	τὸ ἦθος, ἤθους	1. die Gewohnheit; 2. der Charakter (*vgl.* Ethik)
	131 τὸ εἶδος, δους *und*	1. die Gestalt, das Aussehen
	ἡ ἰδέα	2. das Urbild, die Idee (*vgl.* ideal)
	εἶδον *Aor.*	erblicken, sehen (L videre, E view)
	Inf. ἰδεῖν	
	οἶδα *Pf.*	(mit eigenen Augen gesehen haben:)
	Inf. εἰδέναι	‹wissen›
	Fut. εἴσομαι	
*	σύν|οιδα	wissen, Mitwisser sein
*	**132** εἴκω	‹weichen›
	133 ἡ εἰκών, κόνος	das Bild, Gleichnis (*vgl.* Ikone)
	εἰκάζω	1. vergleichen
		2. vermuten
	ἔοικα (*Pf.*)	1. gleichen, ähnlich sein
		2. scheinen
	Part. ἐοικώς *od.* εἰκώς, υῖα, ός, *Gen.* ότος, *adv.* εἰκότως	wahrscheinlich, natürlich, recht und billig
	τὸ εἰκός, ότος	die Wahrscheinlichkeit
	134 εἰμί (*Inf.* εἶναι)	sein (< εσ-ναι, L es-se)
	ἔστιν	es ist da, es gibt
	ἔστιν, ὅστις	(‚es gibt den, der':) mancher
	ἄπ|ειμι	entfernt sein, fehlen
	πάρ|ειμι	zugegen sein, jmd. beistehen
	περί|ειμι	1. überlegen sein
		2. übrig sein, überleben
	σύν|ειμι (τινί)	mit jmd. verkehren
	ἡ συνουσία	der Umgang, Verkehr
	ἔξ|εστι	es ist möglich, erlaubt
*	ἐξόν *adv.*	da (wenn, obgleich) es möglich ist (war, wäre, gewesen wäre)
	ἡ ἐξουσία	die Erlaubnis, das Recht zu etw.
	135 εἶμι (*Inf.* ἰέναι)	kommen, gehen (*Phys.* Ionen)
		⚠ Der Indikativ hat futurische Bedeutung. Die Komposita sind gleichbedeutend mit den entsprechenden von ἔρχομαι.

	136	εἴργω	1. einschließen 2. ausschließen, hindern
	137	ἡ εἰρήνη	der Friede (*Name* Irene)
	138	ἕκαστος, η, ον	jeder (für sich), jeder einzelne
		ἑκάτερος, α, ον	jeder von beiden (*vgl.* V)
	139	ἑκών, οὖσα, όν *Gen.* όντος	freiwillig, absichtlich
		ἄκων (< α-εκων)	unfreiwillig, ohne Absicht
	140	ἐλάττων *od.* ἐλάσσων, ον, *Gen.* ονος (↔ μείζων 286)	kleiner, geringer
		Superl. ἐλάχιστος, η, ον	der kleinste, geringste
	141	ἐλαύνω *Aor.* ἤλασα	1. treiben, vertreiben (*vgl.* elastisch) 2. *intr.* ziehen, marschieren, reiten
	142	ἐλέγχω	1. etw. untersuchen 2. jmd. überführen, jmd. eine Schuld nachweisen 3. widerlegen
*	**143**	ἐλεέω	Mitleid haben, sich erbarmen (*vgl.* Kyrie eleison)
	144	ἐλεύθερος, α, ον	frei
		ἡ ἐλευθερία	die Freiheit
		ἐλευθερόω	befreien
	145	ἕλκω *Aor.* εἵλκυσα	ziehen, schleppen
	146	ἡ ἐλπίς, ίδος	die Erwartung, Hoffnung
		ἐλπίζω	(erwarten:) 1. (Gutes:) hoffen 2. (Böses:) ahnen
	147	ὁ ἐνιαυτός	das Jahr
	148	ἡ ἑορτή	das Fest
	149	ἐπιτήδειος, α, ον	1. (*von Sachen oder Personen:*) geeignet, passend, erforderlich 2. (*von Pers.:*) mit jmd. befreundet
		τὰ ἐπιτήδεια	(das Erforderliche:) die Lebensmittel
	150	ἕπομαι *Aor.* ἑσπόμην	folgen (L sequi, F suivre, E sue)
*		ἐφ|έπομαι	(nachfolgen:) 1. folgen; 2. verfolgen
	151	τὸ ἔπος, ἔπους	das Wort, die Erzählung; *Pl. auch* die Heldenlieder (*vgl.* episch)
		εἶπον *Aor.*, *Inf.* εἰπεῖν	sagen
*	**152**	ἐράω (τινός)	1. lieben 2. nach etw. verlangen
*		ὁ ἔρως, ωτος	die Liebe, das Verlangen (*vgl.* Erotik)

153	τὸ ἔργον	das ‹Werk›, die Arbeit
	ἐργάζομαι	arbeiten, verfertigen
	Stammformen s.u.	
	ἐξ|εργάζομαι	etw. ausarbeiten, zustande bringen
	κατ|εργάζομαι	zustande bringen
	τὸ ὄργανον	das Werkzeug, Instrument (*vgl.* Organ, Orgel)
	ὁ γεωργός (γῆ 88 + ἔργον)	(der das Land bearbeitet:) der Bauer (*Name* Georg)
154	ἔρημος, η, ον	einsam, verlassen, leer (*vgl.* Eremit)
	ἡ ἐρημία	die Einsamkeit, Wüste
* **155**	ἡ ἔρις, ιδος	der Streit, Wetteifer
156	ἔρχομαι	kommen, gehen
	Stammformen s.u.	
	ἀν|έρχομαι	1. hinaufgehen; 2. zurückkehren
	δι|έρχομαι *und* διεξ|έρχομαι	1. hindurchgehen, etw. durchschreiten 2. durchnehmen, behandeln (*z.B.* ein Problem, ein Buch)
	εἰσ|έρχομαι	hineingehen
	ἐξ|έρχομαι	1. herausgehen 2. (von Ereignissen:) ausgehen
*	ἐπεξ|έρχομαι	1. gegen jmd. ausrücken; *spez.* jmd. anklagen 2. etw. durchnehmen, behandeln
	ἐπ|έρχομαι (τινί *od.* τινά)	an etw. od. jmd. herankommen; *spez.* jmd. angreifen (τινί)
	κατ|έρχομαι	herabkommen
*	μετ|έρχομαι (τινά)	hingehen zu jmd.
	παρ|έρχομαι	1. vorbeigehen; 2. herbeikommen
	περι|έρχομαι	um etw. herumgehen
	προ|έρχομαι	hervorkommen, vorrücken, vorangehen
	προσ|έρχομαι	hingehen, sich nähern; *spez.* angreifen (τινί)
	συν|έρχομαι	zusammentreffen (freundl. od. feindl.)
157	ἐρωτάω (*seltener: Fut.* ἐρήσομαι. *Aor.* ἠρόμην)	fragen
	ἐπ|ερωτάω	(*im Dialog:*) daraufhin wieder fragen
158	ἔσχατος, η, ον	der äußerste, letzte (*Theol.* Eschatologie: Lehre v. d. ‚letzten Dingen')
159	ὁ ἑταῖρος	der Genosse, Freund
160	ἕτοιμος *od.* ἑτοῖμος, (η,) ον	bereit, vorhanden

ἐργάζομαι ἐργάσομαι εἰργασάμην εἴργασμαι

ἔρχομαι εἶμι (*selten* ἐλεύσομαι) ἦλθον ἐλήλυθα

161	τὸ ἔτος, ἔτους	das Jahr (*Geogr.* Etesien: jährlich wiederkehrende Winde)
162	εὖ *adv.*	gut
163	καθ|εύδω	schlafen
164	εὐθύς, εῖα, ύ	(gerade:)
	adv.: εὐθύ	1. (*örtl.:*) gerade, geradewegs 2. (*zeitl.:*) sofort
165	εὑρίσκω *Stammformen s.u.*	1. finden; 2. erfinden (*vgl.* Heuristik: methodische Anleitung zum ‚Finden‘ von Neuem)
*	ἐξ|ευρίσκω	ausfindig machen
166	τὸ εὖρος, ρους	die Breite, Weite
167	ἡ εὐχή	das Gelübde, die Bitte, der Wunsch
	εὔχομαι *Aor.* ηὐξάμην	(*Grundbed.:* ‚aussprechen, was einen innerlich bewegt‘:) 1. beten (τοῖς θεοῖς zu den Göttern) 2. wünschen 3. geloben
168	ἡ ἔχθρα	der Haß, die Feindschaft
	ἐχθρός, ά, όν	verhaßt, feindlich; *Subst.* der Feind
169	ἔχω *Fut.* ἕξω. *Aor.* ἔσχον	haben, halten
	ἀν|έχομαι *Aor.* ἠνεσχόμην	aushalten, ertragen
*	ἀντ|έχω	1. jmd. etw. engegenhalten 2. *intr.* standhalten, ausdauern
	ἀπ|έχω	1. *tr.* fernhalten 2. *intr.* sich fernhalten, fern sein
	ἀπ|έχομαι	1. (*räuml.:*) sich fernhalten 2. (*übertr.:*) sich enthalten
*	ἐπ|έχω	1. jmd. od. etw. festhalten, zurückhalten 2. *intr.* haltmachen, zögern, warten (*vgl.* Epoche: ἐποχή *urspr.* ‚Anhalten‘, fester Zeitpunkt, seit 18. Jh. ‚Zeitabschnitt, Zeitraum‘)
	κατ|έχω	1. festhalten, zurückhalten 2. innehaben
	μετ|έχω (τινός)	Anteil haben (an etw.)
	παρ|έχω	aushändigen, liefern, bieten
	περι|έχω	1. umfassen, umgeben 2. überragen, übertreffen
	προσ|έχω	1. (ein Schiff) hinlenken 2. — τὸν νοῦν τινι auf etw. achten

▷

εὑρίσκω εὑρήσω ηὗρον ηὕρηκα | ηὕρημαι ηὑρέθην

*		συν|έχω	zusammenhalten, festhalten
*		συνεχής, ές	zusammenhängend, anhaltend
		ὑπερ|έχω	überragen, übertreffen
		ὁ ἐχόμενος	der nächste, angrenzende
*		ἴσχω (= ἔχω)	haben, halten
		ὑπ|ισχνέομαι *Aor.* ὑπ|εσχόμην	versprechen
		ἡ ἰσχύς, ύος	die Stärke, Kraft
		ἰσχύω	stark sein, mächtig sein
		ἰσχυρός, ά, όν	stark
		σχεδόν *adv.*	(sich haltend an:) beinahe
		τὸ σχῆμα, ατος	(die Haltung:) die Gestalt, Form (*vgl.* Schema)
		ἡ σχολή	1. (‚das Anhalten' i. d. Alltagsarbeit:) die freie Zeit 2. (die Beschäftigung i. d. freien Zeit:) das Studium, die Schule (L schola)
*		σχολῇ *adv.*	1. langsam 2. schwerlich, kaum
		εὖ ἔχω	es geht mir gut
		οὕτως ἔχει	so verhält es sich

Z

*	**170**	ζηλόω	1. nacheifern (*vgl.* Zelot: Eiferer; F jalousie: Eifersucht) 2. beneiden, bewundern
	171	ἡ ζημία	1. der Schaden; 2. die Strafe
		ζημιόω	1. schädigen; 2. strafen
	172	ζητέω	1. suchen 2. forschen, untersuchen
	173	ζήω	leben
		ἡ ζωή	das Leben, der Lebensunterhalt
		τὸ ζῷον	1. das Lebewesen 2. das Tier (*vgl.* Zoologie)
*	**174**	τὸ ζυγόν	1. das ‹Joch› (ein Querholz zum Anspannen von Zugtieren) (L iugum) 2. die Ruderbank
*		τὸ ὑπο|ζύγιον	(unter dem Joch gehend:) das Zugtier, Lasttier

H

	175	ἡγέομαι	1. führen (τινός: Anführer sein; τινί: jmd. den Weg zeigen) 2. *mit AcI oder dopp. Akk.:* meinen, glauben, für etw. halten

▷

	ἐξ|ηγέομαι	1. herausführen, *allg.* führen 2. Ausführungen machen, etw. auseinandersetzen (*Theol.* Exegese: Auslegung)
	ὁ ἡγεμών, μόνος	der Führer (*vgl.* Hegemonie)
176	ἥδομαι (τινί *od.* ἐπί τινι) *Aor.* ἥσθην	sich freuen (über etw.)
	ἡ ἡδονή	die Freude, Lust (*Phil.* Hedonismus: hält die Lust für den höchsten Wert)
	ἡδύς, εῖα, ύ	angenehm, ‹süß›
	ἄσμενος, η, ον (< αδμ.)	erfreut, froh
177	ἥκω *Fut.* ἥξω	1. gekommen sein, da sein 2. kommen
	προσ|ήκει μοι	es betrifft mich, es geht mich an, es gehört sich für mich
*	προσ|ήκω (τινί)	verwandt sein mit jmd.
	ἀφ|ικνέομαι *Stammformen s.u.*	ankommen
*	ὁ ἱκέτης, του	(‚der Ankömmling':) der Flüchtige, Verfolgte (der das Gastrecht in Anspruch nimmt und um Aufnahme in die Gemeinschaft, um politisches Asyl bittet)
	ἱκανός, ή, όν	hinreichend, geeignet, fähig
178	ἡ ἡλικία	das (Lebens-) Alter
179	ὁ ἥλιος	die Sonne (L sol, F soleil) (*vgl.* helio-zentrisch)
180	ἡ ἡμέρα	der Tag (*vgl.* neugriech. καλημέρα *sprich* kaliméra: Guten Tag!)
181	ἥμισυς, εια, υ	halb (*vgl.* Hemi-sphäre)
182	ἡ ἤπειρος	das Festland (Epirus: Landschaft in NW-Griechenland)
183	ὁ ὑπ|ηρέτης, του	(*eigtl.* ‚Ruderknecht', *von* ἐρέττω rudern) der Diener
	ὑπ|ηρετέω	dienen, helfen
184	ὁ ἥρως, ωος	der Held, Halbgott (*vgl.* heroisch)
185	ἡ ἡσυχία	die Ruhe
186	ἥττων, ον, *Gen.* ονος (↔ κρείττων 249)	schwächer, unterlegen
	Superl. ἥκιστα *adv.*	am wenigsten
	ἡττάομαι (τινός) *Aor.* ἡττήθην (↔ κρατέω 249)	schwächer sein (als ...), unterliegen

---

ἀφ\|ικνέομαι ἀφ\|ίξομαι ἀφ\|ικόμην ἀφ\|ῖγμαι

Θ

<table>
<tr><td></td><td>187</td><td>ἡ θάλαττα od. θάλασσα, ης</td><td>das Meer</td></tr>
<tr><td></td><td>188</td><td>ὁ θάνατος</td><td>der Tod (vgl. Eu-thanasie)</td></tr>
<tr><td></td><td></td><td>ἀ|θάνατος, ον</td><td>unsterblich</td></tr>
<tr><td></td><td></td><td>θνῄσκω und ἀπο|θνῄσκω Stammformen s. u.</td><td>1. sterben; 2. getötet werden</td></tr>
<tr><td>*</td><td></td><td>θνητός, ή, όν</td><td>sterblich</td></tr>
<tr><td></td><td>189</td><td>θάπτω</td><td>bestatten, begraben</td></tr>
<tr><td></td><td></td><td>ὁ τάφος</td><td>das Grab</td></tr>
<tr><td></td><td>190</td><td>θαρρέω oder θαρσέω</td><td>mutig sein, zuversichtlich sein</td></tr>
<tr><td></td><td>191</td><td>θαυμάζω</td><td>1. bewundern
2. sich wundern</td></tr>
<tr><td></td><td></td><td>θαυμαστός, ή, όν</td><td>1. wunderbar
2. wunderlich, seltsam</td></tr>
<tr><td>⚠</td><td></td><td>Wurzel θε-: s. τίθημι</td><td></td></tr>
<tr><td></td><td>192</td><td>θεάομαι</td><td>anschauen</td></tr>
<tr><td></td><td></td><td>θεωρέω</td><td>1. anschauen
2. (geistig anschauen:) erwägen, überlegen (vgl. theoretisch)</td></tr>
<tr><td></td><td>193</td><td>ὁ θεός</td><td>(der) Gott (vgl. Theologie, Atheist, Pan-theon u. a.)</td></tr>
<tr><td></td><td></td><td>ἡ θεά</td><td>die Göttin</td></tr>
<tr><td></td><td></td><td>θεῖος, α, ον</td><td>göttlich</td></tr>
<tr><td>*</td><td>194</td><td>ὁ θεράπων, ποντος</td><td>der Diener</td></tr>
<tr><td></td><td></td><td>θεραπεύω</td><td>1. bedienen
2. verehren
3. pflegen, heilen (vgl. Therapie)</td></tr>
<tr><td></td><td>195</td><td>τὸ θέρος, ρους</td><td>(die warme Jahreszeit:) der Sommer</td></tr>
<tr><td></td><td></td><td>θερμός, ή, όν</td><td>warm (vgl. Thermo-meter, Thermal-Bad)</td></tr>
<tr><td>*</td><td>196</td><td>θέω</td><td>laufen</td></tr>
<tr><td></td><td></td><td>βοηθέω (βοή 74 + θέω)</td><td>(eigtl. ‚auf einen Ruf hin herbeilaufen‘:) zu Hilfe eilen, helfen</td></tr>
<tr><td></td><td></td><td>ἡ βοήθεια</td><td>die Hilfe</td></tr>
<tr><td></td><td>197</td><td>θῆλυς, εια, υ</td><td>1. weiblich
2. weibisch</td></tr>
<tr><td></td><td>198</td><td>τὸ θηρίον</td><td>das ‹Tier› (vgl. L ferus)</td></tr>
<tr><td>*</td><td></td><td>θηράω und θηρεύω</td><td>jagen, erjagen</td></tr>
<tr><td></td><td></td><td>θηριώδης, ες</td><td>1. voll von Tieren
2. tierisch</td></tr>
<tr><td>*</td><td>199</td><td>ὁ θησαυρός</td><td>die Schatzkammer, der Schatz (vgl. Tresor, über F)</td></tr>
</table>

ἀπο|θνῄσκω ἀπο|θανοῦμαι ἀπ|έθανον τέθνηκα

* **200**	ἡ θρίξ, τριχός	das Haar (*Zool.* Trichine)
* **201**	ὁ θρόνος	der Sessel (*vgl.* Thron)
202	ἡ θυγάτηρ, τρός	die ‹Tochter›
203	ὁ θυμός	(*eigtl.* das Aufwallende, stark Bewegte) 1. der Mut, der Zorn, die Leidenschaft 2. die Empfindung, das Herz, Gemüt (*Med.* Thymopsyche: die gemüthafte Seite des Seelenlebens)
	ἄ|θυμος, ον	mutlos
*	ἀθυμέω	mutlos sein
*	ἡ ἀθυμία	die Mutlosigkeit
	ἐν|θυμέομαι	(sich ‚im θυμός' mit etw. befassen:) erwägen, überlegen
	ἐπι|θυμέω (τινός)	etw. begehren, verlangen
	ἡ ἐπιθυμία	die Begierde, das Verlangen
	προ|θυμέομαι	bereit sein zu etw., sich bemühen um etw.
	πρό|θυμος, ον	bereitwillig, eifrig
	ἡ προθυμία	die Bereitwilligkeit, der Eifer
204	ἡ θύρα (*meist Pl.*)	die ‹Tür›, das ‹Tor›
205	θύω	opfern
	ἡ θυσία	das Opfern, das Opfer
* **206**	ὁ θώραξ, ακος	der Brustharnisch, Panzer (*Med.* Thorax: Brustkorb)

I

207	ὁ ἰατρός	der Arzt (von ἀρχ|ιατρός ‚Oberarzt') (*vgl.* Psych-iatrie)
208	ἴδιος, α, ον	eigen (*vgl.* Idiom)
	ἰδίᾳ *adv.* (↔ δημοσίᾳ 110 *od.* κοινῇ 242)	für sich allein, privat
	ὁ ἰδιώτης, του	1. der einzelne (↔ die Gesamtheit, πόλις) 2. der Laie (↔ der Fachmann, ἐπαΐων) (*vgl.* Idiot)
209	ἱερός, ά, όν	heilig, geweiht (*vgl.* Hier-archie, Hiero-glyphe)
	τὸ ἱερόν	1. das Opfer 2. das Heiligtum
	ὁ ἱερεύς, ρέως	der Priester

210	ἵημι (*Wurzel* ἑ-) *Stammformen s.u.*	in Bewegung setzen
	ἵεμαι	sich in Bewegung setzen, losstürzen
	ἀν|ίημι *und* μεθ|ίημι	1. jmd. loslassen (*z.B.* Gefangene) 2. *intr.* nachlassen (in e. Bemühung)
	ἀφ|ίημι	entsenden, freilassen
	ἐφ|ίεμαι (τινός)	nach etw. streben
	παρ|ίημι	1. vorbeigehen lassen (*z.B.* eine Gelegenheit), etw. übergehen (in e. Rede) 2. zulassen, gestatten
	προ|ίημι	1. etw. aufgeben, preisgeben 2. verschwenden, verschleudern
	συν|ίημι	verstehen, begreifen
	ἡ σύνεσις	der Verstand, die Einsicht
211	τὸ ἱμάτιον	das Oberkleid, Gewand (ähnlich der römischen Toga)
212	ὁ ἵππος	das Pferd (*Name* Phil-ipp)
	ὁ ἱππεύς, έως	der Reiter, Ritter
213	ἴσος, η, ον	gleich (*vgl.* isomorph, Isotherme u.a.)
	ἴσως *adv.*	vielleicht
214	ἵστημι (*Wurzel* στα-) *Aor.* ἔστησα	stellen, hinstellen (*vgl.* statisch, Statik)
	ἵσταμαι *Fut.* στήσομαι. *Aor.* ἔστην	sich hinstellen, (wohin) treten
	Pf. ἕστηκα	‹stehen›
	ἀν|ίστημι *und* ἐξαν|ίστημι	1. aufstellen; 2. vertreiben
	ἀφ|ίστημι	1. wegstellen 2. jmd. abbringen von etw. (τινά τινος); *spez.* jmd. zum Bruch eines Bündnisses veranlassen
	ἀφ|ίσταμαι	1. wegtreten, sich entfernen 2. abfallen, einem Bündnis untreu werden
	ἐφ|ίστημι	('jmd. an die Spitze stellen':) jmd. mit der Leitung beauftragen
	ἐφ|ίσταμαι	die Leitung übernehmen (*z.B.* des Staates oder Heeres)
	καθ|ίστημι	1. hinstellen, zurechtstellen 2. *mit dopp. Akk.:* jmd. zu etw. machen
	μεθ|ίστημι	umstellen, ändern

▷

ἵημι ἥσω ἧκα – \| εἷμαι εἵθην

		παρ|ίστημι	daneben stellen
		παρ|ίσταμαι	zur Seite treten, jmd. beistehen
		προ|ίσταμαι	die Leitung übernehmen (*z. B.* des Staates oder Heeres)
		συν|ίστημι	vereinigen
		συν|ίσταμαι (ἔκ τινος)	aus etw. bestehen (*vgl.* System)
*		ὑφ|ίσταμαι	(*eigtl.* sich unter etw. stellen:) 1. etw. auf sich nehmen (*z. B.* Gefahr) 2. etw. versprechen
		τὸ στάδιον	1. die Rennbahn, das Stadion 2. ‚Stadion' als Längenmaß (ca. 185 m)
*		ὁ σταθμός	1. der Standort, Halteplatz 2. der Tagesmarsch
		ἡ στάσις, σεως	(*eigtl.* Standpunkt, den man einnimmt:) 1. die Partei (zu der man ‚steht'); *spez.* aufrührerische Partei 2. der Aufstand, die Revolution
		στασιάζω	einen Aufstand machen, streiten
		ἐπίσταμαι	sich auf etw. ‚verstehen', wissen
		ἡ ἐπιστήμη	das Verständnis, das Wissen, die Erkenntnis (↔ δόξα, subj. Annahme) (*Phil.* Epistemo-logie: Wissenschaftstheorie)
*	**215**	ὁ ἰχθύς, ύος	der Fisch (*vgl.* Ichthyo-saurier; der Fisch als Sinnbild der ersten Christen: ΙΧΘΥΣ = Ἰησοῦς Χριστὸς Θεοῦ Υἱὸς Σωτήρ)
*	**216**	τὸ ἴχνος, νους	die Spur

K

	217	καθαρός, ά, όν	rein (*vgl.* Katharina; Katharer > Ketzer)
	218	καινός, ή, όν	neu, ungewöhnlich (*Geol.* Käno-zoikum: erdgeschichtliche ‚Neuzeit')
	219	ὁ καιρός	1. der rechte Zeitpunkt 2. die günstige Gelegenheit, der Vorteil
	220	καίω *od.* κάω *Aor.* ἔκαυσα	anzünden, etw. verbrennen (*Optik* Kaustik: Brennfläche)
		κατα|καίω	niederbrennen, einäschern
	221	κακός, ή, όν (↔ ἀγαθός 1)	1. schlecht (*vgl.* Kakophonie: Mißklang) 2. feige
		τὸ κακόν	das Unglück, der Schaden
*		κακουργέω (τινά) (κακός + ἔργον 153)	jmd. mißhandeln, schädigen

222	καλέω	rufen, nennen
	Aor. ἐκάλεσα.	(L clamare)
	Aor. Pass. ἐκλήθην	
	Pf. κέκλημαι	heißen
	ὁ καλούμενος	der sogenannte
	ἐπι|καλέω	1. herbeirufen 2. einem etw. zurufen; *auch* einen Beinamen geben
	παρα|καλέω	(‚herbeirufen') einladen, auffordern (*neugriech.* παρακαλῶ „bitte!")
	ἡ ἐκ|κλησία	die Volksversammlung (*vgl.* L ecclesia; F église)
223	καλός, ή, όν (↔ αἰσχρός 19)	1. schön; 2. gut
224	κάμνω	1. sich abmühen 2. müde werden 3. leiden
* **225**	κάμπτω	1. biegen (*z. B.* ein Gelenk), umwenden (*z. B.* einen Wagen) 2. jmd. umstimmen
* **226**	ἡ καρδία	das ‹Herz› (L cor, F coeur) (*Med.* Elektro-Kardio-Gramm)
227	ὁ καρπός	die Frucht, der Nutzen (*Bot.* Synkarpie: Verwachsung der Fruchtblätter zu e. einzigen Fruchtknoten)
228	κεῖμαι	1. liegen 2. *als Pf. Pass. zu* τίθημι: gelegt sein, festgesetzt sein
	διά|κειμαι	1. sich in einer Lage befinden (*z. B.* ἐναντίως — sich in der entgegengesetzten Lage befinden) 2. eingestellt sein, gestimmt sein (*z. B.* πῶς πρός σε διάκειται; Wie steht er mit dir?)
	πρό|κειμαι	vorne liegen, (öffentlich) daliegen
*	πρόσ|κειμαι	1. dabei liegen, dazugehören 2. jmd. bedrängen
	σύγ|κειται	es ist verabredet
*	κοιμάομαι	sich schlafen legen, schlafen (*Med.* Koma: tiefste Bewußtlosigkeit)
229	κελεύω	(antreiben:) 1. (höflich:) bitten, auffordern 2. (bestimmt:) befehlen
	παρα|κελεύομαι	jmd. Mut zu machen suchen (etwa durch Zuruf), jmd. antreiben
230	κενός, ή, όν	leer (*vgl.* Kenotaph: leeres Grab)

231	τὸ κέρας, κέρατος *od.* κέρως	1. das ‹Horn› 2. der Flügel des Heeres (L cornu; *vgl.* Rhino-zeros: Nashorn)
232	τὸ κέρδος, δους	der Gewinn, Vorteil
*	κερδαίνω	gewinnen
233	ἡ κεφαλή	der Kopf (*Zool.* Zephalo-poden: ‚Kopffüßler', Tintenfische)
* **234**	κήδομαι (τινός)	besorgt sein (um etw. oder jmd.)
235	ὁ κῆρυξ, υκος	der Herold, Bote
	κηρύττω	(als Herold) bekanntmachen
236	ὁ κίνδυνος	die Gefahr
	κινδυνεύω	1. gefährdet sein; ⚠ *Aor.* in Gefahr geraten 2. (e. Chance haben:) „möglicherweise ..." z.B. κινδυνεύεις ἀληθῆ λέγειν. Möglicherweise hast du recht.
237	κινέω	bewegen, rütteln (*vgl.* Kino, *Phys.* kinetisch)
* **238**	κλαίω *oder* κλάω	weinen, beweinen
239	κλέπτω	stehlen (*vgl.* Kleptomanie)
* **240**	ὁ κλῆρος	1. das Los 2. das (durch Los zugeteilte) Stück Land 3. das Erbgut (*vgl.* Klerus: „vocantur clerici, quia Dominus sors clericorum est")
* **241**	κοῖλος, η, ον	hohl
242	κοινός, ή, όν	1. gemeinsam 2. öffentlich (↔ ἴδιος 208)
	τὸ κοινόν	1. die Allgemeinheit, der Staat 2. das Staatseigentum, die öffentlichen Gelder, die Staatskasse
	Pl. τὰ κοινά	die öffentlichen Angelegenheiten, die Politik
	adv. κοινῇ	1. gemeinsam 2. im Staatsinteresse (↔ ἰδίᾳ 208)
*	κοινόω	(zum gemeinsamen Besitz machen:) 1. jmd. Anteil geben an etw. 2. mitteilen, allgemein bekannt machen
	κοινωνός, όν	teilnehmend; *Subst.* der Gefährte
	κοινωνέω (τινός)	teilnehmen (an etw.)
	ἡ κοινωνία	die Gemeinschaft
243	κολάζω	bestrafen
244	κομίζω	etw. besorgen, fortbringen, herbeibringen

*	245	ἡ κορυφή	der Gipfel (*vgl.* Koryphäe)
	246	ὁ κόσμος	1. die Ordnung 2. der Schmuck (*vgl.* Kosmetik) 3. die Weltordnung, Welt, der Kosmos
		κοσμέω	ordnen, schmücken
	247	ἐπί|κουρος, ον	helfend; *Subst.* der Helfer
		Pl. οἱ ἐπίκουροι	die Hilfstruppen
	248	κοῦφος, η, ον	1. leicht 2. leichtsinnig
	249	τὸ κράτος, τους	die Stärke, Macht
		κρατέω	(stark sein:) 1. beherrschen 2. besiegen (↔ ἡττάομαι 186)
		κρείττων, ον, *Gen.* ονος (↔ ἥττων 186)	stärker, überlegen
		Superl. κράτιστος, η, ον	der stärkste
		ἡ δημο|κρατία	die Volksherrschaft, Demokratie
*		καρτερέω	1. stark sein 2. standhaft sein (*z. B.* in Gefahr)
*		καρτερός, ά, όν	stark
*	250	ἡ κρήνη	der Brunnen, die Quelle
	251	κρίνω *und* δια|κρίνω *Stammformen s. u.*	(*Grundbed.* sichten, scheiden:) 1. unterscheiden, aussondern, auswählen (*vgl.* diakritisch) 2. entscheiden, urteilen, richten
		ἀπο|κρίνομαι *Stammformen s. u.*	antworten
		ἡ κρίσις, σεως	die Entscheidung, das Urteil (*vgl.* Krise)
		ὁ κριτής, τοῦ	der Schiedsrichter, Richter (*vgl.* Kritik)
	252	κρύπτω	verbergen, verhehlen (*vgl.* Krypta; *davon* Grotte, Gruft)
	253	κτάομαι *Aor.* ἐκτησάμην	erwerben
		Pf. κέκτημαι	besitzen
		τὸ κτῆμα, ατος	das Erworbene, der Besitz
		ἡ κτῆσις, σεως	die Erwerbung
	254	κτείνω *und* ἀπο|κτείνω *Stammformen s. u.*	töten
	255	κτίζω	(Land) besiedeln, (e. Stadt) gründen

κρίνω κρινῶ ἔκρινα κέκρικα \| κέκριμαι ἐκρίθην
ἀπο\|κρίνομαι ἀπο\|κρινοῦμαι ἀπ\|εκρινάμην ἀπο\|κέκριμαι
ἀπο\|κτείνω ἀπο\|κτενῶ ἀπ\|έκτεινα ἀπ\|έκτονα

256	ὁ κύκλος	der Kreis, Ring (*vgl.* Zyklus; Zyklon: Wirbelsturm; Zyklop)
* **257**	προσ|κυνέω	jmd. anbeten, verehren; *spez. bei den Persern:* (den König) fußfällig begrüßen
258	ὁ κύριος	der Herr (Kirche < κυριακή)
259	ὁ κύων, κυνός	der Hund (*vgl.* Zyniker)
260	κωλύω	(ver)hindern, abhalten
261	ἡ κώμη	das Dorf

Λ

262	λαγχάνω *Aor.* ἔλαχον. *Pf.* εἴληχα	bekommen (*spez.* vom Schicksal oder durch Verlosung)
263	λαμβάνω *Stammformen s.u.*	nehmen, ergreifen, bekommen
	ἀνα|λαμβάνω	1. aufnehmen, hochheben 2. wiederaufnehmen, wiederherstellen (*Med.* analeptisch: wiederbelebend)
	ἀπο|λαμβάνω	wegnehmen
	ἐπι|λαμβάνω	dazunehmen, ergreifen (*vgl.* Epilepsie: eine Krankheit, die den Menschen plötzlich ‚ergreift')
	ἐπι|λαμβάνομαι	1. etw. anfassen 2. (*spez.* jmd. mit Worten —:) tadeln
	κατα|λαμβάνω	1. einnehmen (*z.B.* eine Festung) 2. jmd. antreffen, ertappen 3. etw. begreifen
	παρα|λαμβάνω	übernehmen, aufnehmen
	προσ|λαμβάνω	noch dazu nehmen
	συλ|λαμβάνω	1. etw. zusammenfassen (*vgl.* Silbe < συλλαβή, Zusammenfassung von Lauten) 2. mit anpacken, helfen (τινί) 3. *spez.* jmd. verhaften (τινά)
	ὑπο|λαμβάνω	1. aufnehmen (*z.B.* einen Flüchtling) 2. aufgreifen (was soeben gesagt wurde), jmd. in die Rede fallen, erwidern 3. annehmen, vermuten
264	λαμπρός, ά, όν	glänzend, hell

λαμβάνω λήψομαι ἔλαβον εἴληφα \| εἴλημμαι ἐλήφθην

265	λανθάνω (τινά)	verborgen sein (vor jmd.)
	Stammformen s.u.	*meist mit Part., z.B.* πάντας ἔλαθε ἀπιών. Er verschwand, ohne daß es jmd. merkte.
	ἀ|ληθής, ές	(nicht verhehlend:) wahr, ehrlich
	ἡ ἀλήθεια	die Wahrheit
	ἀληθινός, ή, όν	echt, richtig
266	λέγω	sagen, reden, nennen
	Stammformen s.u.	
	ἀντι|λέγω	widersprechen
	δια|λέγομαι (τινί)	mit jmd. reden, ein Gespräch führen
	Stammformen s.u.	
	ἐκ|λέγω	auslesen, auswählen (*vgl.* eklektisch)
	κατα|λέγω	1. aufzählen (*vgl.* Katalog) 2. auslesen, auswählen
	συλ|λέγω	sammeln, versammeln
	Stammformen s.u.	
	ὁ λόγος	1. (Reden:) die Erzählung, die Rede, der Ausspruch (*vgl.* Prolog, Epilog) εἰς λόγους συνελθεῖν zu einer Unterredung zusammenkommen 2. (Rechnen:) die Abrechnung, Kalkulation (*vgl.* ana-log: ‚verhältnismäßig', entsprechend) 3. (Denken:) die Begründung, Argumentation, der Begriff (*vgl.* Logik)
	λογίζομαι	berechnen, erwägen
	ὁ λογισμός	die Berechnung, Erwägung
	ἀπο|λογέομαι	sich verteidigen (*vgl.* Apologie)
267	λείπω *und* κατα|λείπω *und* ὑπο|λείπω	verlassen, zurücklassen, übrig lassen
	Stammformen s.u.	
	ἀπο|λείπω *und* ἐκ|λείπω *und* ἐλ|λείπω *und* ἐπι|λείπω	1. verlassen, zurücklassen, übrig lassen 2. *intr.* fehlen, zurückbleiben, nachlassen, schwinden (*Astron.* Eklipse: Sonnen- und Mondfinsternis; *Math.* Ellipse)
	παρα|λείπω	vorbeilassen, übergehen (*vgl.* Paralipomenon: unveröffentlichter Entwurf)
	λοιπός, ή, όν	übrig
	τὸ λοιπόν *adv.*	künftig

λανθάνω λήσω ἔλαθον λέληθα
λέγω ἐρῶ εἶπον εἴρηκα | εἴρημαι ἐρρήθην
δια|λέγομαι δια|λέξομαι δι|ελέχθην δι|είλεγμαι
συλ|λέγω συλ|λέξω συν|έλεξα – | συν|είλεγμαι συν|ελέγην
λείπω λείψω ἔλιπον λέλοιπα | λέλειμμαι ἐλείφθην

*	**268**	λεπτός, ή, όν	dünn, zart, fein (*Med.* lepto-som: schmalwüchsig)
	269	λευκός, ή, όν	‹leuchtend›, weiß (*vgl.* L lux, luna, F luire; Licht, Lohe; *Med.* Leuk-ämie: Überproduktion an weißen Blutkörperchen)
*	**270**	ὁ λέων, λέοντος	der ‹Löwe› (L leo) (*Namen wie* Leonidas)
*	**271**	λήγω	aufhören, ablassen
*	**272**	ὁ λῃστής, τοῦ	der Räuber
	273	ὁ λίθος	der Stein (*vgl.* Lithographie, Monolith)
*	**274**	ὁ λιμήν, μένος	der Hafen
*		ἡ λίμνη	der See, Teich, Sumpf (*vgl.* Limnologie: Lehre v. d. Binnengewässern)
*	**275**	ὁ λόχος	die Abteilung (von etwa 100 Mann)
	276	ἡ λύπη	das Leid, der Kummer
		λυπέω	betrüben
		λυπηρός, ά, όν	1. (*von Sachen:*) betrüblich 2. (*von Personen:*) betrübt
	277	λύω	‹lösen› (*vgl.* Ana-lyse)
		ἀπο|λύω	befreien, entlassen
		δια|λύω *und* κατα|λύω	(auflösen:) 1. zerstören (*z.B.* ein Reich) 2. beendigen (*z.B.* einen Krieg)

M

278	μαίνομαι *Aor.* ἐμάνην	1. von Sinnen sein, in Ekstase sein (*vgl.* Mänaden: ekstatische Frauen im Dionysoskult; Manie) 2. toben, rasen, wütend sein
	ὁ μάντις, τεως	der Seher, Wahrsager (*vgl.* Mantik: Wahrsagekunst)
	μαντεύομαι	1. weissagen 2. sich weissagen lassen, das Orakel befragen
279	μακάριος, α, ον *und* μάκαρ, *Gen.* μάκαρος	glücklich, beneidenswert, gesegnet
280	μακρός, ά, όν (↔ μικρός 301)	lang, groß (*vgl.* Makrokosmos)
	τὸ μῆκος, κους	die Länge, Größe
281	μαλακός, ή, όν	1. weich, mild (*Med.* Malazie: Erweichung) 2. weichlich

282	μανθάνω *Stammformen s.u.*	1. lernen 2. zur Kenntnis nehmen, bemerken, verstehen
283	ὁ μάρτυς, τυρος	der Zeuge (*vgl.* Märtyrer)
	μαρτυρέω	bezeugen
* 284	μάτην *adv.*	umsonst, vergeblich
*	μάταιος, α, ον	vergeblich, töricht
285	ἡ μάχη	der Kampf, die Schlacht
	μάχομαι *Fut.* μαχοῦμαι	kämpfen
	σύμ|μαχος, ον	verbündet; *Subst.* der Bundesgenosse
286	μέγας, μεγάλη, μέγα	groß (*vgl.* Megaphon, Megalithgrab: vorgeschichtliches Großsteingrab)
	τὸ μέγεθος, θους	die Größe
	μείζων, ον, *Gen.* ονος	größer
	Superl. μέγιστος, η, ον	der größte
287	μείγνυμι *oder* μίγνυμι *und* συμ|μίγνυμι (τινί) *Aor.* ἔμιξα. *Aor. Pass.* ἐμίγην *od.* ἐμίχθην	‹mischen›, vereinigen (L miscere, E to mix)
288	μέλας, μέλαινα, μέλαν	schwarz, finster (*vgl.* Melan-cholie; *Name* Melanie)
289	μέλει μοι (τινός) *Fut.* μελήσει	etw. macht mir Sorge, mir liegt an etw.
*	ἡ μελέτη	1. die Sorge, Bemühung 2. (die ständige Bemühung:) die Übung
*	μελετάω	üben
	ἡ ἐπι|μέλεια	die Sorge für, Bemühung um etw.
290	μέλλω *mit Inf.* *Aor.* ἐμέλλησα	1. etw. sollen 2. etw. wollen 3. (schon irgendwie wollen, aber ...:) vor etw. zögern
*	τὸ μέλλον, *Gen.* οντος (*Part.*)	die Zukunft
291	τὸ μέλος, λους	1. das Glied (Körperteil) (*Med.* Dysmelie: angeborene Mißbildung an Gliedmaßen) 2. das Lied (*vgl.* Mel-odie)
292	μέμφομαι	tadeln
293	μένω *Fut.* μενῶ. *Aor.* ἔμεινα	1. bleiben, warten; 2. erwarten (L manere, E remain)
	παρα|μένω	bleiben, warten
	ὑπο|μένω	1. erwarten 2. etw. auf sich nehmen, aushalten

μανθάνω μαθήσομαι ἔμαθον μεμάθηκα

	294	τὸ μέρος, ρους	der Teil, Anteil (*Chem.* Poly-merisation: Erzeugung ‚vielteiliger' chem. Verbindungen)
*		μερίζω	teilen
		ἡ μοῖρα	1. der Teil, Anteil 2. (der Anteil des einzelnen am Leben:) das Los, Schicksal
	295	μέσος, η, ον	‹mitten›, der mittlere (L medius; *Geol.* Meso-zoikum: erdgeschichtliches ‚Mittelalter')
	296	τὸ μέτρον	das Maß (*vgl.* L metiri; Meter, Metrik)
		μέτριος, α, ον	maßvoll, mäßig (*d.h.* zw. zuviel und zu wenig die rechte Mitte haltend)
	297	ὁ μήν, μηνός	der ‹Monat› (L mensis, E month)
*	**298**	μηνύω	anzeigen, bekannt machen
	299	ἡ μήτηρ, μητρός	die ‹Mutter› (L mater; *vgl.* Metropole: ‚Mutterstadt' (von Kolonien), Hauptstadt)
	300	ἡ μηχανή	(Ersinnen, Tüfteln, Problemlösen:) 1. der gute Einfall, die Erfindung, der Kunstgriff 2. das Werkzeug, die Maschine (L machina; *vgl.* Mechanik)
		μηχανάομαι	sich etw. einfallen lassen, ersinnen, bewerkstelligen
*		ἀ|μήχανος, ον	1. (*von Pers.:* ‚ohne Einfall':) ratlos 2. (*von Sachen:* ‚mit Einfällen und Werkzeugen nicht zu meistern':) schwierig, unmöglich
	301	μικρός *od.* σμικρός, ά, όν (↔ μακρός 280)	klein (*vgl.* Mikro-skop; *Biol.* Mikrobe)
	302	μιμέομαι	nachahmen (*vgl.* Mime, Panto-mime, Mimik; *Zool.* Mimikry)
*	**303**	μισέω	hassen (*vgl.* Mis-anthrop)
	304	ὁ μισθός	der Lohn, der Sold, die Miete
	305	ἡ μνήμη	das Gedächtnis, die Erinnerung (*vgl.* Mnemo-technik)
		μνημονεύω	1. sich erinnern 2. etw. in Erinnerung bringen, erwähnen
		μιμνῄσκω *und* ἀνα|μιμνῄσκω *Aor.* ἀν|έμνησα	jmd. erinnern (*Med.* Anamnese: Vorgeschichte einer Krankheit aus der ‚Erinnerung')
		μέμνημαι (*Pf.*) *Aor.* ἐμνήσθην	an etw. denken, etw. erwähnen
*		εὐ|μενής, ές	wohlwollend (*vgl.* ‚Eumeniden': euphemist. Bezeichnung der Erinyen, Rachegöttinnen)

306	μόνος, η, ον	allein (*vgl.* Monolog, Monopol; μόναχος > Mönch, μοναστήριον > Münster)
	μόνον *adv.*	nur
* 307	ἡ μορφή	die (schöne) Gestalt (*vgl.* Morphologie, amorph, Metamorphose)
308	ὁ μῦθος	1. das Wort, die Rede 2. die Sage, Erzählung (teilweise im Gegensatz zu λόγος; *vgl.* mythisch)

N

309	ὁ ναός	der Tempel
310	ἡ ναῦς, νεώς	das Schiff (L navis)
	ὁ ναύτης, του	der Seemann (*vgl.* Kosmo-naut)
311	νεκρός, ά, όν	tot; *Subst.* der Leichnam (*vgl.* Nekro-pole: ‚Totenstadt', antiker Friedhof)
312	νέμω *Aor.* ἔνειμα	1. zuteilen 2. (Weideland zuteilen:) (das Vieh) weiden lassen
	ὁ νόμος	(Ordnung, die jedem das Richtige zukommen läßt:) 1. der Brauch, die Sitte 2. das Gesetz (*Phil.* Anti-nomie, *Mus.* Metro-nom)
	νομίζω	1. etw. als verbindlich anerkennen 2. glauben, für etw. halten
	νόμιμος, (η,) ον	dem Gesetz gemäß, rechtlich
313	νέος, α, ον	jung, ‹neu› (L novus; *vgl.* Neo-liberalismus u.a.)
314	ἡ νῆσος	die Insel (*vgl.* Pelopon-nes, Poly-nesien)
315	ἡ νίκη	der Sieg (*vgl.* Nizza < Νίκαια: ‚Siegesstadt')
	νικάω	siegen, besiegen (*vgl.* Olympionike)
316	ἡ νόσος	die Krankheit, das Übel (*Med.* Nosologie: systematische Beschreibung der Krankheiten)
317	ὁ νοῦς, νοῦ	der Sinn, Verstand
	νοέω	1. wahrnehmen, verstehen 2. denken
	δια|νοέομαι *Aor.* δι|ενοήθην	(sich durch den Sinn gehen lassen:) 1. denken, bedenken 2. gedenken, beabsichtigen

▷

ἡ διάνοια 1. das Denken, die Gesinnung
2. der Gedanke, die Absicht
* ἐν|νοέω (im Sinn haben:)
1. denken, bedenken
2. gedenken, beabsichtigen
* κατα|νοέω wahrnehmen, verstehen
εὔ|νους, ουν wohlgesinnt, wohlwollend
ἡ εὔνοια das Wohlwollen
318 ἡ νύξ, νυκτός die ‹Nacht› (L nox)
* **319** τὸ νῶτον der Rücken

Ξ

320 ξένος, η, ον fremd; *Subst.* (der Fremde):
a) der Gastfreund (sowohl Gast als Gastgeber)
b) der Söldner (*d.h.* der aus e. fremden Volk angeworbene Soldat)
* ξένιος, α, ον gastlich
(*vgl.* Xenien: Gastgeschenke, auch: sie begleitende kleine Gedichte, Epigramme)
321 τὸ ξύλον das Holz (*vgl.* Xylophon)

O

* **322** ὁ ὄγκος 1. die Last, Masse (*Med.* Onkologie: Lehre von den Geschwülsten)
2. die Würde (*wie* L gravitas)
323 ἡ ὁδός der Gang, Weg
ἡ ἔξ|οδος 1. der Ausgang
2. der Auszug, Ausmarsch
ἡ περί|οδος der Umgang, Umfang (*vgl.* Periode)
* **324** ἀν|οίγω öffnen
Stammformen s.u.
325 ὁ οἶκος *und* ἡ οἰκία das Haus, Wohnhaus
(*vgl.* Monaco < μόν|οικος)
οἴκαδε *adv.* nach Hause
οἰκεῖος, α, ον (zum Hause gehörig:)
1. verwandt; 2. eigen, eigentümlich
* ὁ οἰκέτης, του der Hausgenosse, Sklave
οἰκέω wohnen, bewohnen
* ἡ ἀπ|οικία die Kolonie (Auswanderer-Siedlung)
οἰκοδομέω (Häuser) bauen (*vgl.* L domus)

ἀν|οίγω ἀν|οίξω ἀν|έῳξα – | ἀνέῳγμαι ἀνεῴχθην

	326	ὁ οἶνος	der ‹Wein› (< ϝοινος, L vinum)
	327	οἴομαι *oder* οἶμαι *Aor.* ᾠήθην	glauben, meinen
	328	οἴχομαι *Fut.* οἰχήσομαι	1. fortgehen 2. fort sein
*	**329**	ὀκνέω	zögern, besorgt sein
*	**330**	ὁ ὄλεθρος	1. die Vernichtung 2. der Verlust
		ἀπ|όλλυμι *Stammformen s.u.*	1. vernichten 2. verlieren
		ἀπ|όλλυμαι *Stammformen s.u.*	1. vernichtet werden, zugrunde gehen 2. verloren gehen
	331	ὀλίγος, η, ον	wenig, klein
		ἡ ὀλιγαρχία	(‚die Herrschaft der Wenigen‘:) die Oligarchie
	332	ὅλος, η, ον	ganz (*vgl.* katholisch: die Konfession, die καθόλου, allgemein, gelten soll)
*	**333**	ὁ ὅμιλος	die Menge, Schar, das Durcheinander
		ὁμιλέω (τινί)	1. mit jmd. zusammensein (*auch* πρός τινα) 2. sich mit etw. beschäftigen
		ἡ ὁμιλία	das Zusammensein
	334	ὄμνυμι *Aor.* ὤμοσα	schwören, beschwören
	335	ὁμοῖος *od.* ὅμοιος, α, ον	1. gleich; 2. ähnlich (*vgl.* Homöo-pathie: Grundsatz, Gleiches mit Gleichem zu heilen)
		ὁμοῦ	zugleich, zusammen
		ὁμολογέω (ὁμοῦ + λόγος 266)	übereinstimmen, zustimmen
		ἡ ὁμολογία	die Übereinstimmung, die Zustimmung
*	**336**	ὁ ὄνειρος *und*	der Traum
*		τὸ ὄναρ, ὀνείρατος	
	337	τὸ ὄνομα, ατος	der ‹Name› (*auch* Ruf, in dem jmd. steht) (L nomen; *vgl.* Syn-onym)
		ὀνομάζω	nennen, benennen
	338	ὀξύς, εῖα, ύ	1. scharf, spitz (*Chem.* Oxy-genium: Sauerstoff; Oxid) 2. heftig

---

ἀπ|όλλυμι ἀπ|ολῶ ἀπ|ώλεσα ἀπ|ολώλεκα
ἀπ|όλλυμαι ἀπ|ολοῦμαι ἀπ|ωλόμην ἀπ|όλωλα

	339	τὸ ὅπλον	die Waffe
		ὁ ὁπλίτης, του	der Schwerbewaffnete, Hoplit
	340	ὁράω *Stammformen s. u.*	sehen (*vgl.* Pan-orama)
		καθ|οράω	1. von oben heruntersehen 2. bemerken, wahrnehmen
		ὁ ἔφ|ορος	der Aufseher, Ephor (spartanischer Staatsbeamter)
*		φρουρέω (πρό + ὁράω)	(*eigtl.* ‚sich vorsehen‘:) Wache halten
	341	ἡ ὀργή	der Zorn
		ὀργίζομαι (τινί)	zornig werden (über etw.)
*	**342**	ὀρέγομαι	(sich nach etw. strecken:) nach etw. greifen, verlangen (*Med.* An-orexie: Appetitlosigkeit)
	343	ὀρθός, ή, όν	1. aufrecht 2. richtig (*vgl.* ortho-dox: rechtgläubig)
*		κατ|ορθόω	etw. richtig ausführen, glücklich zu Ende führen, Glück haben
	344	ὁ ὅρκος	der Eid
	345	ὁρμάω	1. antreiben (*Med.* Hormon) 2. (*eigtl.* das Heer antreiben:) aufbrechen
		ὁρμάομαι	aufbrechen, losstürmen
	346	ὁ / ἡ ὄρνις, ιθος	der Vogel (*Zool.* Ornithologie)
	347	τὸ ὄρος, ους	der Berg (*vgl.* Oreade: Bergnymphe; *Geol.* oro-gen: gebirgsbildend)
	348	ὁ ὅρος	1. die Grenze 2. (begriffliche Abgrenzung:) die Begriffsbestimmung, Definition
		ὁρίζω	1. begrenzen (*vgl.* Horizont) 2. bestimmen, festsetzen
	349	ὅσιος, α, ον (↔ ἀν|όσιος)	(nach göttl. und natürl. Recht geboten:) heilig, fromm, recht
	350	τὸ ὀστέον *od.* ὀστοῦν	der Knochen (*Med.* Dys-ostose: Störung des Knochenwachstums)
	351	ὁ οὐρανός	der Himmel (*Name* Urania: e. Muse; *Chem.* Uran)
	352	τὸ οὖς, ὠτός	das ‹Ohr› (*Med.* Otitis: Ohrenentzündung)
*	**353**	ὀφείλω	schulden, sollen
	354	ὁ ὄχλος	1. die Menschenmasse (*vgl.* Ochlo-kratie: Pöbelherrschaft) 2. die Belästigung

---

ὁράω ὄψομαι εἶδον ἑώρακα | ὦμμαι ὤφθην

355	ἡ ὄψις, ὄψεως	1. das Sehen (*vgl.* optisch) 2. (was man sieht:) der Anblick
	ὄψομαι	*Fut.* (*Bed. Akt.*) *zu* ὁράω (*vgl. dort auch* ὦμμαι, ὤφθην)
	τὸ ὄμμα, ατος *und* ὁ ὀφθαλμός	1. das Auge; 2. das Gesicht
	τὸ πρόσ|ωπον	das Gesicht
	ὑπ|οπτεύω	(*eigtl.* von unten her anblicken, *wie* L suspicari:) argwöhnen, vermuten

Π

356	τὸ πάθος, θους *und* τὸ πάθημα, ατος (*Wurzel* πν̥θ)	(was ohne eigenes Zutun an e. geschieht:) das Erlebnis; *spez.* Leiden, Mißgeschick (*vgl.* Sym-pathie)
	πάσχω *Stammformen s.u.*	unter einer Einwirkung stehen, etw. erleiden (*z.B.* οὐδὲν ἔπασχον es geschah ihnen nichts)
357	ὁ παῖς, παιδός	1. das Kind; 2. der Sklave
	τὸ παιδίον	das kleine Kind
	ἡ παιδεία	die Erziehung, Bildung (*vgl.* En-zyklo-pädie)
	παιδεύω	erziehen, bilden
358	πάλαι *adv.*	längst, ehemals
	παλαιός, ά, όν	alt (*vgl.* Palä-ontologie: Lehre von den Lebewesen vergangener Erdperioden)
* **359**	ἡ παρθένος	die Jungfrau (‚Παρθενών': der Tempel der Athena Parthenos auf der Akropolis; *Biol.* Partheno-genese)
360	πᾶς, πᾶσα, πᾶν, *Gen.* παντός ...	1. all, ganz; 2. jeder (*vgl.* Pantheismus, panamerikanisch)
	ἅπας, ἅπασα, ἅπαν	1. jeder 2. insgesamt, ganz und gar
	οἱ σύμ|παντες, των	alle zusammen
*	παντοῖος, α, ον	allerlei
	πάντῃ *adv.*	überall
	πάντως *adv.*	gänzlich
	πάνυ *adv.*	gänzlich, durchaus
361	ὁ πατήρ, πατρός	der ‹Vater› (L pater, F père, E father)
	πάτριος, α, ον *und* πατρῷος, α, ον	1. dem Vater gehörig 2. ererbt, herkömmlich, traditionell
	ἡ πατρίς, ίδος	das Vaterland

πάσχω πείσομαι ἔπαθον πέπονθα

362	παύω	(etw. zum Aufhören bringen:) beendigen
	παύομαι	aufhören (*vgl.* Pause)
	ἀνα|παύομαι	ausruhen, sich erholen
363	τὸ πεδίον	die Ebene
	πεζός, ή, όν	zu Land, zu Fuß
	ὁ πούς, ποδός	der ‹Fuß› (L pes, E foot) (*vgl.* Podium, Anti-pode)
*	ἐκ|ποδών *adv.*	aus dem Weg
*	ἐμ|ποδών *adv.*	im Wege, hinderlich (L im-pedire)
	τὸ ἀνδράποδον (ἀνήρ + πούς)	(Beute mit Menschenfüßen:) der Sklave
	ἡ τράπεζα (τέτταρες + πούς)	der Tisch (*vgl.* Trapez)
364	πείθω *Fut.* πείσω. *Aor.* ἔπεισα	1. überreden 2. überzeugen
	πείθομαι *Stammformen s. u.*	1. (sich überreden lassen:) gehorchen 2. (sich überzeugen lassen:) jmd. vertrauen
	ἀνα|πείθω	1. überreden, überzeugen 2. von etwas anderem überzeugen, umstimmen
	ἀ|πειθέω	nicht gehorchen
	ἡ πίστις, τεως	die Treue, das Vertrauen
	πιστός, ή, όν	vertrauenswürdig, treu
	πιστεύω	vertrauen
	ἄ|πιστος, ον	1. nicht vertrauenswürdig 2. (nicht vertrauend:) a) mißtrauisch; b) ungehorsam
	ἀπιστέω	1. nicht trauen 2. nicht gehorchen
* **365**	πεινήω	hungern
366	ἡ πεῖρα	der Versuch, die Probe
	πειράομαι	versuchen, erproben (L ex-periri)
	ἄ|πειρος, ον	unerfahren
	ἔμ|πειρος, ον	erfahren (*vgl.* empirisch: auf Erfahrung beruhend)
	ἡ ἐμπειρία	die Erfahrung
367	πέμπω *Aor.* ἔπεμψα. *Aor. Pass.* ἐπέμφθην	1. (wohin) schicken 2. begleiten
	ἀπο|πέμπω	abschicken, wegschicken
	μετα|πέμπομαι (τινά)	nach jmd. schicken, jmd. kommen lassen

πείθομαι πείσομαι ἐπείσθην πέπεισμαι

*	**368**	πένης, *Gen.* πένητος	arm
		ὁ πόνος	die Arbeit, Mühe, Strapaze
		πονέω	arbeiten, bearbeiten
		πονηρός, ά, όν	(*urspr.* was Mühe u. Scherereien macht:) schlecht (↔ χρηστός 501) 1. (sachlich —:) schlecht im Stande, untauglich 2. (moralisch —:) niederträchtig
	369	πέρα *od.* πέραν	1. drüben, jenseits 2. nach drüben, hinüber (*vgl.* L per)
		περαίνω	vollenden
		ἄ|πειρος, ον	unbegrenzt, unendlich
		ὁ πόρος	die ‹Furt›, der Weg (*vgl.* L porta; Pore; Bos-porus: ‚Ochsenfurt'; Oxford)
		ἄ|πορος, ον	(ohne Ausweg:) 1. (*von Sachen:*) unwegsam, schwierig 2. (*von Personen:*) ratlos
		ἀπορέω	ratlos sein
		ἡ ἀπορία	1. die Ratlosigkeit (*Phil.* Aporie) 2. der Mangel
		εὔ|πορος, ον	1. (*von Sachen:*) gut gangbar, bequem 2. (*von Personen:*) a) gewandt; b) wohlhabend
		πορεύομαι	reisen, marschieren
		πορίζομαι	sich etw. verschaffen
	370	περιττός *od.* περισσός, ή, όν	1. übermäßig, außergewöhnlich 2. überflüssig
*	**371**	ἡ πέτρα	der Fels, Stein (*vgl.* Petr-oleum; *Name* Peter)
*	**372**	ἡ πηγή	die Quelle (*vgl.* Halo-pege: kalte Salzquelle)
	373	πιέζω	bedrücken, bedrängen
	374	πίμπλημι *Aor. Pass.* ἐπλήσθην	‹füllen› (*vgl.* L plenus)
		τὸ πλῆθος, θους	die Menge
		πλήρης, ες	voll
		πληρόω	füllen
	375	πίνω *Aor.* ἔπιον	trinken
*		τὸ ποτόν	der Trank
	376	πίπτω *Stammformen s.u.* ▷	fallen

πίπτω πεσοῦμαι ἔπεσον πέπτωκα

	εἰσ|πίπτω	eindringen, einfallen (in ein Land)
	ἐκ|πίπτω	1. herausfallen 2. vertrieben werden
	ἐμ|πίπτω	in etw. hineingeraten
	ἐπι|πίπτω	auf etw. fallen; *spez.* jmd. überfallen (τινί)
	προσ|πίπτω (τινά *od.* τινί)	1. auf jmd. treffen 2. sich an jmd. wenden, dringend um etw. bitten
	συμ|πίπτω	1. zusammenfallen, einstürzen 2. zusammentreffen (*von Personen und Ereignissen*) (*vgl.* Sym-ptom)
	εὐ|πετής, ές	bequem, leicht
377	πλανάομαι	umherirren (*Astron.* Planet)
* **378**	ἡ πλευρά *und* τὸ πλευρόν	die Seite, Flanke (*Med.* Pleuritis: Rippenfellentzündg.)
379	πλέω *Stammformen s. u.*	fahren (m. d. Schiff), befahren (d. Meer), segeln (*Biol.* Pleuston: die Lebewesen an der Meeresoberfläche)
	τὸ πλοῖον	das Schiff
	ὁ πλοῦς, πλοῦ	die Schiffahrt
380	ἡ πληγή	der Schlag
	πλήττω *Aor. Pass.* ἐπλήγην	schlagen
	ἐκ|πλήττομαι (τί) *Aor.* ἐξ|επλάγην. *Pf.* ἐκ|πέπληγμαι	(vor etw.) erschrecken
381	πλήν (τινός)	außer
382	πλησίον *adv.*	nahe (*Paläont.* Plesi-anthropos: ein Typ des Frühmenschen)
	πλησιάζω	1. etw. in die Nähe bringen 2. sich nähern
	παρα|πλήσιος, (α,) ον	(einer Sache nahe kommend:) ähnlich
383	ὁ πλοῦτος	der Reichtum (*vgl.* Pluto-kratie)
	πλούσιος, α, ον	reich
384	τὸ πνεῦμα, ατος	der Hauch, Atem (*Med.* Pneumonie: Lungenentzündg.)
385	ποιέω	machen; *spez.* dichten (*vgl.* poetisch)
	ἐμ|ποιέω	hineintun, einfügen, einflößen
	προσ|ποιέομαι	1. sich zusätzlich etw. verschaffen 2. (sich zusätzl. ein image beilegen:) sich stellen, als ob ... *z. B.* προσποιοῦμαι πολιτικὸς εἶναι. Ich tue so, als ob ich etwas von Politik verstünde.

πλέω πλεύσομαι *oder* πλευσοῦμαι ἔπλευσα

*	**386**	ποικίλος, η, ον	1. bunt 2. verschiedenartig
	387	ὁ ποιμήν, μένος	der Hirte
	388	ὁ πόλεμος	der Krieg
		πολεμέω	Krieg führen (*vgl.* polemisieren u. a.)
		πολεμικός, ή, όν	1. (zum Krieg gehörig:) Kriegs- 2. (zum Krieg geschickt:) kriegskundig
		πολέμιος, α, ον	feindlich; *Subst.* der Feind
	389	ἡ πόλις, λεως	die Stadt, der Staat (*vgl.* Tri-polis, Nea-pel)
		ἡ ἀκρόπολις (ἄκρος 25 + πόλις)	(der höhergelegene, befestigte Teil der Stadt:) die Burg
		ὁ πολίτης, του	der Bürger (*vgl.* Kosmo-polit)
		πολιτικός, ή, όν	staatsbürgerlich, politisch; *Subst.* der Staatsmann (*vgl.* Politik)
		ἡ πολιτεία	1. der Staat 2. die Staatsverwaltung, Regierung (*vgl.* Polizei) 3. die Verfassung
		πολιτεύομαι	sich politisch betätigen
	390	πολύς, πολλή, πολύ, *Gen.* πολλοῦ ...	‹viel› (*Name* Polyphem; *Mus.* poly-phon; *Zool.* Poly-p(ous): Vielfuß; u. a.)
		Komp. πλείων, πλείον *od.* πλέων, πλέον *Gen.* πλείονος	mehr
		Superl. πλεῖστος, η, ον	am meisten
		οἱ πολλοί	die meisten, die Mehrzahl, Masse
		πολλάκις *adv.*	viele Male, oft
*	**391**	ὁ πόντος	das Meer (*vgl.* Helles-pont)
*	**392**	πορθέω	zerstören
	393	ὁ ποταμός	der Fluß (*vgl.* Meso-potamien)
	394	τὸ πρᾶγμα, ατος	(Vollbrachtes:) 1. die Tat 2. die Sache (*vgl. dagegen* χρῆμα 501)
		Pl. τὰ πράγματα, άτων	die Verhältnisse; *spez.* die Staatsangelegenheiten (*vgl.* pragmatisch)
		πράγματα παρέχω	Schwierigkeiten machen
		πραγματεύομαι	etw. unternehmen, Geschäfte machen
		ἡ πρᾶξις, ξεως	die Tätigkeit, Unternehmung (*vgl.* Praxis, praktisch)
		πράττω *Stammformen s. u.*	betreiben, bewirken, tun
	395	πρέπει	es gehört sich

πράττω πράξω ἔπραξα – | πέπραγμαι ἐπράχθην

	396	πρεσβύτερος, α, ον *Superl.* πρεσβύτατος, η, ον	älter (*vgl.* Priester < Presbyter)
	397	πρότερος, α, ον πρότερον *adv.* *Superl.* πρῶτος, η, ον πρῶτον *adv.*	vorhergehend, ‹früher› ‹früher› der erste zuerst
*	**398**	τὸ πτερόν	der Flügel (*vgl.* Heliko-pter)
*		πτηνός, ή, όν	geflügelt
	399	πυκνός, ή, όν	1. dicht, gedrängt (*Med.* Pykniker: Menschentypus mit gedrungener Figur) 2. (in dichter Folge:) häufig
	400	ἡ πύλη	die Tür, das Tor (*vgl.* Thermo-pylen, Pro-pyläen)
	401	πυνθάνομαι *Stammformen s. u.*	1. sich nach etw. erkundigen 2. etw. erfahren
	402	τὸ πῦρ, πυρός	das ‹Feuer› (*vgl.* Pyrotechnik; *Med.* Antipyretikum: fiebersenkendes Mittel)
*	**403**	ὁ πύργος	der Turm (*vgl.* Tobruk, N-Afrika, <ἀντίπυργος)
	404	πωλέω	verkaufen (*vgl.* Mono-pol)
*	**405**	ὁ πῶλος	das ‹Fohlen›, ‹Füllen› (*vgl.* foltern: v. Foltergerät ‚poledrus‘, ‚Pferdchen‘)

Ρ

	406	ῥᾴδιος, α, ον *Komp.* ῥᾴων, ον *Superl.* ῥᾷστος, η, ον	leicht
	407	ῥέω	fließen
*		ἡ ῥοή *und*	der Fluß, der Strom, die Strömung
*		ὁ ῥοῦς (< ῥόος)	(*vgl.* Katarrh < κατάρρους)
	407a	ἡ ῥώμη	die Kraft, Stärke

Σ

	408	ἡ σάρξ, σαρκός	das Fleisch (*vgl.* Sarkophag: λίθος σαρκοφάγος Kalkstein, der Leichen schnell zersetzt; sarkastisch: ‚zerfleischend‘)
	409	σαφής, ές (↔ ἀ|σαφής)	deutlich, klar, gewiß

πυνθάνομαι πεύσομαι ἐπυθόμην πέπυσμαι

*	**410**	σέβομαι (τινά)	sich scheuen, jmd. verehren
*		σεμνός, ή, όν (< σεβ-νος)	verehrungswürdig
	411	ὁ σεισμός	das Erdbeben (*vgl.* Seismo-graph)
*	**412**	ἡ σελήνη	der Mond (*Chem.* ‚Selen')
	413	τὸ σημεῖον	1. das Zeichen (*vgl.* Semantik: Bedeutungslehre) 2. das Denkmal
		σημαίνω	(ein Zeichen geben:) 1. melden; 2. befehlen
	414	ἀ|σθενής, ές	kraftlos, krank
		ἡ ἀσθένεια	die Schwäche, Krankheit (*vgl.* Leg-asthenie: Leseschwäche)
*	**415**	ἡ σιγή	das ‹Schweigen›
*		σιγάω	schweigen, verschweigen
	416	ὁ σίδηρος	das Eisen (*Techn.* Sider-urgie: Eisen- und Stahlbearbeitung)
	417	ὁ σῖτος *und* τὸ σιτίον	1. das Getreide 2. die Nahrung (*vgl.* Para-sit)
	418	τὸ σκέλος, λους	der Schenkel, das Bein
	419	σκέπτομαι *und* ἐπι|σκέπτομαι *Stammformen s. u.*	1. betrachten 2. (geistig —:) überlegen, prüfen (*vgl.* skeptisch, Skepsis)
		σκοπέω *und* ἐπι|σκοπέω	1. betrachten; 2. prüfen (*vgl.* Mikro-skop)
		ὁ σκοπός	1. der Späher 2. das Ziel, der Zweck
	420	τὸ σκεῦος, ους	das Gerät
*		τὰ σκεύη, ῶν	1. die Waffen 2. das Gepäck
		κατα|σκευάζω *und* παρα|σκευάζω	bereit machen, einrichten, arrangieren
		παρα|σκευάζομαι (ὅπως)	darauf hinarbeiten (daß)
		ἡ παρα|σκευή	1. die Bereitstellung, Einrichtung 2. *übertr.* die Streitmacht, Armee
*	**421**	ἡ σκηνή	1. das Zelt, die Hütte 2. die Bühne (*vgl.* Szene)
	422	σκληρός, ά, όν	hart (*vgl.* Arterio-sklerose: Arterien-verhärtung, -verkalkung)
*	**423**	τὸ σκότος, τους	die Dunkelheit (*Med.* Skotom: dunkler Fleck vor d. Auge)

σκέπτομαι σκέψομαι ἐσκεψάμην ἔσκεμμαι

424	σοφός, ή, όν	1. geschickt, klug, intelligent 2. ‚weise' (*vgl.* Philo-soph)
	ἡ σοφία	1. Geschicklichkeit, Klugheit, Intelligenz 2. ‚Weisheit' (*Namen wie:* Sophie, Sofia)
425	σπείρω	säen, verstreuen (*vgl.* sporadisch; *Bot.* Sporen(staub))
	τὸ σπέρμα, ατος	der Same (*vgl.* Spermien: Samenfäden)
426	σπεύδω	sich beeilen, etw. eifrig betreiben
	ἡ σπουδή	1. die Eile, der Eifer 2. der Ernst
	σπουδάζω (τι)	1. eilen, etw. eifrig betreiben 2. es ernst meinen (mit etw.) (↔ παίζειν)
	σπουδαῖος, α, ον	1. eilig, eifrig 2. ernst
⚠	*Wurzel* στα-: *s.* ἵστημι	
427	ἀπο|στέλλω *Stammformen s. u.*	abschicken, wegschicken (*vgl.* Apostel)
	ἐπι|στέλλω	(jmd. eine Weisung zukommen lassen:) jmd. etw. auftragen, befehlen
	ἡ ἐπιστολή	1. der Auftrag 2. der Brief (L epistula)
	ὁ στόλος	1. der Zug, Kriegszug 2. das Heer, die Flotte
428	στερέω *und* ἀπο|στερέω	berauben
* **429**	ὁ στέφανος	der Kranz (*Name* Stephan)
430	τὸ στόμα, ατος	der Mund (*Med.* Stomato-logie: Lehre v. d. Krankheiten der Mundhöhle)
431	ὁ στρατός	das Heer
	στρατεύω *und* στρατεύομαι	1. ins Feld ziehen 2. Kriegsdienst leisten
	ἡ στρατεία	der Feldzug
	ὁ στρατηγός (στρατός + ἄγω 7)	der Heerführer, Stratege (athenischer Staatsbeamter)
	τὸ στρατόπεδον (στρατός + πέδον Boden, *vgl.* πεδίον 363)	1. das Lager; 2. das Heer
	στρατοπεδεύομαι	ein Lager aufschlagen, sich lagern
432	στρέφω *und* ἀνα|στρέφω *Aor. Pass.* ἐστράφην	drehen, wenden, umkehren (*tr. u. intr.!*) (*vgl.* Kata-strophe: unglückl. ‚Wendung')

ἀπο|στέλλω ἀπο|στελῶ ἀπ|έστειλα ἀπ|έσταλκα | ἀπ|έσταλμαι ἀπ|εστάλην

433	συχνός, ή, όν	1. dicht, gedrängt, zahlreich 2. lang
434	σφάλλομαι *Aor.* ἐσφάλην	sich täuschen
	ἀ|σφαλής, ές	(nicht täuschend:) sicher
	ἡ ἀσφάλεια	die Sicherheit
* 435	σχίζω	spalten (*vgl.* Schisma: Kirchenspaltung; *Psychol.* Schizo-phrenie: Bewußtseinsspaltung)
436	σῴζω *und* δια|σῴζω *Aor.* ἔσωσα. *Aor. Pass.* ἐσώθην	retten, bewahren
*	ὁ σωτήρ, ῆρος	der Retter
	ἡ σωτηρία	die Rettung
437	τὸ σῶμα, ατος	der Leib, Körper (*Med.* somatisch)

T

438	τὸ τάλαντον	das ‚Talent' (Gewicht, = 26,6 kg; *spez.* Geldwert, = 60 Minen = 6000 Drachmen, Anhaltspunkt für den Wert: ein Bauarbeiter erhielt gegen Ende des 5. Jh. 1 bis 1½ Drachmen Tageslohn)
	ἡ τόλμα	(Bereitschaft, etw. auf sich zu nehmen:) der Mut, die Kühnheit (‚Wage'mut)
	τολμάω	wagen
439	ἡ τάξις, τάξεως	die Aufstellung, Ordnung (*vgl.* Taxe, Syntax)
	τάττω *und* δια|τάττω *Stammformen s.u.*	aufstellen, ordnen (*vgl.* Taktik)
	ἐπι|τάττω	anordnen, befehlen
	προσ|τάττω	1. dazustellen 2. anordnen, befehlen
	ἄ|τακτος, ον	ungeordnet, zuchtlos (*Med.* ataktisch: unregelmäßig)
440	ταράττω	durcheinanderbringen, verwirren, erschrecken
	ἡ ταραχή	das Durcheinander, die Verwirrung, die Panik

τάττω τάξω ἔταξα – | τέταγμαι ἐτάχθην

441	τὸ τάχος, χους	die Schnelligkeit (*vgl.* Tacho-meter)
	ταχύς, εῖα, ύ	schnell
	τάχα *adv.*	schnell, bald
	θάττων *oder* θάσσων, ον. *Gen.* ονος (*Komp.;* < ταχιων)	schneller
	Superl. τάχιστα *adv.*	am schnellsten
442	τείνω *Pf. Pass.* τέταμαι	1. ‹dehnen›, spannen, ausstrecken (*vgl.* Ton: Spannung, *z.B.* der Saite; *Med.* Tonikum: die ‚Spannung' wiederherstellendes Kräftigungsmittel) 2. *intr.* sich erstrecken (*Math.* Hypo-tenuse: die unten ‚sich erstreckende' Dreiecksseite)
	ἐκ|τείνω	ausdehnen, ausstrecken
443	τὸ τεῖχος, χους	die Mauer
444	τὸ τεκμήριον	das Kennzeichen, der Beweis
445	τὸ τέλος, λους	1. das Ende, der Zweck (*Phil.* Teleologie: Lehre, die im Zweck die Ursache sieht, ↔ Kausalität) 2. die Steuer (*vgl.* Toulon < τελώνιον ‚Zollplatz') 3. das Amt
	τὸ τέλος *adv.*	endlich
	τέλειος *od.* τέλεος, α, ον	vollendet, vollkommen
	τελέω *und* ἀπο|τελέω *und* ἐπι|τελέω *Aor.* ἐτέλεσα	1. vollenden; 2. bezahlen
	δια|τελέω	1. (τί) vollenden 2. *mit Part.:* (bis zum Ende bei etw. bleiben:) fortwährend etw. tun *z. B.* διατελοῦσιν καθεύδοντες sie schlafen fortwährend
	ἡ τελευτή	das Ende
	τελευταῖος, α, ον	zuletzt
	τελευτάω	1. vollenden 2. (das Leben vollenden:) sterben
	παντελῶς (πᾶς 360 + τέλος)	gänzlich, durchaus
446	τέμνω *Aor. Pass.* ἐτμήθην	schneiden (*vgl.* Ana-tomie)
* 447	τὸ τέρας, ατος	(Unbegreifliches:) 1. das Götterzeichen, Wunder 2. das Schrecknis, Ungeheuer (*Biol.* Teratologie: Lehre v. d. Mißbildungen)

448	ἡ τέχνη	das fachliche Können (*vgl.* Technik): 1. (im materiellen Bereich:) das Handwerk, das handwerkliche Können 2. (im geistigen Bereich:) das (theoretisch und methodisch begründete) Können, die ‚Kunst' (*z. B.* der Beredsamkeit)
* 449	τήκω	etw. zum Schmelzen bringen
*	τήκομαι	(zer)schmelzen, zerfließen (*Chem.* eutektische Legierung)
450	τηρέω	(auf etw. achten:) 1. behüten, bewahren 2. beobachten
451	τίθημι (*Wurzel* θε-) *Stammformen s. u.*	1. setzen, stellen, legen (*vgl.* Theke, Apotheke: *eigentl.* ‚Ablage', Speicher; F boutique) 2. *mit dopp. Akk.:* zu etw. machen
	ἀνα|τίθημι	1. aufstellen 2. (als Weihgeschenk —:) weihen
	ἐπι|τίθημι	1. darauf stellen, darauf legen (*vgl.* Epitheton: ‚Beiwort', wie L adiectivum) 2. *spez.* auferlegen (*z. B.* Strafe)
	ἐπι|τίθεμαι (τινί) *Stammformen s. u.*	(‚sich dran machen':) 1. jmd. angreifen 2. etw. in Angriff nehmen
	κατα|τίθημι	hinstellen, hinlegen
	παρα|τίθημι	1. vorlegen, vorsetzen (*z. B.* Speisen) 2. nebeneinanderstellen, vergleichen
	προ|τίθημι	1. vorlegen (*z. B.* zur Beratung) (*vgl.* Prothese) 2. vorziehen, bevorzugen
	προσ|τίθημι	hinzusetzen, hinzufügen
	ὑπο|τίθημι	1. zugrunde legen (*vgl.* Hypothese) 2. zum Pfand geben (*vgl.* Hypothek)
452	τίκτω *Aor.* ἔτεκον	1. zeugen; 2. gebären
	τὸ τέκνον	das Kind
453	ἡ τιμή	1. (die Einschätzung:) a) der Preis, Wert b) der Schadensersatz, die Strafe 2. (die Wertschätzung:) a) die Ehre; b) das Amt
	τιμάω ▷	1. (den Wert) einschätzen, taxieren 2. schätzen, ehren

---

τίθημι θήσω ἔθηκα τέθηκα | κεῖμαι ἐτέθην
ἐπι|τίθεμαι ἐπι|θήσομαι ἐπ|εθέμην

		ἄ|τιμος, ον	1. verachtet 2. geächtet (d.h. ganz oder teilweise der bürgerl. Ehrenrechte verlustig)
		ἀτιμάζω	1. verachten, verächtlich behandeln 2. jmd. ächten
		ἔν|τιμος, ον	geschätzt, geehrt
		τιμωρέω (τιμή + ὁράω 340)	(‚auf die Ehre sehen', die E. wahren:) 1. τινί jmd. beistehen, helfen (evtl. bei seinem Versuch, Rache zu nehmen) 2. τινά sich an jmd. rächen, jmd. bestrafen
		τιμωρέομαι (τινά)	sich an jmd. rächen, jmd. bestrafen
		ἡ τιμωρία	1. die Hilfe 2. die Rache, Strafe
*	**454**	τίνω (τινός *od.* τι) *Aor.* ἔτεισα	(Bußgeld) bezahlen für etw., büßen für etw.
*		τίνομαι	(*urspr.* sich Bußgeld bezahlen lassen:) bestrafen
*	**455**	τὸ τόξον	der Bogen (*Med.* Toxikum: Gift, urspr. τοξικὸν φάρμακον Pfeilgift)
	456	ὁ τόπος	der Ort (+ οὐ: U-topie; *Geogr.* Topographie; *Chem.* Iso-topen: Elemente, die ‚am gleichen Ort' des Systems eingereiht werden)
*	**457**	τὸ τραῦμα, ατος	die Wunde (*Psychol.* Trauma: seel. Verletzung)
	458	τραχύς, εῖα, ύ	rauh, hart (*Med.* Trachea (arteria): Luftröhre)
	459	τρέπω *Stammformen s.u.*	etw. wenden; *spez.* jmd. in die Flucht schlagen (*vgl.* Tropen: Zone zwischen den ‚Wende'kreisen)
		ἐτραπόμην *starker Aor.*	ich wandte mich um, ich wandte mich einer Sache zu
		ἀπο|τρέπω	abwenden (*z.B.* ein Ereignis), jmd. abschrecken
		ἐπι|τρέπω	(zuwenden:) jmd. etw. überlassen
		ὁ ἐπί|τροπος	der Aufseher, Verwalter
		ὁ τρόπος	die Art und Weise, der Charakter
	460	τρέφω *und* ἐκ|τρέφω *Stammformen s.u.*	ernähren, aufziehen (*Biol.* A-trophie: Verkümmerung, ↔ Hyper-trophie: Überentwicklung)
*	**461**	τρέχω (*Aor.* ἔδραμον 120)	laufen

τρέπω τρέψω ἔτρεψα – \| τέτραμμαι – (⚠)
τρέφω θρέψω ἔθρεψα – \| τέθραμμαι ἐτράφην (⚠)

	462	ὁ τύπος	1. der Schlag 2. (das durch Schlag Bewirkte, *z.B.* in Bildhauerei oder Münzprägung:) die Darstellung, die Abbildung, das Modell (*vgl.* Typ)
		τύπτω	schlagen, stoßen, stechen
	463	ὁ τύραννος	der (Gewalt)herrscher, Tyrann (*urspr.* Einzelherrscher, ohne abwertenden Unterton)
		τυραννέω *und* τυραννεύω	Tyrann sein
*	464	τυφλός, ή, όν	blind
	465	ἡ τύχη	das Schicksal, der Zufall (tritt als Glück oder Unglück in Erscheinung; auch als Göttin gedacht)
*		ἡ εὐ|τυχία	das Glück
*		εὐτυχέω	Glück haben, glücklich sein
		τυγχάνω *Fut.* τεύξομαι. *Aor.* ἔτυχον	1. (τινός) treffen (↔ἁμαρτάνω 29) 2. (τινός) erreichen, bekommen 3. *mit Part.* gerade etw. tun; *z.B.* παρόντες ἐτύγχανον es ‚traf' sich, daß sie gerade da waren; sie waren gerade da
		ἐν|τυγχάνω (τινί)	auf jmd. treffen, in etw. hineingeraten

Υ

466	ἡ ὕβρις, ὕβρεως	(Verhalten dessen, der die richtigen Maßstäbe verloren hat:) 1. der Übermut, die Zügellosigkeit 2. die Gewalttat, der Frevel
	ὑβρίζω	1. übermütig sein, zügellos sein (↔ σωφρονέω 491; *vgl.* hybrid) 2. jmd. mißhandeln
467	ὑγιαίνω	1. gesund sein (*vgl.* Hygiene) 2. bei (gesundem) Verstand sein, klug sein
468	ὑγρός, ά, όν	naß, feucht, flüssig (*vgl.* Hygrometer: Feuchtigkeitsmesser)
469	τὸ ὕδωρ, ὕδατος	das ‹Wasser› (*vgl.* Hydrant; *Chem.* hydrieren, Symbol H für Wasserstoff)
470	ὁ υἱός *od.* ὑός	der ‹Sohn›
471	ἡ ὕλη	1. der Wald, das Holz 2. der Rohstoff (*Chem.* Meth-yl, Diphen-yl u.ä.)

472 ὁ ὕπνος	der Schlaf (*vgl.* Hypnose)
τὸ ἐν|ύπνιον	das Traumbild, der Traum
473 ὕστερος, α, ον	später, folgend
ὕστερον *adv.*	später
474 ὑψηλός, ή, όν	hoch

φ

475 φαίνω *Stammformen s. u.*	sehen lassen, zeigen
φαίνομαι *Stammformen s. u.*	1. sich zeigen, erscheinen 2. scheinen (*vgl.* Phänomen; Phase: urspr. ‚Erscheinungsweise' der Gestirne, z. *B.* Mondphase; Phantasie; E fancy; *Biol.* Phäno-typ ↔ Geno-typ)
ἀπο|φαίνω	(sichtbar machen:) darlegen, bekannt machen
ἀπο|φαίνομαι γνώμην	seine Meinung darlegen
φανερός, ά, όν	sichtbar, deutlich (*Bot.* Phanero-game ↔ Krypto-game)
ἀ|φανής, ές	unsichtbar
ἀφανίζω	1. unsichtbar machen 2. vernichten
ἡ πρόφασις, σεως	1. der Scheingrund, Vorwand 2. der Grund
τὸ φῶς, φωτός	das Licht (*vgl.* Photo-graphie, Phosphor u. a.)
* **476** τὸ φάρμακον	1. das Heilmittel (*vgl.* Pharmazie) 2. das Gift
477 φάσκω *und* φημί, *Inf.* φάναι *Fut.* φήσω. *Aor.* ἔφησα	sagen, behaupten (L fari)
οὔ φημι	(nein sagen:) in Abrede stellen, leugnen
ἡ φωνή	1. die Stimme 2. die Sprechweise (*vgl.* Mikro-phon, Phonetik u. a.)
478 φαῦλος, η, ον	minderwertig, schlecht
* **479** φείδομαι	schonen, sparen

φαίνω φανῶ ἔφηνα
φαίνομαι φανοῦμαι *oder* φανήσομαι ἐφάνην

480	φέρω *und* φορέω *Stammformen s.u.*	tragen, bringen (L fero; *Stil.* Meta-pher: ‚übertragener', bildlicher Ausdruck)
	φέρομαι	eilen, stürzen
	ἀνα|φέρω	1. hinaufbringen 2. εἰς *od.* ἐπί τι: zurückführen auf, beziehen auf (*Stil.* Anapher: Wiederaufnahme einer schon einmal gebrauchten Wendung)
	δια|φέρω (τινός)	1. sich unterscheiden (L differre) 2. (sich positiv —:) sich auszeichnen
	δια|φέρει	es macht einen Unterschied, es kommt darauf an
*	δια|φέρομαι (τινί)	sich entzweien, mit jmd. streiten
	ἡ διαφορά	1. die Verschiedenheit 2. die Meinungsverschiedenheit, der Streit
	διάφορος, ον	1. verschieden; 2. feindlich
	εἰσ|φέρω	hineintragen, (ein Gesetz) beantragen
	ἐκ|φέρω	heraustragen, zum Vorschein bringen
	ἐπι|φέρω *und* προσ|φέρω	heranbringen, vorbringen (eine Meinung oder Beschuldigung)
	προσ|φέρομαι	sich nähern (freundlich oder feindlich)
	συμ|φέρει	1. es trägt sich zu, es geschieht 2. (es trägt etw. bei:) es nützt
	ἡ συμφορά	(die Fügung:) das Glück, das Unglück (*wie* τύχη) (*vgl.* L fortuna)
481	φεύγω *Aor.* ἔφυγον (↔ διώκω 115, 1 + 2)	1. fliehen (L fugere) 2. angeklagt werden oder sein
	ἀπο|φεύγω	1. entfliehen, entkommen 2. von einer Anklage freigesprochen werden
	δια|φεύγω	entfliehen, entkommen
	ἡ φυγή	1. die Flucht; 2. die Verbannung
	φυγάς, άδος	1. flüchtig; 2. verbannt
482	φθάνω (τινά + *Part.*) *Aor.* ἔφθην *od.* ἔφθασα	jmd. zuvorkommen, jmd. überholen *z.B.* ἔφθησαν ἡμᾶς ἀφικόμενοι. Sie kamen vor uns an.
483	φθέγγομαι	(seine Stimme erheben:) reden, rufen (*vgl.* Di-phthong: Doppellaut)
484	φθείρω *und* δια|φθείρω *Pf. Pass.* ἔφθαρμαι. *Aor. Pass.* ἐφθάρην	1. zugrunde richten, vernichten 2. (moralisch zugrunde richten:) bestechen

---

φέρω οἴσω ἤνεγκον | *Aor. Pass.* ἠνέχθην

* **485**	φθίνω	1. *intr.* zugrunde gehen (*Med.* Phthisis: Lungenschwindsucht) 2. *tr.* zugrunde richten, vernichten
486	ὁ φθόνος	der Neid, die Mißgunst
	φθονέω	1. (τινί) jmd. beneiden 2. etw. nur widerwillig tun od. geben *z. B.* — ἀποκρίνασθαι widerwillig antworten
	ἄ|φθονος	1. neidlos 2. (keinen Neid aufkommen lassend:) reichlich
487	φίλος, η, ον	lieb, befreundet; *Subst.* der Freund (*vgl.* Philo-loge, Phil-anthrop, Philharmonie u. a.)
	φιλέω	lieben (*Biol.* hydro-phil ↔ hydro-phob)
	ἡ φιλία	die Freundschaft
	φίλιος, α, ον	freundschaftlich
488	ὁ φόβος	die Furcht (*Psychol.* Phobie: Angstzustand, *z. B.* Klaustrophobie: Angst in geschlossenen Räumen)
	φοβέομαι *Aor.* ἐφοβήθην	fürchten
	φοβερός, ά, όν	1. furchtbar 2. furchtsam
* **489**	φοιτάω	häufig an einen Ort gehen, ihn regelmäßig besuchen
490	ὁ φόνος	der Mord
	φονεύω	Mörder sein, töten
491	φρονέω	1. seiner Sinne mächtig sein (↔ μαίνομαι 278) 2. klug sein
	κατα|φρονέω	verachten
*	τὸ φρόνημα, ατος	1. der Sinn, Verstand 2. die Gesinnung 3. *spez. im Pl.* der Hochmut
	φρόνιμος, ον	klug, vernünftig
	φροντίζω (τινός)	(über etw. nachdenken:) sich um etw. kümmern
	ἄ|φρων, ον, *Gen.* ονος	unbesonnen, unverständig
	σώφρων, ον, *Gen.* ονος (*vgl.* σῴζω 436)	(mit gesundem Verstand:) besonnen, maßvoll
	σωφρονέω (↔ ὑβρίζω 466)	vernünftig sein, maßvoll sein
	εὐ|φραίνω	erfreuen
	φράζω	1. zeigen 2. (mit Worten —:) sagen (*vgl.* Phrase, Paraphrase)

492	ὁ φύλαξ, ακος	der Wächter
	φυλάττω *od.* φυλάσσω	bewachen
	φυλάττομαι *od.* φυλάσσομαι (τί)	sich hüten (vor etw.) (*vgl.* pro-phylaktisch)
* 493	φύω	wachsen lassen, hervorbringen, erzeugen (L fio, fui; D bin; E to be)
	φύομαι	entstehen
	Aor. ἔφυν	
	Pf. πέφυκα	(so gewachsen sein:) so sein (von Natur)
	ἡ φύσις, σεως	(das Wachsen:) die Natur (*vgl.* Physik)
	φυτεύω	pflanzen
	ἡ φυλή	der Stamm (eines Volks; *auch* Verwaltungsbezirk)

X

494	χαλεπός, ή, όν	1. schwierig 2. unangenehm, lästig
495	ὁ χαλκός	das Erz, die Bronze (*Chem.* Chalkogene: erzbildende Elemente)
496	ἡ χάρις, ιτος	1. (woran man sich freut:) a) die Gefälligkeit b) die Schönheit, der Reiz, der Charme 2. (die Äußerung der Freude:) der Dank (*neugriech.* εὐχαριστῶ *spr.* efcharisto: „danke!")
	χαίρω	sich freuen
	Aor. ἐχάρην	
	χαρίζομαι	sich gefällig erweisen, jmd. nachgeben
497	ὁ χειμών, ῶνος	1. der Winter (L hiems) (*vgl.* Himalaja: ‚Winterland') 2. der Sturm
498	ἡ χείρ, χειρός	1. die Hand (*Med.* Chir-urgie) 2. (die Handvoll Leute:) die Schar
	ἐπι|χειρέω	(Hand anlegen:) 1. jmd. angreifen 2. etw. unternehmen, versuchen
	χειρόομαι	(in seine Hand bringen:) überwältigen
499	χείρων, ον, *Gen.* ονος (↔ ἀμείνων 31)	geringer, minder
* 500	ὁ χορός	1. der (mit Gesang verbundene) Tanz 2. der Chor

501	χρή	es ist nötig, man muß
	χρήομαι (τινί)	etw. gebrauchen
	Stammformen s.u.	
	ἡ χρεία	1. das Bedürfnis 2. der Gebrauch, Nutzen
	χρῄζω	(nötig haben:) 1. brauchen 2. wünschen, fordern
	τὸ χρῆμα, ατος	(das Brauchbare:) die Sache (*vgl. dagegen* πρᾶγμα 394)
	τὰ χρήματα, άτων	das Geld, der Besitz (*vgl.* Chrematistik: Geldwirtschaft)
	παραχρῆμα *adv.*	(‚gleich bei der betr. Sache':) auf der Stelle, sofort
	χρηστός, ή, όν *und* χρήσιμος, η, ον (↔ πονηρός 368)	1. brauchbar 2. (v. Menschen: ‚die man brauchen kann':) tüchtig, anständig
502	ὁ χρόνος	die Zeit (*vgl.* Chronik, chronisch, synchron, Anachronismus)
503	ὁ χρυσός *und* τὸ χρυσίον	1. das Gold; 2. das Geld (*vgl.* Chrys-antheme)
	χρυσοῦς, ῆ, οῦν	golden
504	ἡ χώρα *und* ὁ χῶρος	1. der Ort, Platz; 2. das Land
	τὸ χωρίον	1. der Ort, Platz 2. *spez.* d. befestigte Ort, das Kastell
	χωρέω	(Platz machen:) gehen (vorwärts od. rückwärts)
	ἀνα|χωρέω	zurückweichen (*vgl.* Anachoret: Einsiedler)
	προσ|χωρέω	herangehen, sich nähern
	συγ|χωρέω (τινί)	(mit jmd. in einer Sache zusammengehen:) 1. mit jmd. etw. vereinbaren 2. jmd. etw. zugestehen, erlauben
	χωρίς	1. *adv.* getrennt 2. *Präp. beim Gen.* (getrennt von:) ohne
	χωρίζω	trennen

ψ

505	ψέγω	tadeln
506	τὸ ψεῦδος, δους	die Lüge, Täuschung (*vgl.* Pseud-onym)
	ψεύδομαι *Aor.* ἐψεύσθην	1. *Med.* lügen 2. *Pass.* (durch die Umstände irregeführt werden:) sich täuschen

---

χρήομαι χρήσομαι ἐχρησάμην κέχρημαι

*	**507**	ἡ ψῆφος	1. der Stimmstein (den man bei der Abstimmung in die Urne wirft) 2. der Beschluß
	508	ψιλός, ή, όν	1. kahl, entblößt (*vgl.* Y-psilon: ‚einfaches i', im Ggs. zu οι, das seit byzantin. Zeit ebenfalls wie i gesprochen wurde) 2. (entblößt von Waffen:) schutzlos
	509	ἡ ψυχή	(der Hauch:) die Seele, das Leben (*vgl.* psychisch, Psychologie)
		ψυχρός, ά, όν	kalt (*Bot.* Psychro-phyten: Pflanzen, die niedrige Temperaturen bevorzugen)

Ω

	510	ὠθέω *Aor.* ἔωσα	stoßen, drängen
*		ἀπ|ωθέω	wegstoßen, wegdrängen
*	**511**	ὁ ὦμος	die Schulter (L umerus) (*vgl.* Om-algie: Schulterschmerz)
	512	ἡ ὥρα	1. die ‹Jahres›zeit 2. die Stunde (L hora; *Astrol.* Horo-skop)
	513	ἡ ὠφέλεια *od.* ὠφελία	der Nutzen, die Hilfe
		ὠφελέω (τινά)	jmd. nützen, helfen (*Zool.* An-opheles ‚nutzlos': Stechmücke, die die Malaria überträgt; Mephist-opheles: wohl ‚großer Nichtsnutz')
		ὠφέλιμος, ον	nützlich

Zusätze

Wortbildung

1. Grundsätzliches

Die wenigsten Wörter einer Sprache sind elementare Wurzelwörter (wie im D „Haus"). Weit größer ist die Zahl der abgeleiteten oder zusammengesetzten Wörter (wie „hausen, häuslich" bzw. „Rathaus, Hausbau, haushalten"). Im Griechischen ist die Wortbildung meist sehr durchsichtig. Wer daher den Grundwortschatz gelernt hat und die folgenden Wortbildemuster beherrscht, kann sich viele Wörter aus dem Aufbauwortschatz leichter merken. Noch wichtiger ist, daß er sich eine große Zahl von Wörtern auf Grund der Wortbildung unter Beachtung des Textzusammenhangs selbständig deuten kann — ohne Lernarbeit und ohne Lexikon.

1.1. **Wortzusammensetzung**

Bei der Wortzusammensetzung bilden mehrere Wurzeln ein neues Wort, z.B.

δημο|κρατία	Volksherrschaft
στρατ|ηγός	Heerführer

1.2. **Wortableitung**

Bei der Wortableitung werden die Wurzeln durch Prä- oder Suffixe weitergebildet (vgl. die Tabellen 2.1. und 2.2.). So werden von der Wurzel κρατ u.a. folgende Wörter abgeleitet:

	κράτ	ος
	κρατ	έω
	κράτ	ιστος
ἀ	κρατ	ής

1.3. **Veränderungen der Wortwurzel**

Im Zuge der Ableitung können Veränderungen der Wurzel eintreten. Die wichtigsten sind folgende:

1.3.1. Ablaut ε > ο, z.B.

λέγ	ω	εἶδ	ος	σπεύδ	ω
λόγ	ος	οἶδ	α	σπουδ	ή

1.3.2. Dehnung bzw. Kürzung des Vokals, z.B.

Normalstufe	φεύγ	ω		στά	σις		γέν	ος
Schwundstufe	φυγ	ή				γί	γν	ομαι
Dehnstufe			ἐπι	στή	μη		γνή	σιος

1.3.3. Assimilation. Der Auslaut der Wurzel paßt sich dem Anlaut des Suffixes an. (Das erleichtert die Aussprache.) Z. B.

γράφ	ω
γράμ	μα

πείθ	ω
πίσ	τις

πρᾶγ	μα
πρακ	τικός

1.3.4. Suffixe, die ursprünglich mit *j* anlauten, beeinflussen die Wurzel oft im Inneren, z. B.

φαν	ερός	
φαίν	ω	< φανιω (das i springt um)

ἁρπαγ	ή	
ἁρπάζ	ω	< ἁρπαγιω

κράτ	ος	
κρείτ	των	< κρατιων

1.3.5. Erweiterungen der Wurzel, z. B.

ἔ	μαθ	ον
	μανθάν	ω
	μάθη	σις

δόξ	α	< δοκσα < δοκια
δοκέ	ω	

1.3.6. Veränderungen durch sog. Liquida sonans. Die griechischen Buchstaben λ μ ν ρ bezeichnen nicht reine Konsonanten, sondern Halbvokale (daher Liquidae genannt: ‚flüssige' Laute). Man kennzeichnet die Liquida sonans mit einem untergeschriebenen ο. Im Schriftbild des einzelnen Wortes können wechselnde Vokale erscheinen, z. B.

κρ̥τ

κράτ	ος
καρτ	ερός

πν̥θ

ἔ	παθ	ον
	πένθ	ος

Präfix ν̥-

ἄ	δικος
ν	ημερτής

vgl. D/L

un	gerecht
in	iustus

βλ̥

	βάλ	λω
	βέλ	ος
μετα	βολ	ή
πρό	βλη	μα

1.4. **Mehrstufige Ableitung**

Zu einem bereits abgeleiteten Wortstamm können weitere Prä- oder Suffixe treten; so entstehen Ableitungen zweiten oder höheren Grades, z. B.

δίκ	η		
δικ	άζ	ω	
δικ	ασ	τής	
δικ	ασ	τήρ	ιον

⚠ **Beachte:**

a) Eine Wurzel ist als solche weder nominal noch verbal. Die Unterscheidung der Wortarten entsteht erst im Zuge der Ableitung durch die dazutretenden Prä- bzw. Suffixe.
b) Es ist anzunehmen, daß die Prä- und Suffixe aus ursprünglich selbständigen Wurzeln entstanden sind.
c) Für sich allein treten die Wurzeln ebensowenig auf wie die Prä- und Suffixe. Ein Wort κρατ gibt es z.B. nicht.
d) Auf Grund dieser Gegebenheiten kann man bei Wurzeln, die in mehreren Gestalten erscheinen, nicht immer sagen, welches ihre ‚eigentliche' oder ‚ursprüngliche' Gestalt ist.

2. Einige wichtige Wortbildemuster

(Tabelle der Suffixe und Präfixe)

2.1. Suffixe

2.1.1. Gruppen von Suffixen, die von gleichen Wurzeln verschiedene Wortarten bilden.

Suffix	Bedeutung	Musterbeispiel		Weitere Beispiele	
-ος	Eigenschaft	ἄδικος	ungerecht	φιλόσοφος	εὔθυμος
-έω		ἀδικέω	ungerecht sein	φιλοσοφέω	εὐθυμέω
-ία		ἀδικία	Ungerechtigkeit	φιλοσοφία	εὐθυμία
-ής	Eigenschaft	ἀληθής	wahr	εὐσεβής	ἀκριβής
-εια		ἀλήθεια	Wahrheit	εὐσέβεια	ἀκρίβεια
-εύω	Tätigkeit	βασιλεύω	König sein	ἱππεύω	θεραπεύω
-εία		βασιλεία	Königsherrschaft	ἱππεία	θεραπεία
-εύς	Ausübender	βασιλεύς	König	ἱππεύς	
-σις	Tätigkeit	ποίησις	Dichtung	μάθησις	μίμησις
-μα	Ergebnis	ποίημα	Gedicht	μάθημα	μίμημα
-τής	Ausübender	ποιητής	Dichter	μαθητής	μιμητής

2.1.2. Verb-Suffixe

Suffix	Bedeutung	Musterbeispiel		Weitere Beispiele
-άζω	Tätigkeit	ὀνομάζω	benennen	ἀγοράζω, εἰκάζω
-ίζω	,,	ὁρίζω	begrenzen	ἐλπίζω, ὁπλίζω
-όω	Bewirken	δηλόω	klar machen	βεβαιόω, κυκλόω
-σκω	Eintritt eines Geschehens	εὑρίσκω	finden	γηράσκω, ἀποθνῄσκω

2.1.3. Substantiv-Suffixe

Suffix	Bedeutung	Musterbeispiel		Weitere Beispiele
-ή(-ά)	Geschehen	φυγή	Flucht	σιγή, ἁρπαγή
-ιον	Verkleinerung	βιβλίον	Büchlein	παιδίον, μόριον
-(ό)της	Eigenschaft	μικρότης	Kleinheit	ἰσότης, θερμότης
-σύνη	,,	δικαιοσύνη	Gerechtigkeit	σωφροσύνη

2.1.4. Adjektiv-Suffixe

Suffix	Bedeutung	Musterbeispiel		Weitere Beispiele
-ικός (-τικός)	1. Zugehörigkeit 2. Eignung, Sachverstand	ναυτικός	1. die Seefahrt betreffend 2. zur Seefahrt geeignet	βασιλικός, ῥητορικός
-ιος	Zugehörigkeit	πάτριος	väterlich	δαιμόνιος, ἀνδρεῖος
-ρός	Eigenschaft	αἰσχρός	häßlich	ἰσχυρός, βλαβερός

2.2. **Präfixe**

2.2.1. Präfixe an Verben (Verba composita)

Die Präfixe haben in der Regel dieselbe Bedeutung wie die Präpositionen (siehe Kleine Wörter VII—XI); die folgenden Präfixe weichen hiervon teilweise ab:

Präfix	Bedeutung	Musterbeispiel		Weitere Beispiele
ἀνα-, ἀν-	1. hinauf- 2. wieder-, zurück (*wie* L re-)	ἀναλαμβάνω	1. aufnehmen 2. wiederaufnehmen	ἀναβλέπω, ἀνατίθημι ἀνέρχομαι, ἀναχωρέω
ἀντι-, ἀντ-, ἀνθ-	gegen	ἀντιλέγω	widersprechen	ἀντέχω, ἀνθίσταμαι
δια-, δι-	1. durch, bis zu Ende 2. (Zweiteilung, Trennung) (L dis-)	διαβαίνω διαιρέω	durchschreiten auseinandernehmen	διαπράττω, διαγίγνομαι διασπείρω, διαλύω
μετα-, μετ-, μεθ-	1. mit 2. (Änderung)	μεταδίδωμι μετατίθημι	mitgeben, Anteil geben (an etw.) umstellen, ändern	μετέχω, μεταλαμβάνω μεταβάλλω, μεταμέλει μοι
περι-	1. um … herum 2. über … hinaus	περιέρχομαι περιγίγνομαι	um etw. herumgehen überlegen sein, übrig sein	περιίστημι, περιφέρω περιέχω, περίειμι
ὑπο-, ὑπ-, ὑφ-	1. unter, von unten 2. zurück	ὑποδέχομαι ὑπολείπω	etw. auf sich nehmen zurücklassen, übriglassen	ὑπολαμβάνω ὑποχωρέω

2.2.2. Präfixe an Adjektiven bzw. Substantiven

Präfix	Bedeutung	Musterbeispiel		Weitere Beispiele
ἀ(ν)- privativum	Verneinung	ἄδικος	ungerecht	ἄδηλος, ἀνόμοιος
ἀ-/ἁ- copulativum	Zusammenfassung	ἅπας	insgesamt	ἀδελφός (von δελφύς Mutterleib), ἄλοχος, ἁπλοῦς, ἅπαξ
εὐ-	„gut“	εὔθυμος	guten Mutes	εὐδαίμων, εὐτυχής
δυσ-	„miß“	δυστυχία	Mißgeschick	δυστυχής, δυσμενής

Der Aufbauwortschatz

Jeder Wortfamilie sind zur Wiederholung die zugehörigen schon bekannten Wörter vorangestellt. Fette Ziffern bezeichnen die Nummer der Wortfamilie im GWS, magere Ziffern verweisen in einen anderen AWS, römische Ziffern auf die „Kleinen Wörter“.

1. Geschichtsschreibung

1	ἀγγέλλω **4**	
	ἐξ|αγγέλλω	etw. öffentlich verkünden, verraten, ausplaudern
	ἡ ἀγγελία	die Botschaft (*vgl.* Ev-angelium: ‚gute B.‘)
2	αἰτέω **20**	
	ἀπ|αιτέω	etw. zurückfordern, *allg.* fordern
3	ἄκρος **25**	
	ἡ ἄκρα	das Vorgebirge
	τὸ ἀκόντιον	der Speer
	ὁ ἀκοντιστής, τοῦ	der Speerwerfer
4	ἅμα XIII	(ἅμα + ἄξων Achse)
	ἡ ἅμαξα	der (vierrädrige) Wagen, Lastwagen
5	τὸ ἀνδρά|ποδον **363**	
	ἀνδραποδίζω	zum Sklaven machen
6	ἁρπάζω **49**	
	ἡ ἁρπαγή	der Raub
7	ἡ αὐλή **57**	
	αὐλίζομαι	im Freien lagern, biwakieren
	Aor. ηὐλισάμην	
8	αὐτός III	
	ὁ αὐτόμολος	der Überläufer (ἀ. + μολεῖν gehen)
9	βαίνω **62**	
	δια|βαίνω	durchschreiten, überschreiten (*Med.* Diabetes: Harnruhr, Zuckerkrankheit)
	ἡ διάβασις, σεως	der Übergang
10	βάλλω **64**	
	εἰσ|βάλλω	1. hineinwerfen 2. (*eigtl.* ein Heer hineinwerfen:) einfallen (in ein Gebiet)
	ἡ εἰσβολή	der Einfall, Angriff
	προσ|βάλλω	1. (‚sich auf etw. werfen‘:) bestürmen (*z.B.* eine Festung) 2. (*eigtl.* das Schiff an Land setzen:) landen

11	ἡ γέφυρα	die Brücke
12	ἡ δαπάνη	die Ausgabe, Verschwendung
13	δῃόω	(ein Land) verwüsten
14	εἰμί, ἔστιν **134**	
	ἔν|εστι	es ist möglich, erlaubt (*vgl. umgangssprachlich:* ‚es ist drin')
15	ἑκάτερος V	
	ἑκατέρωθεν *adv.*	von beiden Seiten
16	ἐλαύνω **141**	
	ἀπ|ελαύνω	1. *tr.* jmd. wegführen 2. *intr.* abziehen, wegreiten
	ἐξ|ελαύνω	1. *tr.* heraustreiben, vertreiben 2. *intr.* ausziehen, ausrücken
17	τὸ ἔρυμα, ατος	die Schutzwehr, das Bollwerk
18	ἔρχομαι **156**, εἶμι **135**	
	ἀπ|έρχομαι *und* ἄπ|ειμι (*Inf.* ἀπ|ιέναι)	1. weggehen 2. zurückkehren
19	ἡ ἐσθής, ῆτος	das Kleid
20	ἡ ἑσπέρα	1. der Abend; 2. der Westen (L vesper; *vgl.* Hesperien: ‚das Land im Westen', Italien; Hesperus: Abendstern, d.i. die Venus)
21	ἔχω **169**	
	προ|έχω	einen Vorsprung haben
22	ἕως XX	
	τέως	bis zu diesem Zeitpunkt, so lange
23	ζήω **173**	
	ζωγρέω	gefangennehmen (ζ. + ἀγρέω fangen)
24	ἡγέομαι, ὁ ἡγεμών **175**	
	ἡ ἡγεμονία	die Führung, führende Stellung, Hegemonie
25	ἥκω **177**	
	καθ|ήκω	sich erstrecken
26	ἡ ἡμέρα **180**	
	ἡ μεσημβρία *oder* *ion.* ἡ μεσαμβρίη (μέσος **295** + ἡ.)	1. der Mittag; 2. der Süden
27	θάπτω **189**	
	ἡ τάφρος	der Graben
28	θεάομαι **192**	
	ἀξιοθέατος, ον (ἄξιος **39** + θ.)	sehenswert
29	ἱερός **209**	
	τὸ ἱερεῖον	das Opfertier
30	ὁ ἰσθμός	die Landenge
31	ἀφ|ίσταμαι, ἡ στάσις **214**	
	ἡ ἀπόστασις, σεως	der Abfall (von einem Bündnispartner)
32	κακός **221**	
	κακόω	schädigen

33 κεῖμαι **228**	
ἐπί|κειμαι (τινί)	(„jmd. im Nacken sitzen“:) *spez.* den fliehenden Feind angreifen
34 ὁ κίνδυνος **236**	
ἀ|κίνδυνος, ον	gefahrlos
35 ἀπο|κληίω *od.* ἀπο|κλῄω	jmd. von etw. abschließen, ausschließen
36 ὁ κόλπος	der Meerbusen, ‹Golf›
37 τὸ κράτος, κρατέω **249**	
ἐπι|κρατέω (τινός)	die Oberhand bekommen über jmd., überlegen sein
38 κτάομαι **253**	
τὸ κτῆνος, νους	(‚Besitz‘, und zwar an Herden:) das Vieh
39 ὁ κυβερνήτης, του	der Steuermann (L gubernator; *vgl.* F gouverneur; Kybernetik: Wissenschaft von den Regelungsvorgängen und -systemen)
40 ὁ κύκλος **256**	
κυκλόω	umzingeln
41 λέγω, ὁ λόγος **266**	
ἀξιόλογος, ον (ἄξιος **39** + λ.)	der Rede wert, bemerkenswert
42 ὁ λιμός	der Hunger (*Med.* Bu-limie: *eigtl.* ‚Ochsenhunger‘, Heißhunger)
43 ἡ μάχη, σύμ|μαχος **285**	
ἡ συμμαχία	das Bündnis
44 μένω **293**	
κατα|μένω	dableiben, ausharren
45 ἡ ναῦς, ὁ ναύτης **310**	
τὸ ναυτικόν	die Flotte
ὁ ναύαρχος (ναῦς + ἄρχω **51**)	1. der Kapitän; 2. der Admiral
ναυμαχέω (ναῦς + μάχομαι **285**)	zur See kämpfen
ἡ ναυμαχία	die Seeschlacht
46 νέμω. ὁ νόμος **312**	
νέμομαι	(‚sich etw. zuteilen lassen‘:) 1. (vom Vieh:) weiden 2. (von Menschen:) besitzen, benutzen, bewohnen
αὐτόνομος, ον (αὐτός III + νόμος)	nach eigenen Gesetzen lebend, unabhängig (*vgl.* autonom)
47 νέος **313**	
νεωστί *adv.*	jüngst, neulich
48 ἡ νῆσος **314**	
ὁ νησιώτης, του	der Inselbewohner
ἡ χερρόνησος *od.* χερσόνησος	(‚mit d. Festland verbundene Insel‘:) die Halbinsel (χέρσος fest + νῆσος)

49	ὁ οἶκος, ἡ ἀπ|οικία. οἰκέω **325**	
	ἄπ|οικος, ον	(fern vom Haus:) ausgewandert; *Subst.* der Siedler, Kolonist
	περί|οικος, ον	in der Umgebung wohnend; *Subst.* der Umwohner
	τὸ οἴκημα, ατος	1. das Haus 2. der Raum, das Zimmer
50	ὁράω. φρουρέω **340**	
	περι|οράω	über etw. hinwegsehen, etw. ruhig mitansehen
	προ|οράω	1. vor sich etw. sehen (z. B. näherkommende Feinde) 2. etw. vorhersehen
	ἡ φρουρά	die Wache, Besatzung
	ὁ φρουρός	der Wächter, Besatzungssoldat
	τὸ φρούριον	die Festung
51	ὁρμίζω	(ein Schiff) vor Anker legen
52	ὀρύττω	graben
53	ὁ πελταστής, τοῦ	(mit der πέλτη, e. leichten Schild, ausgestattet:) der Leichtbewaffnete
54	πέμπω **367**	
	δια|πέμπω	nach verschiedenen Richtungen aussenden
	ἐκ|πέμπω	herausschicken, entsenden
	προ|πέμπω	1. vorausschicken 2. begleiten, geleiten
	συμ|πέμπω	mitschicken
55	ἐμ|πίμπρημι *od.* ἐμ|πίπρημι	anzünden, niederbrennen
56	πλέω **379**	
	ἀπο|πλέω *und* ἐκ|πλέω	absegeln
	ἐπι|πλέω	herbeisegeln
	κατα|πλέω	(von der ‚hohen' See her) einlaufen, an Land gehen
	παρα|πλέω	1. herbeisegeln 2. vorbeisegeln
	περι|πλέω	herumsegeln
57	ἡ πόλις **389**	
	πολιορκέω	belagern (πόλις + ἕρκος Zaun)
58	τὸ πρᾶγμα, πράττω **394**	
	συμ|πράττω	mittun, helfen
59	πρεσβύτερος **396**	
	οἱ πρέσβεις, εων	die Gesandten
	ἡ πρεσβεία	die Gesandtschaft

60	τὸ σκεῦος, κατα|σκευάζω **420**	
	ἡ κατασκευή	die Einrichtung (eines Hauses), der Hausrat
61	σπένδομαι *Aor.* ἐσπεισάμην	einen Vertrag schließen (*vgl.* σπένδω ein Trankopfer bringen: geschah jeweils bei Vertragsschluß)
	αἱ σπονδαί	1. der Vertrag 2. der Waffenstillstand
	ὑπό|σπονδος, ον	unter dem Schutz e.s Waffenstillst.
	τοὺς νεκροὺς ὑποσπόνδους ἀπέδοσαν.	Sie gaben die Toten unter Waffenstillstand zurück.
62	στενός, ή, όν	eng, schmal (*vgl.* Steno-gramm)
63	ἡ στήλη	die Gedenksäule, der Grabstein
64	ὁ στρατός. στρατεύω. ὁ στρατ|ηγός **431**	
	τὸ στράτευμα, ατος *und* ἡ στρατιά	das Heer
	ὁ στρατιώτης, του	der Soldat
	συ|στρατεύομαι	gemeinsam einen Feldzug unternehmen
	στρατηγέω	Heerführer sein, Stratege sein
65	στρέφω **432**	
	κατα|στρέφομαι (τινά)	(ein Land o.ä.) unterwerfen
66	ἡ τάξις, τάττω **439**	
	παρα|τάττω *und* συν|τάττω	in Reih und Glied aufstellen (*Gramm.* parataktisch: beiordnend; [Syntax)
67	τὸ τεῖχος **443**	
	τειχίζω	1. Mauern bauen 2. mit Mauern umgeben, befestigen
68	τίθημι **451**	
	τίθεμαι τὰ ὅπλα	die Waffen vor sich hinlegen (um zu rasten, oder um einen Angriff vorzubereiten)
	συν|τίθεμαι	(mit jmd. zusammen etw. festsetzen:) verabreden, vereinbaren
	ἡ συνθήκη	die Vereinbarung, der Vertrag
69	τὸ τόξον **455**	
	ὁ τοξότης, του	der Bogenschütze
70	τρεῖς, τρία VI	
	ἡ τριήρης, ρου	der Dreiruderer, Dreidecker (Schiff mit drei Reihen Ruderbänken übereinander; *von* ἀραρίσκω fügen)
71	τρέπω **459**	
	τὸ τρόπαιον *od.* τροπαῖον	(die ‚Wende'-Marke:) das Siegeszeichen (*z. B.* erbeutete Rüstungen, die an einer Stange befestigt wurden, oder ein Steinhaufen) (*vgl.* Trophäe)

72 ὕστερος **473**	
ἡ ὑστεραία	der folgende Tag
73 φαίνω, φαίνομαι **475**	
ἐπι|φαίνομαι	dazukommen, plötzlich erscheinen (*vgl.* ‚Epiphanias‘: Erscheinungsfest)
74 φέρω **480**	
ἀπο|φέρω	wegbringen, abliefern
ὁ φόρος	die Abgabe, der Tribut
σύμ|φορος, ον	nützlich, günstig
οἱ δορυφόροι (δόρυ **118** + φέρω)	(die Speerträger:) die Leibwache
75 φεύγω **481**	
κατα|φεύγω	sich (wohin) flüchten
76 ἡ χώρα, χωρέω **504**	
ἀπο|χωρέω	weggehen, sich zurückziehen
προ|χωρέω	vorwärts gehen, vorrücken
ὑπο|χωρέω	zurückgehen, sich zurückziehen
77 ἡ ψῆφος **507**	
ψηφίζομαι	1. abstimmen 2. (durch Abstimmung) beschließen
78 ψιλός **508**	
οἱ ψιλοί	die Leichtbewaffneten
79 ὡς *Präp. beim Akk.*	zu ... hin; *z.B.* ὡς βασιλέα zum Großkönig

2. Herodot

Sprachliche Besonderheiten

1. In der a-Deklination kann α hinter ε, ι, ρ in η verwandelt werden,

z.B.	γενεή	*statt*	γενεά
	σοφίη		σοφία
	ὥρη		ὥρα

2. Die Aspiration (spiritus asper) verschwand im östlichen Sprachgebiet, dem Herodot angehört, allmählich. So sagt Herodot

z.B.	αὖτις	*statt*	αὖθις
	ἀπικνέομαι		ἀφικνέομαι
	ἐπέπομαι		ἐφέπομαι

3. Statt π steht κ in allen vom Pronominalstamm πο gebildeten Adjektiven und Adverbien,

z. B.	κοῖος	*statt*	ποῖος
	κόσος		πόσος
	ὁκοῖος		ὁποῖος
	κότε		πότε
	κῶς		πῶς
	ὅκως		ὅπως

4. Die im Attischen übliche Kontraktion unterbleibt häufig,

z. B.	χρύσεος, έη, εον	*statt*	χρυσοῦς, ῆ, οῦν
	ὄρεος (*Gen. von* τὸ ὄρος)		ὄρους
	ὁ πλόος		ὁ πλοῦς

5. Folgende Wörter, die aus dem GWS bzw. aus dem AWS Historiker bekannt sind, lauten bei Herodot etwas anders:

Herodot	*attisch*	*Herodot*	*attisch*
γίνομαι	γίγνομαι	ὁ μείς	ὁ μήν Monat
γινώσκω	γιγνώσκω	μοῦνος	μόνος
διξοί	δισσοί	ὁ νηός	ὁ ναός
εἵνεκα	ἕνεκα	ἡ νηῦς,	ἡ ναῦς, νεώς
ἐπείτε	ἐπεί	*Gen.* νεός	
ἰθύς	εὐθύς	οὐδαμά	οὐδαμῶς
ἰθέως	εὐθέως	ἡ ὁρτή	ἡ ἑορτή
⚠ ἑσσοῦμαι	ἡττάομαι	τὸ πρῆγμα	τὸ πρᾶγμα

1 ἡ ἀγορά **5**
ἀγορεύω — (in der Versammlung sprechen:) reden, etw. sagen

2 ἀγχοῦ *adv.* — nahe
Superl. ἀγχοτάτω — 1. am nächsten 2. am ähnlichsten

3 ἄγω **7**
ἀγινέω — führen, bringen

4 ὁ ἔπ|αινος **15**
αἰνέω — loben

5 ἀν|αισιμόω — verbrauchen (Nahrungsmittel, Geld, Zeit)

6 αἰτέω **20**
παρ|αιτέομαι — bitten, etw. erbitten

7 ἄκρος **25**
ἡ ἀκτή — (Land-‚Spitze':) die Landzunge

8 ἁλής, ές — zusammen, in Masse
ἡ στρατιὰ ἔπλωε ἁλὴς ἐπὶ τὸ Ἀρτεμίσιον. — Das Heer segelte in voller Zahl zum Vorgebirge Artemision.

9	ἀμείβομαι **30**	
	παρ|αμείβομαι	vorbeiziehen, vorbeikommen (*z. B.* an einem Fluß oder an fremden Völkern)
10	ὁ ἀνήρ **36**	
	ὁ ἀνδριάς, άντος	(‚Menschen-Darstellung‘:) das Standbild, die Statue
11	ἀντίος **38**	
	ἀντιόομαι	entgegentreten
12	ὁ ἄργυρος **43**	
	ἀργύρεος, η, ον	silbern
13	ἄρδω	naß machen; *spez.* Land bewässern
14	ἀρέσκω, ἄριστος **44**	
	ἀριστεύω	der erste sein, der tapferste sein
15	ἡ ἄρουρα, ης	das Ackerland (*vgl.* L arare)
16	ἀρρωδέω *und* κατ|αρρωδέω	fürchten, sich fürchten
17	ἄρχω **51**	
	ὁ ὕπ|αρχος	der Unterbefehlshaber (in Persien: Satrap oder ein dem Satrapen untergeordneter Beamter)
18	τὸ ἄστυ **56**	
	τὸ προ|άστιον	das Gelände vor der Stadt
19	ἀτρεκέως *adv.*	zuverlässig, gewiß
20	αὐτίκα XIII	
	παραυτίκα	1. gleich anfangs 2. gleich darauf, sofort
21	ὁ αὐτόμολος 1.8	
	αὐτομολέω	überlaufen
22	βάλλω, συμ|βάλλω **64**	
	ἡ συμβολή	die Schlacht
23	βοῦς **78**	
	ὁ βουκόλος	der Rinderhirt (κόλος Hirt; *vgl.* L colere; Bukolik: Hirtendichtung)
24	τὸ βυβλίον	(Papier, beschrieben:) das Schriftstück, der Brief
25	τὸ γένος, γίγνομαι, ἐκγίγν., οἱ πρό|γονοι **85**	
	ἐκ|γίνομαι	1. abstammen von 2. ἐκγίνεται (*wie* ἔξεστι) es ist möglich
	ὁ γόνος	1. die Geburt, Abstammung 2. der Sohn
	ὁ ἀπό|γονος	der Nachkomme
26	ἡ γῆ *od.* γαῖα **88**	
	ἡ μεσόγαια (μέσος **295** + γ.)	das Binnenland
27	ἡ γνώμη, γιγνώσκω **91**	
	συγ|γινώσκω	sich einer Sache bewußt sein, etw. eingestehen, zugeben

<table>
<tr><td>28</td><td>δείδω, δέδοικα 99</td><td></td></tr>
<tr><td></td><td>δειμαίνω</td><td>fürchten, sich fürchten</td></tr>
<tr><td>29</td><td>δέχομαι 107</td><td></td></tr>
<tr><td></td><td>ἐκ|δέκομαι</td><td>etw. erhalten, übernehmen (z.B. ein Amt)</td></tr>
<tr><td>30</td><td>δοκέω. δοκιμάζω 116</td><td></td></tr>
<tr><td></td><td>(ὡς) ἐμοὶ δοκέειν</td><td>wie mir scheint (sog. absoluter Inf.)</td></tr>
<tr><td></td><td>δόκιμος, ον</td><td>erprobt, tüchtig</td></tr>
<tr><td>31</td><td>ὁ δοῦλος 119</td><td></td></tr>
<tr><td></td><td>ἡ δουλοσύνη</td><td>der Sklavenstand, die (sklavische) Abhängigkeit</td></tr>
<tr><td>32</td><td>κατα|δύομαι</td><td>versinken</td></tr>
<tr><td></td><td>Aor. κατ|έδυσα</td><td>ich versenkte (ein Schiff)</td></tr>
<tr><td>33</td><td>ἐάν XXI</td><td></td></tr>
<tr><td></td><td>ἐπεάν beim Konj.</td><td>1. sobald als
2. immer wenn</td></tr>
<tr><td>34</td><td>τὸ εἶδος. ἰδεῖν 131</td><td></td></tr>
<tr><td></td><td>ἱστορέω</td><td>1. jmd. fragen
2. forschen, etw. erforschen (vgl. Historie; Poly-histor: Mann mit umfassenden Kenntnissen)</td></tr>
<tr><td>35</td><td>κατ|ειλέομαι</td><td>(von Truppen:) eingeschlossen werden</td></tr>
<tr><td>36</td><td>τὸ εἷμα, ατος</td><td>das Kleid, das Gewand, der Mantel</td></tr>
<tr><td>37</td><td>εἰμί (Inf. εἶναι) 134</td><td></td></tr>
<tr><td></td><td>ἔπ|ειμι</td><td>darauf sein, darüber sein</td></tr>
<tr><td></td><td>πάρ|εστι</td><td>es ist möglich</td></tr>
<tr><td>38</td><td>εἴργω 136</td><td></td></tr>
<tr><td></td><td>ἀπ|έργω</td><td>1. jmd. einschließen
2. (etw. ausschließen:) etw. rechts bzw. links liegen lassen (als Reisender); z.B. — ἐν ἀριστερῇ ʽΡοίτειον πόλιν die Stadt Rhoiteion links liegen lassen</td></tr>
<tr><td>39</td><td>ἑκάς adv.</td><td>fern</td></tr>
<tr><td></td><td>ἀν|έκαθεν adv.</td><td>von den Vorfahren her, ursprünglich</td></tr>
<tr><td>40</td><td>ἕκαστος 138</td><td></td></tr>
<tr><td></td><td>ἑκάστοτε adv.</td><td>jedesmal</td></tr>
<tr><td>41</td><td>ἡ ἐλαίη</td><td>der ‹Öl›baum, die Olive</td></tr>
<tr><td>42</td><td>ἐλαύνω 141</td><td></td></tr>
<tr><td></td><td>ἐπ|ελαύνω</td><td>gegen jmd. führen</td></tr>
<tr><td>43</td><td>τὸ ἕλος, ἕλεος</td><td>der Sumpf (Bot. Helo-phyten: Sumpfpflanzen)</td></tr>
<tr><td>44</td><td>ἔπειτα XIII</td><td></td></tr>
<tr><td></td><td>μετ|έπειτα adv.</td><td>danach</td></tr>
<tr><td>45</td><td>τὸ ἔργον 153</td><td></td></tr>
<tr><td></td><td>ἔρδω</td><td>etw. ausführen, tun</td></tr>
<tr><td>46</td><td>ἐρυθρός, ή, όν</td><td>‹rot› (L ruber; Med. Erythem: Hautrötung)</td></tr>
</table>

47	ἔρχομαι **156**	
	παρεξ|έρχομαι (τί)	vorbeigehen (an etw.)
48	ἕτερος V	
	μετεξέτεροι, αι, α	einige andere
49	εὑρίσκω **165**	
	ἀν|ευρίσκω	auffinden, erfinden
50	τὸ εὖρος **166**	
	εὐρύς, έα, ύ	breit (*Med.* eury-som: breitwüchsig; *Namen wie* Eury-machos)
51	ἔχω. ἴσχω **169**	
	ἔχομαι (τινός)	(‚sich festhalten an ... ‘:) sich anschließen (an jmd.)
	προ|ίσχομαι	etw. vorbringen (eine Frage oder Bitte)
	προσ|εχής, ές	angrenzend
52	ζητέω **172**	
	δί|ζημαι	nach etw. suchen, sich um etw. bemühen
53	τὸ ζυγόν **174**	
	ζευγνύω	(einen Fluß) überbrücken, eine Brücke bauen
54	ἡγέομαι **175**	
	ἀπ|ηγέομαι	(etw. ‚ausführen‘:) berichten
	κατ|ηγέομαι	führen; τινί jmd. den Weg zeigen
55	ἥδομαι, ἄσμενος **176**	
	ἁνδάνω	jmd. gefallen
56	ἡνίκα XX	
	τηνικαῦτα *adv.*	zu dieser Zeit
57	ἡ ἠώς, ἠοῦς	1. das Frührot 2. der Osten
58	ἡ θάλαττα **187**	
	παρα|θαλάσσιος, ον	am Meer gelegen
59	θάπτω, ὁ τάφος **189**	
	ἡ ταφή	1. die Bestattung; 2. das Grab
60	θαυμάζω **191**	
	τὸ θῶμα, ατος	1. das Staunen 2. (der Gegenstand des Staunens;) der wunderbare Anblick, das Wunderding
	θῶμα ποιέεσθαί τι	etw. für wunderbar halten
61	ὁ θεός **193**	
	ὁ θεοπρόπος	der Bote, der d. Orakel befragen soll
	τὸ θεοπρόπιον	der Orakelspruch
62	ἵημι **210**	
	κατ|ίημι	hinablassen, sinken lassen, fallen lassen
63	ὁ ἵππος **212**	
	ἡ ἵππος	die Reiterei
	οἱ ἱππόται, τῶν	die Reiter, die Reiterei

64	ἵσταμαι. ἐπίσταμαι **214**	
	ἐπαν|ίσταμαι	einen Aufstand machen
	ὑπ|ίστημι	1. unter etw. stellen 2. etw. unternehmen
	ἐξ|επίσταμαι	genau wissen
65	καθαρός **217**	
	καθαίρω	reinigen
66	καί XVIII	
	καὶ δὴ καί	und so auch
	ἀπικνέονται ἐς Σάρδῑς ἄλλοι πάντες καὶ δὴ καὶ Σόλων.	Es kommen alle andern nach Sardes, und so auch Solon.
67	κείρω	scheren, abschneiden (*auch*: Bäume fällen, Gelände abholzen)
68	ὁ κιθών, ῶνος (*att.* χιτών)	der ‚Chiton' (Kleid, mit Ärmeln, ohne Unterwäsche getragen und mit einem Gürtel zusammengehalten; Tracht von Frauen und Männern)
69	ὁ κολωνός	die Anhöhe, der Hügel (L collis, E hill)
70	τὸ κράτος, καρτερός **249**	
	κάρτα *adv.*	sehr
71	τὸ κρέας, κρέως	das Fleisch (*Med.* Pan-kreas: Bauchspeicheldrüse)
72	ὁ κρητήρ, ῆρος	das Mischgefäß (für Wein, vergleichbar unserer Bowle; mit weiter Öffnung, *daher Geol.* Krater)
73	κρίνω, ἀπο|κρίνομαι **251**	
	ὑπο|κρίνομαι	antworten
74	ὁ κροκόδειλος	das Krokodil
75	κτάομαι **253**	
	προσ|κτάομαι	dazuerwerben
76	λέγω. ὁ λόγος **266**	
	ἐπι|λέγω	dazu sagen, hinzufügen
	ἐπι|λέγομαι	1. bei sich etw. überlegen 2. lesen
	λόγιμος, ον	der Rede wert, wichtig
77	λείπω, λοιπός **267**	
	ἐπί|λοιπος, ον	übrig, restlich
78	ὁ λίθος **273**	
	λίθινος, η, ον	steinern
79	λούω	waschen (L lavare)
80	ὁ μάγος	der Magier (Angehöriger einer persischen Priesterkaste) (*vgl.* Magie, magisch)
81	μαίνομαι, ὁ μάντις **278**	
	τὸ μαντήϊον	das Orakel (*sowohl* O.-Spruch *als auch* O.-Stätte)

82	μανθάνω **282**	
	ἐκ|μανθάνω	genau lernen, auswendig lernen
83	ἡ μάχη **285**	
	ἡ μάχαιρα	das Messer
	μάχιμος, ον	Kriegsdienst leistend
84	μέγας **286**	
	τὸ μέγαρον	die Halle (eines Tempels)
85	τὸ μέταλλον	das Bergwerk (*vgl.* Metall)
86	μηδίζω	(*von* Μῆδος ‚Meder', Bezeichnung, die auch auf die Perser angewandt wurde:) es mit den Persern halten, auf seiten der Perser stehen
87	μίγνυμι **287**	
	μίσγομαι (τινί)	(‚sich vermischen':) geschlechtlichen Umgang haben mit jmd.
	συμ|μίσγω (τινί)	1. etw. mischen, beimischen 2. (freundlich:) sich mit jmd. vereinen (feindlich:) den Kampf mit jmd. beginnen
88	μιν (*enkl.*)	ihn, sie, es
89	ἡ μνήμη **305**	
	ἐπι|μνάομαι	erwähnen
	τὸ μνημόσυνον	das Denkmal, die Gedenkstätte
90	μύριοι VI	
	ἡ μυριάς, άδος	die Zahl bzw. Menge von 10000, die Myriade
91	νέμω **312**	
	ὁ νομός (⚠ *Akzent*)	der Verwaltungsbezirk, die Provinz
	οἱ νομάδες, δων	die Hirten (*vgl.* Nomaden)
92	νέος **313**	
	ὁ νεηνίης, ίου (*att.* νεανίας)	der junge Mann
93	νοστέω *und* ἀπο|νοστέω	heimkehren, zurückkehren (*vgl.* Nostalgie: Heimweh)
94	ξένος, ξένιος **320**	
	ἡ ξεινίη	die Gastfreundschaft
95	τὸ ξύλον **321**	
	ξύλινος, η, ον	hölzern
96	ἡ ὁδός **323**	
	ἡ ἔσ|οδος	der Eingang
97	ὁ οἶκος, οἰκέω **325**	
	κατ|οίκημαι *Pf. Pass.*	angesiedelt sein, siedeln, wohnen
	συν|οικέω (τινί)	(ehelich) zusammenleben mit jmd.
98	ὁ οἰστός	der Pfeil
99	ὄλβιος, η, ον	1. glücklich, gesegnet 2. reich

100 τὸ ὄνομα. ὀνομάζω **337**	
ἡ ἐπ|ωνυμίη	der Name, die Bezeichnung (*vgl.* Eponym: Gattungsbezeichnung, die auf einen Personennamen zurückgeht, *z.B.* Zeppelin, röntgen)
ὀνομαστός, ή, όν	namhaft, verdient
101 ὁ ὄνος	der Esel
102 ὀρέγομαι **342**	
ἡ ὀργυιή	d. Klafter (die Strecke zwischen den Fingerspitzen der ausgestreckten Arme; ca. 1,80 m)
103 ὁ ὅρκος **344**	
τὸ ὅρκιον	der Eid
104 ὀρύττω 1.52	
τὸ ὄρυγμα, ατος	der Graben, das Loch
ἡ δι|ῶρυξ, υχος	der Kanal
105 ὅσος IV	
ὅσοσπερ, ὅσηπερ, ὅσονπερ	ebenso viel wie
106 οὐδείς VI	
οὐδαμοί, αί, ά	keine, niemand
107 ἡ ὄφις, ιος	die Schlange
108 παρά XI	
πάρ|εξ *Präp. beim Gen.*	außer
109 πᾶς **360**	
πάγχυ *adv.*	durchaus, sehr
τὸ παρά|παν *adv.*	ganz und gar
110 παύω **362**	
κατα|παύω	1. beenden 2. (eine Machtstellung beenden:) jmd. absetzen
111 τὸ πεδίον, πεζός, ὁ πούς **363**	
ἡ πέδη	(die Fußfessel:) die ‹Fessel›
112 τὸ πέλαγος, γεος	das Meer (*vgl.* Archi-pel: *urspr.* ‚das ‚Erz'-Meer': die Ägäis, mit ihren vielen Inseln, *dann allg.* Inselgruppe)
113 πέρα, ὁ πόρος **369**	
τὸ ἐμ|πόριον	die Handelsstadt, der Handelsplatz
114 περί XI	
πέριξ	1. *adv.* ringsherum 2. *Präp. beim Akk.* rings um etw.
πέριξ τὸ τεῖχος οἰκέειν	sich rings um die Mauer ansiedeln
115 ὁ πῆχυς, χεος	die Elle (ca. 45 cm)
116 πίμπλημι **374**	
πλέος, η, ον	voll
117 πίπτω **376**	
περι|πίπτω (τινί)	jmd. begegnen, in etw. geraten

118	πλέω **379**	
	ἀνα|πλέω	hinaufsegeln (flußaufwärts oder auf die ‚hohe See‘)
119	πρό VII	
	πρὸ τοῦ	vordem, früher
120	προσ|πταίω (τινί)	mit jmd. zusammenstoßen (und dabei zu Schaden kommen)
121	ἡ πύλη **400**	
	τὰ προ|πύλαια	der Torbau (*vgl.* ‚Propyläen‘)
122	ἡ πυραμίς, ίδος	die Pyramide
123	ῥέω **407**	
	τὸ ῥέεθρον	1. der Fluß; 2. das Flußbett
124	ῥύομαι	retten
125	τὸ σημεῖον **413**	
	τὸ σῆμα, ατος	das Grabmal
126	σίνομαι	jmd. schädigen, ausplündern
127	ὁ σῖτος **417**	
	σιτέομαι	essen
128	σκέπτομαι, ὁ σκοπός **419**	
	ὁ κατά|σκοπος	der Späher, Spion
129	τὸ σκεῦος **420**	
	ἡ σκευή	die Kleidung; *spez.* die Ausrüstung (des Soldaten)
130	ἀπο|στέλλω **427**	
	στέλλω	1. schicken, senden 2. jmd. bekleiden, ausstatten
131	στερέω **428**	
	στερίσκω (τινά τινος)	(jmd. einer Sache) berauben
132	σφάζω	schlachten
133	ἡ σχεδίη	die Schiffsbrücke
134	ὁ σχοῖνος	der „Schoinos“ (ägypt. Längenmaß; 6,3 km)
135	ταριχεύω	(einen Leichnam) einbalsamieren, mumifizieren
136	ἐν|τέλλομαι *Aor.* ἐν|ετειλάμην	befehlen
137	τένμω **446**	
	ἀπο|τάμνω (*att.* ἀποτένμω)	abschneiden
	τὸ τέμενος, νεος	(Land‚abschnitt‘ in priesterlicher Verwaltung:) der heilige Bezirk (z.B. von Delphi)
138	τῇδε XIV	
	τῇ *adv.*	1. wo 2. wohin (*relativ*)
139	τίθημι, ἀνα|τίθημι **451**	
	τὸ ἀνάθημα, ατος	das Weihgeschenk (*z.B.* eine Statue, Waffen, Schmuck)

140	τίνω, τίνομαι **454**	
	ἡ τίσις, σεος	die Vergeltung, Strafe
141	τὸ τόξον **455**	
	τοξεύω	(mit dem Bogen) schießen
142	ὑπέρ X	
	κατ|ύπερθε *adv. od. Präp. beim Gen.*	1. oberhalb 2. landeinwärts
143	ὁ/ἡ ὗς, ὑός	das Schwein, die Sau (*von fem.* ὕαινα: Hyäne)
144	ὑψηλός **474**	
	τὸ ὕψος, ὕψεος	die Höhe (*vgl.* Hypso-metrie: Höhenmessung)
145	ὕω	regnen (ὕει es regnet)
146	φαίνω **475**	
	ἐκ|φαίνω	etw. ans Licht bringen
147	φεύγω **481**	
	ἐκ|φεύγω	entfliehen
148	ἡ φιάλη	die Trinkschale (*vgl.* Phiole)
149	ὁ φοῖνιξ, ικος	(*eigtl.* purpurrot:) die Dattelpalme (*vgl.* Phönizier: Purpurfärber; Vogel ‚Phönix')
150	ὁ χαλκός **495**	
	χάλκεος, η, ον	aus Erz, ehern
151	ἡ χάρις **496**	
	ἄ|χαρις, ρι	unangenehm
152	τὸ χεῖλος, λεος	(die Lippe; *spez.*:) das Ufer (eines Flusses)
153	ἡ χείρ **498**	
	τὸ ἐγ|χειρίδιον	der Dolch
154	χίλιοι VI	
	ἡ χιλιάς, άδος	die Zahl bzw. Menge von 1000
155	χρή, χρήομαι **501**	
	ἀπο|χράω	genügen
	ἀποχρᾷ μοι (τι)	es ist genug für mich, ich bin zufrieden mit etw.
	δια|χρήομαι (τινί)	etw. gebrauchen
156	χρήω	ein Orakel geben
	Aor. Pass. ἐχρήσθη	es wurde vom Orakel verkündet
	ὁ χρησμός	der Orakelspruch
	τὸ χρηστήριον	das Orakel (*sowohl* O.-Spruch *als auch* O.-Stätte)
157	τὸ χῶμα, ατος	der Damm
158	ἡ χώρα **504**	
	ἐπι|χώριος, ον	örtlich, einheimisch

3. Thukydides

Sprachliche Besonderheiten

1. Statt εἰς steht ἐς, also z. B. statt εἰσβάλλω: ἐσβάλλω.
2. Statt σύν steht ξύν, also z. B. statt σύνοδος: ξύνοδος.

Im Gesamtregister sind derartige Wörter nur in ihrer gewöhnlichen attischen Form angegeben.

1	ὁ ἄγγελος, ἀγγέλλω **4**	
	ἐπ|αγγέλλω	1. ankündigen 2. anfordern (*z. B.* στρατιάν)
	περι|αγγέλλω	ringsum verkünden
2	ἄγω, ἀνάγομαι **7**	
	ἀνταν|άγομαι	(dem Feind) entgegenfahren
3	ὁ ἔπαινος, παρ|αινέω **15**	
	ἡ παραίνεσις, σεως	die Ermahnung
4	αἴρω **17**	
	ἀπ|αίρω	aufbrechen, absegeln
	μετ|έωρος, ον	1. oben, hochgelegen τὰ μετέωρα die hochgelegenen Punkte, die Höhen (*vgl.* Meteor) 2. (spez. von Schiffen:) auf hoher See befindlich
5	αἰφνίδιος, α, ον	plötzlich
6	ἀκούω **23**	
	ἐσ|ακούω	auf jmd. hören, jmd. gehorchen
7	ἄκρος **25**	
	ἀκμάζω	auf dem Höhepunkt stehen (*Med.* Akmé: Höhepunkt des Krankheitsverlaufs)
8	ἁλίσκομαι **26**	
	ἡ ἅλωσις, σεως	die Einnahme, Eroberung
9	ἄλλος **27**	
	δι|αλλάσσω (τινά τινι)	jmd. mit jmd. versöhnen
10	ἡ ἔπ|αλξις, ξεως	die Deckung; *spez.* die Mauerzinnen (hinter denen die Verteidiger hervorschießen)
11	ἀμφότεροι V	
	ἀμφοτέρωθεν *adv.*	von beiden Seiten
12	ἀντίος, ἐναντίος **38**	
	τοὐναντίον *adv.*	im Gegenteil
13	ἄξιος, ἀξιόω **39**	
	ἡ ἀξίωσις, σεως	1. die Meinung 2. (die M. über jmd.:) das Ansehen

14	ἐξ|αρτύω	bereitstellen
15	βαίνω **62**	
	παρα|βαίνω	übertréten, (Abmachungen) verletzen, (einen Eid) brechen
	ἡ ξύμ|βασις, σεως	die Übereinkunft, der Vertrag
16	βάλλω, δια|βάλλω **64**	
	ἡ διαβολή	die Verleumdung (*vgl.* diabolisch)
	ἡ προσ|βολή	der Angriff
17	ἡ γνώμη, γιγνώσκω **91**	
	δια|γιγνώσκω	1. unterscheiden, genau erkennen (*vgl.* Diagnose) 2. entscheiden
18	τὸ δέος (δείδω) **99**	
	ἀ|δεής, ές	furchtlos
19	δέχομαι, προσ|δοκάω **107**	
	ἀ|προσδόκητος, ον	1. (*von Sachen:*) unerwartet 2. (*von Personen:*) nichtsahnend
20	ὁ δῆμος **110**	
	πανδημεί	mit der gesamten Mannschaft, insgesamt
	οἱ Ἀθηναῖοι πανδημεὶ ἐξέβαλον.	Die Athener machten mit ihren gesamten Truppen einen Ausfall.
21	δίδωμι **113**	
	ἐν|δίδωμι	1. übergeben; 2. nachgeben
	ἡ προ|δοσία	der Verrat
22	διώκω **115**	
	κατα|διώκω	verfolgen
	ἡ δίωξις, ξεως	die Verfolgung
23	κατα|δύω	versenken
24	εἰμί (*Inf.* εἶναι) **134**	
	ἡ περι|ουσία	der Überfluß (τινός an etw., *z. B.* τροφῆς)
25	ἑκών **139**	
	ἑκούσιος, α, ον	freiwillig
26	ἐλάσσων **140**	
	ἐλασσόομαι	(‚verringert werden':) Schaden erleiden, den kürzeren ziehen
27	ἕλκω **145**	
	ἀν|έλκω	hinaufziehen (*z. B.* Schiffe aufs Land)
	ἡ ὁλκάς, άδος	der Frachter
28	ἡ ἐλπίς, ἐλπίζω **146**	
	ἀν|έλπιστος, ον	unerwartet
29	ἕτοιμος **160**	
	ἑτοιμάζω (τι)	etw. bereitstellen
30	ἡ ἕως, ἕω	das Frührot, der Tagesanbruch
	ἅμα ἕῳ	mit Tagesanbruch
31	ἡ ἤπειρος **182**	
	ὁ ἠπειρώτης, του	der Bewohner des Festlands (↔ νησιώτης)

32	ἡ ἡσυχία **185**	
	ἡσυχάζω	Ruhe halten
33	θέω, βοηθέω **196**	
	ἐπι|βοηθέω *und* παρα|βοηθέω *und* προσ|βοηθέω	zu Hilfe eilen, helfen
	ξυμ|βοηθέω	gemeinsam zu Hilfe kommen
34	ὁ θόρυβος	1. das Durcheinander, die Panik 2. der Lärm
	θορυβέω	durcheinanderbringen, in Panik versetzen
35	ἵημι, συνίημι **210**	
	ξυνετός, ή, όν	einsichtig, klug
36	ἵσταμαι **214**	
	ἀνθ|ίσταμαι	sich entgegenstellen, sich widersetzen
	περι|ίσταμαι	1. sich rings herumstellen, jmd. umgeben 2. sich úmstellen, umschlagen (*z. B.* ins Gegenteil)
37	καλέω **222**	
	προ|καλέομαι	1. zu etw. auffordern, etw. vorschlagen 2. jmd. einladen
	τὸ ἔγκλημα, ατος	der Vorwurf
38	κεῖμαι **228**	
	ἔγ|κειμαι (τινί)	(‚jmd. im Nacken sitzen‘:) angreifen
39	ὁ κῆρυξ **235**	
	ἐπι|κηρυκεύομαι (τινί)	mit jmd. (durch einen Boten) verhandeln
40	ὁ κίνδυνος, κινδυνεύω **236**	
	δια|κινδυνεύω	sich in Gefahr stürzen; *spez.* eine Schlacht wagen
41	κομίζω **244**	
	δια|κομίζω	hinüberbringen
	ἐσ|κομίζω	hineinbringen, einführen
42	ἐπί|κουρος **247**	
	ἡ ἐπικουρία	die Hilfe
43	τὸ κράτος, κρατέω. ἡ δημοκρατία **249**	
	αὐτοκράτωρ, τορος	bevollmächtigt (*vgl.* autokratisch)
	δημοκρατέομαι	eine demokratische Verfassung haben
44	κρύπτω **252**	
	κρύφα	heimlich
	κρύφα τῶν Ἀθηναίων	vor den Athenern geheim
45	κωλύω **260**	
	δια|κωλύω	verhindern

46 λαμβάνω **263**	
ἀντι|λαμβάνομαι (τινός)	etw. in die Hand nehmen, etw. ergreifen
47 λέγω, συλ|λ., ὁ λόγος **266**	
ὁ ξύλλογος	die Versammlung
ὁ παρά|λογος	1. die Unberechenbarkeit 2. die Überraschung (*Logik*: Paralogismus: Trugschluß)
48 λείπω, λοιπός **267**	
ἐγκατα|λείπω	(darin) zurücklassen
— ἐν τῇ νήσῳ φρουράν	auf der Insel eine Wache zurücklassen
ὑπό|λοιπος, ον	übrig
49 ὁ λῃστής **272**	
ἡ λῃστεία	die Plünderung
50 ὁ λόφος	der Hügel, der kleine Berg
51 λύω, καταλύω **277**	
ἡ κατάλυσις, σεως	die Auflösung, Beendigung
52 ἡ μάχη, ἡ συμμαχία **285**	
ξυμμαχέω	Bundesgenosse sein, mitkämpfen
τὸ ξυμμαχικόν	1. das Bündnis 2. das Heer der Bundesgenossen, die Verbündeten
53 μέλλω, τὸ μέλλον **290**	
ὁ μέλλων, λοντος *und* τὰ μέλλοντα, λόντων	was kommen wird, die Zukunft
ἡ μέλλησις, σεως	das Zögern, die Verzögerung
54 μένω **293**	
ἐμ|μένω	1. dableiben 2. (τινί) bei etw. bleiben
— τῇ ξυμμαχίᾳ	dem Bündnis treu bleiben
περι|μένω	erwarten
55 μίγνυμι **287**	
προσ|μίσγω (τινί)	herankommen an, zusammenkommen mit
56 ἡ ναῦς **310**	
τὰ ναυάγια, ίων	die Schiffstrümmer, das Wrack
57 νέος **313**	
νεωτερίζω	1. (politische) Neuerungen einführen 2. (politische Neuerungen einführen wollen:) den Umsturz vorbereiten
58 ὁ νοῦς, νοέω **317**	
ἐπι|νοέω	an etw. denken, etw. beabsichtigen
59 ἡ ὁδός **323**	
ἡ ἔφ|οδος	(der Zugang, *meist spez.*:) der Angriff
ἡ κάθ|οδος	der Rückweg, die Rückkehr (*Phys.* Kathode)
ἡ ξύν|οδος	die Zusammenkunft (*vgl.* Synode)
ἡ πρόσ|οδος	die Einnahme; *Plur.* die Einkünfte

60	ὁ οἶκος, ἡ οἰκία **325**	
	οἰκίζω *und* κατ|οικίζω	(Menschen) ansiedeln, (Land) besiedeln, (eine Stadt) gründen
	ὁ οἰκιστής, τοῦ	der Gründer (einer Kolonie)
61	ὀλίγος **331**	
	(οἱ) ὀλίγοι	die Oligarchen, die Clique der Mächtigen
62	ὁ ὅμηρος	die Geisel
63	ὄμνυμι **334**	
	ξυν|όμνυμι (τινί)	gemeinsam mit jmd. schwören
64	ὀρθός, κατ|ορθόω **343**	
	ὀρθόομαι	Glück haben
65	ὁρμέω	vor Anker liegen (ὅρμος Hafen; *vgl.* Palermo < Panormos)
	ἐφ|ορμέω	(jmd. gegenüber) vor Anker liegen, jmd. blockieren
	— πρὸς τὰς πολεμίας ναῦς	die feindlichen Schiffe blockieren
	— τῷ λιμένι	den Hafen blockieren
66	ὁ ὅρος **348**	
	μεθ|όριος, α, ον (τινός) *und* ὅμορος, ον (τινί) (ὁμοῦ **335** + ὅρος)	angrenzend (an), benachbart
67	ἡ ὄψις, ὑπ|οπτεύω **355**	
	ὕποπτος, ον	verdächtig
	ὑπόπτως *adv.*	argwöhnisch
	ἡ ὑποψία	der Verdacht
68	ἀντί|παλος, ον	gleich stark (*von* παλαίω ringen)
69	ἡ πεῖρα, πειράομαι. ἄ|πειρος **366**	
	πειράω	einen Versuch machen; (τινός) sich an etw. versuchen (um die Möglichkeiten zu testen)
	— τῶν τειχῶν	die Erstürmung der Mauern versuchen
	ἡ ἀπειρία	die Unerfahrenheit
70	πέραν **369**	
	περαιόομαι	(zu Schiff) übersetzen (*z.B.* ἐς νῆσον auf eine Insel)
	ἀντι|πέρας *adv.*	gegenüber
	ἐς τὴν ἀντιπέρας ἤπειρον	auf das gegenüberliegende Festland
71	πλέω. ὁ πλοῦς **379**	
	δια|πλέω	hinübersegeln
	ἐσ|πλέω	hineinsegeln
	ξυμ|πλέω	mit aussegeln
	προσ|πλέω	herbeisegeln
	ὁ ἐπί|πλους, ου	das Herbeisegeln, der Angriff
	ὁ ἔσ|πλους, ου	die Einfahrt (eines Hafens)

72 ἡ πληγή, ἐκ|πλήττομαι **380**	
κατα|πλήττομαι	erschreckt werden, vor jmd. erschrecken
73 ὁ πόλεμος, πολεμέω **388**	
ξυμ|πολεμέω	mitkämpfen
74 ἡ πόλις **389**, πολιορκέω 1.57	
τὸ πόλισμα, ατος	die Stadt
πολιτεύω (*wie* πολιτεύομαι **389**)	sich politisch betätigen
ἡ πολιορκία	die Einschließung, Eroberung
ἐκ|πολιορκέω	erobern
75 πρέπει **395**	
εὐ|πρεπής, ές	passend, angemessen
76 οἱ πρέσβεις 1.59	
πρεσβεύομαι	Gesandte schicken
77 τὸ σκεῦος, παρα|σκευάζω **420**	
ἀ|παρασκεύαστος, ον	unvorbereitet, ungerüstet
78 τὸ τάλαντον **438**	
ταλαιπωρέω	Strapazen aushalten, in Not sein; *Pass.:* bedrängt werden
79 τὸ τεῖχος **443**, τειχίζω 1.67	
τὸ τείχισμα, ατος	die Befestigung
ἀπο|τειχίζω	1. eine Mauer ziehen 2. jmd. durch Mauern absperren, blockieren
ἀ|τείχιστος, ον	unbefestigt
80 ἡ τριήρης 1.70	
ὁ τριήραρχος (τρ. + ἄρχω **51**)	der Befehlshaber einer Triere
81 ἡ τύχη, τυγχάνω **465**	
παρα|τυγχάνω	durch Zufall sich ergeben
παρέτυχεν ὁ καιρός	zufällig ergab sich die Gelegenheit
περι|τυγχάνω (τινί)	auf etw. treffen, jmd. begegnen
82 φέρω **480**	
προ|φέρω	1. etw. vorlegen, vorbringen 2. Vorzüge haben
83 ὁ φόβος **488**	
φοβέω	jmd. in Schrecken versetzen
84 ἡ χώρα, ἀνα|χωρέω **504**	
ἐπανα|χωρέω	zurückweichen

4. Xenophon

1	τὸ ἄγαλμα **2**	
	ἀγάλλομαι (τινί *od.* ἐπί τινι)	stolz sein (auf etw.)
2	ἄγαμαι	bewundern
	Aor. ἠγάσθην	
3	ἄγω **7**	
	ἄγε! ἄγετε!	(bei Aufforderungen:) auf! los!
	δι|άγω	(Zeit) verbringen
	ἐσθίοντες καὶ πίνοντες διάγουσιν.	Sie verbringen die Zeit mit Essen und Trinken./Sie essen und trinken fortwährend.
	παρ|άγω	1. vorbeiführen 2. herbeiführen, hinführen
	προ|άγω	vorwärtstreiben, antreiben
	ὑπ|άγω	(vor Gericht führen:) anklagen
4	ἀκολουθέω **22**	
	ἐπ|ακολουθέω	folgen, verfolgen
	ἀκόλουθος, ον	1. begleitend 2. entsprechend
5	τὸ ἀκόντιον 1.3	
	ἀκοντίζω	den Speer schleudern
6	ἄλκιμος, ον	stark, mutig, kampfbereit
7	ἀνιάω	jmd. belästigen, jmd. Kummer bereiten
	ἀνιάομαι	bekümmert sein
8	ἀνύτω	vollenden
9	ἀρήγω	Hilfe bringen
10	τὸ ἄριστον	das Frühstück
	ἀριστάω	frühstücken
	ἀριστο|ποιέομαι	das Frühstück bereiten
11	ἁρμόττω **48**	
	ὁ ἁρμοστής, τοῦ	der ‚Ordner', „Harmost" (spartanischer Statthalter)
12	ἁρπάζω **49**	
	δι|αρπάζω	ausplündern
13	ὁ αὐλός	die Flöte (*auch*: Röhre; *Techn.* Hydr-aulik)
14	τὰ ἀφροδίσια	die Gaben der Aphrodite, die geschlechtliche Liebe
15	βαίνω **62**	
	βάδην *adv.*	im Schritt-Tempo, langsam
	δια|βιβάζω	hinüberbringen
16	ὁ βασιλεύς **67**	
	τὰ βασίλεια	das königliche Schloß

17 ὁ βίος **71**	
βιοτεύω	leben
18 βλάπτω **72**	
βλαβερός, ά, όν	schädlich
19 τὸ βόσκημα, ατος	das Vieh, die Herde (*vgl.* βόσκη Weide, *daher* Boskett: Ziergebüsch; ‹Busch›, ‹Bukett›)
20 γελάω **84**	
κατα|γελάω (τινός)	über jmd. lachen, jmd. auslachen
21 τὸ γένος, γίγνομαι **85**	
δια|γίγνομαι	(‚durchkommen‘:) (Zeit) verbringen
διεγένοντο τὴν νύκτα πῦρ καίοντες.	Die ganze Nacht über brannten sie Feuer.
συγ|γίγνομαι	zusammenkommen, zusammensein
22 τὸ γέρρον	der Schild (viereckig, nur mit Rindsfell überzogen, daher leicht)
23 ἡ γνώμη, γιγνώσκω **91**	
κατα|γιγνώσκω(τινός)	1. kennenlernen, erkennen 2. über etw. urteilen
θάνατος αὐτοῦ κατεγνώσθη.	Sein Tod wurde beschlossen. / Er wurde zum Tod verurteilt.
24 γυμνός **94**	
ὁ γυμνής, ῆτος	der Leichtbewaffnete
25 ἡ δαπάνη 1.12	
δαπανάω	Geld ausgeben, verschwenden
26 ὁ δαρεικός	der Dareik (persische Goldmünze, eingeführt von Dareios I., 521—485; 300 D. = 1 τάλαντον **438**)
27 ὁ δασμός	die Steuer, der Tribut (*von* δαΐζω teilen; *vgl.* Geo-däsie: Erd‚einteilung‘, Erdvermessung)
28 δασύς, εῖα, ύ	dicht; *spez.* dicht bewachsen (L densus; *Techn.* Dasymeter: Gerät zur Bestimmung der Gas‚dichte‘)
29 ἡ δείλη	der (späte) Nachmittag
30 τὸ δεῖπνον **101**	
δειπνέω	die Mahlzeit einnehmen (Hauptmahlzeit am Spätnachmittag)
δειπνο|ποιέομαι	das Essen bereiten
31 δέκατος VI	
ἡ δεκάτη	der zehnte Teil, der Zehnte (gewöhnlich wurde der zehnte Teil der Beute den Göttern geweiht)
32 δεξιός **103**	
δεξιόομαι	(jmd. ‚mit der rechten Hand fassen‘:) jmd. (mit Handschlag) begrüßen
33 δέομαι, δεῖ **104**	
τὸ δέον	das Nötige, Erforderliche

34	δή XIX	
	δήπου	doch wohl
	οὐ δήπου καὶ σὺ εἶ τῶν τοιούτων ἀνθρώπων;	Du gehörst doch wohl nicht auch zu dieser Art von Leuten?
35	δῆλος **109**	
	εὔ|δηλος, ον	sehr deutlich
	δηλον|ότι *adv.*	(‚es ist klar, daß ...‘:) offenbar, selbstverständlich
	ἡλίσκοντο δηλονότι.	Natürlich gerieten sie in Gefangenschaft.
36	δίδωμι **113**	
	ἀπο|δίδομαι	hergeben, verkaufen
	Aor. ἀπ|εδόμην	
	δια|δίδωμι	austeilen
	μετα|δίδωμι (τινί τινος)	jmd. einen Anteil geben an etw.
	μετεδίδοσαν ἀλλήλοις ὧν εἶχον ἕκαστοι.	Sie gaben einander von dem, was sie jeweils hatten.
37	τὸ δίκτυον	das (Jagd-) Netz, der Fallstrick
38	δοκέω **116**	
	δοκῶ μοι	(‚ich komme mir vor ...‘:) ich meine, daß ich ...
	οὐκ ἀπείρως μοι δοκῶ ἔχειν.	Ich glaube nicht unerfahren zu sein.
	συν|δοκεῖ (μοι)	es scheint auch (mir) richtig, es ist auch (meine) Meinung
	τὸ δόγμα, ατος	der Beschluß (*vgl.* Dogma: festgelegte Lehrmeinung)
39	παρ|εγγυάω	auffordern, befehlen
40	καθ|έζομαι **127**	
	ἡ ἐν|έδρα	(wo man drinsitzt:) 1. der Hinterhalt, das Versteck 2. die Hinterlist
	ἐν|εδρεύω	nachstellen, auflauern
41	ἐθέλω **128**	
	ἐθελούσιος, α, ον	freiwillig
42	ἡ εἰκών, εἰκώς **133**	
	εἰκῇ *adv.*	aus dem Stegreif, aufs Geratewohl
43	εἰμί (*Inf.* εἶναι) **134**	
	ἔν|ειμι	drin sein
44	ἐλαύνω **141**	
	παρ|ελαύνω	herbeifahren (ἐφ᾽ ἅρματος), herbeireiten
	προσ|ελαύνω	herbeireiten
45	ἐξαίφνης *adv.*	plötzlich
46	ἐπιτήδειος **149**	
	ἐπιτηδεύω (τι)	sich mit etw. beschäftigen (nachhaltig und quasi berufsmäßig)
47	ἐράω **152**	
	ὁ ἐραστής, τοῦ	der Liebhaber, der Verliebte

48	τὸ ἔργον, ἐργάζομαι. ὁ γεωργός **153**	
	ἀπ|εργάζομαι	(ausarbeiten:) herstellen, machen
	ἀργός, όν (< α-εργος)	untätig; (vom Land:) unfruchtbar
	ἐν|εργός, όν	tätig, fruchtbar (*vgl.* energisch)
	ὁ συν|εργός	der Mitarbeiter (*Med.* Synergismus: das Zusammenwirken, z. B. von Muskeln oder Arzneien)
	ὁ ἐργάτης, του	der Arbeiter
	ὁ εὐ|εργέτης, του	der Wohltäter
	εὐεργετέω (τινά)	jmd. Gutes tun; *z. B.* τὴν πόλιν —: sich um den Staat verdient machen, etw. leisten für den Staat
	γεωργέω	Landwirtschaft treiben
	ἡ γεωργία	die Landwirtschaft
49	ἐρρωμένος, η, ον	stark (*von* ῥώμη die Kraft)
50	τὸ ἔρυμα 1.17	
	ἐρυμνός, ή, όν	geschützt, befestigt
51	ἐξ|ετάζω	prüfen
	ἡ ἐξέτασις, σεως	(prüfende Betrachtung eines Heeres:) die Heerschau, Parade
52	ὁ ἔφηβος	der (mündig gewordene) junge Mann, Ephebe (ἐπί + ἥβη Jugend)
53	ἡ ἔχθρα **168**	
	ἀπ|εχθάνομαι (τινί)	von jmd. angefeindet werden
54	ἔχω. ἡ σχολή **169**	
	πλέον ἔχω (τινός) (πλέον **390**)	mehr haben (von etw.), im Vorteil sein (vor jmd.)
	πλεονεκτέω (τινός)	1. mehr haben (von etw.), im Vorteil sein (vor jmd.) 2. jmd. übervorteilen
	ἡ πλεονεξία	die Sucht nach mehr, Habsucht
	μειονεκτέω (μεῖον 4.93)	(‚weniger haben‘:) im Nachteil sein
	σχολάζω	freie Zeit haben
	ἡ ἀ|σχολία	die Beschäftigung, Arbeit (*wie* L neg-otium)
55	τὸ ζυγόν **174**	
	τὸ ζεῦγος, γους	das Gespann (*z. B.* ein Paar Pferde oder Rinder)
56	ἡγέομαι **175**	
	δι|ηγέομαι	(ein Thema) ausführen, etw. darstellen, erzählen
57	ἥκω, ἀφ|ικνέομαι. ὁ ἱκέτης **177**	
	ἐξ|ικνέομαι	hinkommen, erreichen
	ἱκετεύω	bitten
	Ξενοφῶντα ἱκέτευσε βοηθῆσαι.	Er bat Xenophon zu helfen.

58	ἡ ἡλικία **178**	
	τηλικοῦτος, αύτη, οῦτο	1. so alt 2. so groß, so bedeutend
59	θαρρέω **190**	
	τὸ θάρσος, ους *od.* τὸ θράσος, ους	der Mut
	θρασύς, εῖα, ύ	mutig
60	θεάομαι **192**	
	ἡ θέα	der Anblick, das Schauspiel
61	ὁ θεράπων, θεραπεύω **194**	
	ἡ θεραπεία (τινός)	der Dienst (an einer Sache), die Pflege
62	θέω **196**	
	μετα|θέω	nachlaufen, jmd. verfolgen
63	τὸ θηρίον, θηράω **198**	
	ἡ θήρα	die Jagd
64	ὁ θυμός **203**	
	εὔ|θυμος, ον	gut gelaunt, freudig
	θυμοειδής, ές	mutig, (von Pferden:) feurig
65	ἱερός, τὸ ἱερόν **209**	
	καλλιερέω (καλός **223** + ἱερόν)	opfern (mit günstigem Ergebnis)
66	ἵημι **210**	
	ὑφ|ίεμαι	nachgeben, weichen
67	ὁ ἵππος, ὁ ἱππεύς **212**	
	ἱππεύω	reiten
	ἱππικός, ή, όν	1. Pferde betreffend 2. etwas von Pferden verstehend
	ἡ ἱππική (*eigtl.* τέχνη)	(die Kunst, mit Pferden umzugehen:) das Reiten, die Reitkunst
	τὸ ἱππικόν	die Reiterei, Kavallerie
	ὁ ἵππαρχος (ἵππος + ἄρχω **51**)	der Anführer der Reiterei
	ὁ ἱπποκόμος (ἵ. + κομίζω **244**)	der Pferdeknecht
68	ἵστημι, ἐφίστημι **214**	
	ὁ ἐπι|στάτης, του *und* ὁ προ|στάτης, του	der ‚zuständige' Mann, der Leiter
	προστατεύω	zuständig sein für etw., etw. leiten
69	κατα|καίνω *Aor.* κατ|έκανον	töten
70	ὁ καιρός **219**	
	οἱ ἐπι|καίριοι	(‚auf die es am meisten ankommt':) die höheren Offiziere
71	καλέω **222**	
	ἀπο|καλέω	1. rufen, nennen 2. zurückberufen, abberufen
	συγ|καλέω	zusammenrufen

72	καλός **223**	
	καλὸς κἀγαθός	‚schön und zugleich gut‘ (e. Haltung, die ästhetische Werte — Schönheit, Maß, Harmonie — und ethische Werte — Sinn für das Richtige und Bereitschaft, es zu tun — in sich vereint)
	ἡ καλοκἀγαθία	die „Kalokagathie“ (nach griechischer Auffassung die bestmögliche Verfassung des Menschen, in klassischer Zeit das Ziel der griechischen Erziehung)
73	ὁ καρπός **227**	
	καρπόομαι	(Frucht aus etw. ziehen:) ausbeuten
74	τὸ κέρδος **232**	
	κερδαλέος, α, ον	gewinnbringend
75	ὁ κίνδυνος **236**	
	ἐπι|κίνδυνος, ον	gefährlich
76	ἡ εὔ|κλεια	der Ruhm
77	ἐγ|κλίνω	sich wenden (zur Flucht) (*von* κλίνω sich neigen, sich anlehnen)
	κατα|κλίνομαι	sich niederlegen, sich zu Tische legen
78	κόπτω	schlagen, zerschlagen (*vgl.* Komma (‚Einhieb‘); *Mus.* Synkope)
	κατα|κόπτω	erschlagen, töten
79	ἐπί|κουρος **247**	
	ἐπι|κουρέω	Hilfe bringen
80	ἀνα|κράζω	schreien, aufschreien
	Aor. ἀν|έκραγον	
	ἡ κραυγή	das Geschrei
81	τὸ κράτος, κρατέω **249**	
	ἐγ|κρατής, ές (τινός)	Herr über etw.; *spez.* Herr über sich selbst, maßvoll
	ἐγκρατὴς οἴνου	mäßig im (Wein-)Trinken
	ἡ ἐγκράτεια	die Selbstbeherrschung
82	κρύπτω **252**	
	ἀπο|κρύπτω	verbergen, verhehlen (*vgl.* apokryphe Schriften: ‚verborgene‘ S.; z. B. apokryphe Evangelien: in der alten Kirche vom öffentlichen Gebrauch ferngehalten)
83	λανθάνω. ἀληθής **265**	
	ἐπι|λανθάνομαι	vergessen
	Stammformen s. u.	
	ἀληθεύω	die Wahrheit sagen
84	λέγω, ὁ λόγος **266**	
	συν|ομολογέω	übereinstimmen
	(ὁμοῦ **335** + λόγος)	

ἐπι|λανθάνομαι ἐπι|λήσομαι ἐπ|ελαθόμην ἐπι|λέλησμαι

85	ὁ λῃστής **272**	
	ἡ λεία	die Beute
	λῄζομαι	Beute machen, plündern
	ἀπο|λαύω (τινός)	(‚ausbeuten‘:) etw. genießen
86	λείπω **267**	
	δια|λείπω	1. (*eigtl.* Zeit dazwischen lassen:) eine Pause machen, ausruhen 2. (*eigtl.* Raum dazwischen lassen:) entfernt sein
87	ἡ λόγχη	1. die Speerspitze 2. die Lanze, der Speer
88	λοιδορέω	beschimpfen, lästern
89	ὁ λόχος **275**	
	ὁ λοχαγός (λ. + ἄγω **7**)	der Hauptmann
90	λυμαίνομαι	schädigen, ruinieren
91	ἡ λύπη **276**	
	ἄ|λυπος, ον	(keine Unannehmlichkeiten verursachend:) angenehm
92	μανθάνω **282**	
	κατα|μανθάνω	genau begreifen
93	μείων, μεῖον	geringer
	μειόω	verringern
94	μέλει, ἡ ἐπιμέλεια **289**	
	ἐπι|μελέομαι (τινός) *od.* ἐπι|μέλομαι *Stammformen s. u.*	für etw. sorgen, sich um etw. kümmern
	ἐπιμελής, ές	sich kümmernd um, bemüht um (*z. B.* τῶν φίλων)
	ἀ|μελέω (τινός)	sich um etw. nicht kümmern, etw. vernachlässigen
	μετα|μέλει μοι	(‚mir kommt hinterher Sorge‘:) bereuen
95	μένω **293**	
	ἀνα|μένω	warten, etw. abwarten
	δια|μένω	bleiben, ausharren
96	τὸ μέρος **294**	
	ἡ μόρα	die „Mora“ (spartanische Heeresabteilung von ca. 600 Mann)
97	μεστός, ή, όν (τινός)	voll (von etw.)
98	ὁ μισθός **304**	
	ὁ μισθοφόρος (μ. + φέρω **480**)	der Söldner
99	ναί XIX	
	νή	ja (*als Antwort*), gewiß, allerdings

ἐπι|μελέομαι ἐπι|μελήσομαι ἐπ|εμελήθην

100	νέος **313**	
	ὁ νεανίσκος	der junge Mann
101	ἡ νίκη **315**	
	ἡ φιλονικία *und* ἡ φιλονεικία (*von* νεῖκος Streit)	der Wetteifer
102	ὁ νοῦς, νοέω **317**	
	προ|νοέω	(sich vorher Gedanken machen:) vorsorgen
103	ἡ νύξ **318**	
	νύκτωρ *adv.*	nachts
104	ἡ ὁδός **323**	
	ἡ πρόσ|οδος	die Einnahme; *Plur.* die Einkünfte
105	ὁ οἶκος **325**	
	οἴκοι *adv.*	zu Hause
106	οἰκτίρω	jmd. bedauern
107	ὁμοῖος, ὁμοῦ **335**	
	ὁμόσε *adv.*	an dieselbe Stelle
	ὁμόσε ἦλθον	sie stießen zusammen, wurden handgemein
108	τὸ ὄνομα **337**	
	εὐ|ώνυμος, ον	links (*eigtl.* ‚mit gutem Namen‘: beschönigender Ausdruck; Vorzeichen von links galten als unglückverheißend) (↔ δεξιός **103**)
109	ὄπισθεν XII	
	ὀψέ *adv.*	spät
110	τὸ ὅπλον. ὁπλίτης **339**	
	τὰ ὅπλα	(der Waffenplatz:) das Lager
	ὁπλίζω	bewaffnen, ausrüsten
111	ὀρθός **343**	
	ὄρθιος, α, ον	steil (L arduus)
112	ὁρμάω. ὁρμάομαι **345**	
	ἐξ|ορμάω	heraustreiben
	ἐξ|ορμάομαι	ausrücken
113	ὁ ὅρος **348**	
	τὰ ὅρια	das Grenzgebiet
114	ἡ ὀσμή	der Geruch, Duft (*Chem.* Osmose)
115	ὅσον IV	
	ὅσον εἴκοσι	ungefähr zwanzig
116	ἡ ὄψις, τὸ πρόσ|ωπον **355**	
	τὸ μέτ|ωπον	(*urspr.* die Stirn:) die Front (des Heeres)
117	τὸ ὄψον	(alles, was man zum Brot ißt:) Fleisch, Fisch, Gemüse
118	παιανίζω	den „Päan“ anstimmen (ein Schlachtgesang; vor dem Kampf an Ares, nach dem Kampf an Apollon gerichtet)

119	ὁ παῖς **357**	
	τὰ παιδικά	der geliebte Knabe, der Geliebte
120	παίω	1. schlagen (*Metrik* Ana-päst: ‚zurück-geschlagen', zurückprallend, ∪ ∪ –́)
		2. verwunden, töten
121	ὁ ἀντί|παλος	der Gegner (*von* παλαίω ringen)
122	τὸ παλτόν	der Wurfspeer
123	ὁ παράδεισος	der Park, das Tiergehege (*vgl.* Paradies)
124	πᾶς **360**	
	παμπληθής, ές (πᾶν + πλῆθος **374**)	sehr viel, sehr zahlreich
	παντάπασι(ν) *adv.*	ganz und gar, überhaupt
	παντοδαπός, ή, όν	aller Art
125	τὸ πεδίον. πεζός **363**	
	πεζῇ *adv.*	zu Fuß
	ἀνα|πηδάω	aufspringen
126	ἀνα|πετάννυμι	öffnen
127	πένης, ὁ πόνος, πονέω **368**	
	ἐκ|πονέω	1. etw. erarbeiten
		2. etw. üben (*z. B.* τὰ πρὸς τὸν πόλεμον)
	φιλόπονος, ον	(Arbeit liebend:) fleißig, eifrig
128	πέραν, ὁ πόρος, πορεύομαι **369**	
	ἡ πορεία	die Reise, der Marsch
	ὁ ἔμ|πορος	der Großkaufmann (der mit Schiffen Außenhandel betreibt)
129	πίνω, τὸ ποτόν **375**	
	τὸ ἔκ|πωμα, ατος	(‚Gerät zum Austrinken':) der Becher
130	πλάγιος, α, ον	schräg, schief, quer (*vgl.* Plagiat: geistiger Diebstahl)
	τὰ πλάγια	die Seite, Flanke
131	πλατύς, εῖα, ύ	(‹platt›:) breit, weit (*vgl.* Plateau, Platane)
132	ποιέω **385**	
	ἀντι|ποιέομαι (τινός)	1. Anspruch erheben auf etw. (*z. B.* ἀρχῆς)
		2. sich bemühen um etw. (*z. B.* ἀρετῆς, ἰσχύος)
133	πολύς **390**	
	πάμπολυς, πόλλη, πολυ	sehr viel, sehr zahlreich
	πολλαπλάσιος, α, ον	um ein vielfaches mehr bzw. größer

134	τὸ πρᾶγμα, πράττω **394**	
	δια|πράττω *und* δια|πράττομαι *und* κατα|πράττω	etw. durchsetzen, ausführen
135	πραΰς, εῖα, ΰ	freundlich, gelassen
136	πρέπει **395**	
	μεγαλοπρεπής, ές (μέγας **286** + π.)	großartig, großzügig
137	ἐπριάμην *Aor.*, *Inf.* πρίασθαι	ich kaufte, kaufen (*Name* Priamos: ‚der — aus Gefangenschaft — Losgekaufte')
138	πρότερος, πρῶτος **397**	
	πρωτεύω	die erste Stelle einnehmen, der ranghöchste sein
139	ἡ σάλπιγξ, ιγγος	die Trompete
140	τὸ σκεῦος **420**	
	συ|σκευάζομαι	zusammenpacken, sich marschfertig machen
	ὁ σκευοφόρος (σκεῦος + φέρω **480**)	der Lastträger
141	δια|σπάω	auseinanderziehen, trennen (*Med.* spastisch: krampfartig)
142	στερέω **428**	
	στέρομαι (τινός)	einer Sache beraubt sein, etw. nicht haben
143	ὁ στέφανος **429**	
	στεφανόω	bekränzen
144	ἡ στολή	die Kleidung, das Gewand (*von* στέλλω ausstatten; *vgl.* Stola)
145	ὁ στρατός, ὁ στρατηγός **431**	
	ἡ στρατηγία	(die Heerführung:) 1. das Amt des Feldherrn 2. die Kunst des Feldherrn, die Strategie
146	στρέφω **432**	
	ἀνα|στρέφομαι	1. sich umwenden 2. (‚sich wo herumtreiben':) sich wo aufhalten (*wie* L versari)
	ἀπο|στρέφω	abwenden, umkehren (*vgl.* apostrophieren: sich feierlich an jmd. wenden, jmd. f. anreden)
147	ἀπο|σφάττω	(‚abschlachten':) töten
148	ὁ σφενδονήτης, του	der Schleuderer
149	σῴζω **436**	
	σῶς, σῶν	heil, unversehrt
150	ταπεινός, ή, όν	1. niedrig, verachtet 2. unterwürfig

151	ἡ τάξις, τάττω **439**	
	ἀντι|τάττομαι	sich entgegenstellen
	εὔ|τακτος, ον	(sich gut in die Ordnung einfügend:) ordentlich, bescheiden
	ὁ ταξίαρχος (τάξις + ἄρχω **51**)	der Hauptmann (oft gleichbedeutend mit λοχαγός 4.89)
152	τείνω **442**	
	ἀνα|τείνω	1. hochheben (*z.B.* die Hand bei der Abstimmung) 2. ausdehnen, (Flügel) ausbreiten
153	τὸ τεκμήριον **444**	
	τεκμαίρομαι	vermuten, erschließen (auf Grund eines τεκμήριον)
154	τὸ τέλος, τελέω **445**	
	πολυ|τελής, ές	kostspielig, luxuriös
155	τέμνω **446**	
	ἀπο|τέμνω	abschneiden
156	τίθημι **451**	
	δια|τίθημι	1. (zurechtlegen:) ordnen 2. *mit adv.* in einen Zustand versetzen
	zu 2.: τοὺς συνόντας οὕτως διατιθέναι, ὥστε	die Anwesenden in eine solche Stimmung bringen, daß sie . . .
	⚠ δια|τίθεμαι	(etw. zur Verfügung stellen:) verkaufen
157	ἡ τιμή, τιμάω **453**	
	προ|τιμάω	höher schätzen, mehr ehren, vorziehen
	φιλότιμος, ον (φιλέω **487** + τ.)	ehrgeizig
	φιλοτιμέω	ehrgeizig sein
	ἡ φιλοτιμία	der Ehrgeiz
158	τὸ τραῦμα **457**	
	τιτρώσκω *Aor.* ἔτρωσα	verwunden
159	τρέπω **459**	
	προ|τρέπω	antreiben, anregen zu etw.
	ἡ τροπή	die Wendung, die Flucht
160	δια|τρίβω	Zeit verbringen
161	ἡ τύχη, τυγχάνω **465**	
	ἐπι|τυγχάνω (τινί)	jmd. begegnen, auf etw. treffen
162	φαίνω, φαίνομαι **475**	
	ἀνα|φαίνομαι	z. Vorschein kommen, sich zeigen
	κατα|φανής, ές	sichtbar, deutlich
163	ἡ φάλαγξ, αγγος	die „Phalanx" (bestimmte Formation, in der das Heer zur Schlacht aufgestellt wurde; meist ausgedehnte, geschlossene Front von geringer Tiefe)

164	φίλος **487**	
	φιλικός, ή, όν	freundschaftlich
165	φρονέω. σώφρων **491**	
	μέγα φρονέω	(‚groß von sich denken‘:) großtun, angeben mit etw. (*z. B.* ἐφ' ἱππικῇ mit seinen Reitkünsten)
	ἡ εὐ|φροσύνη	die Heiterkeit, die Freude, das Vergnügen
	ἡ σωφροσύνη	die Besonnenheit, Verständigkeit, Selbstbeherrschung
166	ὁ φύλαξ, φυλάττω **492**	
	δια|φυλάττω	bewachen, bewahren, erhalten
	οἱ ὀπισθοφύλακες, κων (ὄπισθεν XII + φ.)	die Nachhut
167	φύω, ἡ φυλή **493**	
	τὸ φῦλον	der Volksstamm (*Biol.* Phylo-genese: Stammesgeschichte der Lebewesen)
168	χαλεπός **494**	
	χαλεπαίνω (τινί)	(‚schwierig sein‘:) entrüstet sein, ungehalten sein über etw.
169	ὁ χαλινός	der Zaum, Zügel
170	ἡ χάρις, χαρίζομαι **496**	
	ἀ|χάριστος, ον	undankbar
171	ἡ χείρ **498**	
	ἐγ|χειρέω	Hand an etw. legen, unternehmen, versuchen
	ὑπο|χείριος, ον	(unter jmds. Hand:) unterworfen
172	ἡ χιών, χιόνος	der Schnee
173	ὠνέομαι (*Aor.* ἐπριάμην 4.137)	kaufen
174	ἡ ὥρα **512**	
	ὡραῖος, α, ον	reif, jugendlich
175	ἡ ὠφέλεια **513**	
	τὸ ὄφελος, λους	der Nutzen

5. Philosophie

1	τὸ ἀγγεῖον	das Gefäß (*Med.* Angiologie: Lehre v. d. Gefäßen)
2	ἡ ἀγορά, ἀπ|αγορεύω **5**	
	προσ|αγορεύω	anreden
3	ἀεί XIII	
	ἀΐδιος, ον	ewig
4	ὁ ἀήρ, ἀέρος	die Luft, der Dunst (*Phys.* Aerodynamik: Gasströmungslehre)
5	αἱρέομαι. διαιρέω **16**	
	ἡ αἵρεσις, σεως	die Wahl, Entscheidung für etw. (*vgl.* Häresie: Wahl eines abweichenden Bekenntnisses)
	ἡ διαίρεσις, σεως	die Zerlegung, Unterteilung (*vgl.* Diärese)
6	αἰσθάνομαι **18**	
	ἡ αἴσθησις, σεως	die sinnliche Wahrnehmung
7	ἀκριβής **24**	
	ἡ ἀκρίβεια	die Genauigkeit, Präzision
8	ἄλλος **27**	
	ἀλλοῖος, α, ον	andersartig
9	ἄξιος **39**	
	ἡ ἀξία	der Wert, die Wertschätzung
	κατ᾽ ἀξίαν	nach Verdienst
10	συν|άπτω **42**	
	προσ|άπτω	anknüpfen, anheften
11	ὁ ἄργυρος **43**	
	ἐν|αργής, ές	klar, evident
12	ἁρμόττω **48**	
	ἡ ἁρμονία	die Übereinstimmung, Harmonie
13	ἅττα *od.* ἅσσα	= ἅτινα (*Neutr. Pl. zu* ὅστις)
	ἄττα *od.* ἄσσα	= τινά *enklit.*
14	βαίνω **62**	
	ἀμφισβητέω (ἀμφί IX + β.)	(um etw. streiten:) 1. bestreiten, bezweifeln 2. behaupten
	ἡ ἀμφισβήτησις, σεως	der Streit, die Kontroverse
15	βάλλω **64**	
	προ|βάλλω	vorlegen; *spez.* ein Problem —
	τὸ πρόβλημα, ατος	(das Vorgelegte:) 1. der Schutz 2. das Problem
	ἡ ὑπερ|βολή	der Überschuß
	↔ ἡ ἔλλειψις, ψεως (ἐλλείπω **267**)	der Mangel

16 γένος, γίγνομαι.	
συγ|γενής **85**	
ἡ γένεσις, σεως	das Werden, Entstehen
	(*Theol.* ‚Genesis', ‚Schöpfungsgeschichte': 1. Buch Mose; *Biol.* Phylogenese: Entstehung der Arten)
ἡ συγγένεια	die Verwandtschaft
17 γνώμη, γιγνώσκω.	
ἀ|γνοέω **91**	
ἡ γνῶσις, σεως	die Erkenntnis, das Wissen
γνωρίζω	erkennen
γνώριμος, ον	bekannt
ἡ ἄγνοια	die Unwissenheit
18 τὸ γόνυ **92**	
τὸ τρίγωνον	das Dreieck
	(*Math.* Trigonometrie)
19 γράφω **93**	
ἡ γραμμή	die Linie
	(*spez.* in der Geometrie)
20 δείκνυμι, ἀποδείκνυμι.	
ἡ δίκη, δικάζω **100**	
ἡ ἀπόδειξις, ξεως	die Darlegung, der Beweis
	(*Phil.* apodiktische Gewißheit)
τὸ δικαστήριον	das Gericht, der Gerichtshof
21 δέχομαι, ἐνδέχομαι **107**	
ἀπο|δέχομαι	aufnehmen
καθ' ὅσον ἡ φύσις ἐνδέχεται	soweit es die Natur zuläßt
22 δέω, ὁ δεσμός **108**	
συν|δέω	verbinden
	(*Stil.* asyndetisch: ohne Bindewort)
ὁ σύνδεσμος	die Verbindung
23 δίδωμι **113**	
ἐπι|δίδωμι	zunehmen
ἡ ἐπίδοσις, σεως	die Zunahme
24 τὸ ἔθος, τὸ ἦθος **130**	
εὐ|ήθης, ές	(von guter Art:)
	1. einfach, unverdorben
	2. einfältig, töricht
25 ἡ εἰκών, εἰκώς **133**	
ἐπι|εικής, ές	passend, in Ordnung
26 εἰμί (*Inf.* εἶναι) **134**	
ἡ οὐσία	1. (das ‚Reelle':) das Vermögen
	2. das Sein, das bleibende Wesen
	(↔ γένεσις καὶ φθορά)
27 ἐλέγχω **142**	
ὁ ἔλεγχος	1. die Untersuchung, Prüfung
	2. die Widerlegung

28	τὸ ἔργον. ἐργάζομαι **153**	
	ἡ ἐργασία	die Herstellung, Anfertigung
	ὁ δημιουργός (ὁ δῆμος **110** + ἐργ.)	1. (der nicht bloß für den Eigenbedarf, sondern f. d. Gemeinschaft arbeitet:) der Handwerker 2. der Schöpfer (des Weltalls)
	δημιουργέω	1. schaffen, handwerklich tätig sein 2. erschaffen
29	ἔχω **169**	
	ἡ ἕξις, ἕξεως	der Zustand (*vgl.* hektisch: urspr. ‚chronisch leidend', spez. an Schwindsucht)
	ἑξῆς *und* ἐφ|εξῆς *adv.*	der Reihe nach
30	ἥμερος, ον (↔ ἄγριος)	1. (von Tieren:) zahm 2. (von Menschen:) kultiviert
31	ἠρέμα *adv.*	ruhig (↔ σφόδρα XV)
	ἠρεμέω	sich ruhig verhalten
32	θεάομαι, θεωρέω **192**	
	ἡ θεωρία	(*urspr.* Zusehen bei e. kultischen Fest:) 1. die Festgesandtschaft (*z.B.* zum Apollonfest in Delos) 2. die Betrachtung, Theorie (↔ πρᾶξις)
33	τὸ θέρος. θερμός **195**	
	ἡ θερμότης, ητος	die Wärme
34	ὁ θυμός, ἐπι|θυμέω **203**	
	ἐπιθυμητικός, όν	die Begierden betreffend
	Subst. τὸ ἐπιθυμητικόν	das Begehren (bei Platon: niedrigste Seelenfunktion, ↔ λογιστικόν)
35	ὁ ἰατρός **207**	
	ἰατρεύω	Arzt sein; (τινά) jmd. ärztlich behandeln
	ἰατρικός, ή, όν	ärztlich
	Subst. ἡ ἰατρική (*eigtl.* τέχνη)	die ärztliche Kunst
36	ἴσος **213**	
	ἡ ἰσότης, ητος	die Gleichheit
37	ἵστημι, καθίστημι **214**	
	ἡ κατάστασις, σεως	1. die Einsetzung (eines Beamten) 2. die Einrichtung, die Institution
	ἡ σύ|στασις, σεως	die Zusammenstellung, Verbindung, Ordnung
38	καθαρός **217**	
	καθαίρω	reinigen
	ἡ κάθαρσις, σεως	die Reinigung
39	κακός **221**	
	ἡ κακία	die Schlechtigkeit (von Dingen oder Menschen)

40	κεράννυμι	mischen
	Pf. Pass. κέκραμαι	
	ἡ κρᾶσις, σεως	die Mischung (*Med.* Idio-synkrasie: ‚eigentüml. Mischung' = persönliche Abneigung gegen etw.)
	ἄ|κρατος, ον	ungemischt (*z.B.* Wein) (*neugriech.* κρασί: Wein)
41	κεῖμαι **228**	
	ὑπό|κειμαι	zugrundeliegen
42	ἡ κεφαλή **233**	
	τὸ κεφάλαιον	die Hauptsache
43	κινέω **237**	
	ἡ κίνησις, σεως	die Bewegung, Veränderung (*spez.* das In-sich-bewegt-Sein, *vgl.* ἡ φορά 5.89)
	ἀ|κίνητος, ον	1. regungslos 2. unveränderlich
44	τὸ κράτος **249**	
	ἡ ἀριστοκρατία (ἄριστος **44** + κ.)	(die Herrschaft der Besten:) die Adelsherrschaft, Aristokratie
45	λαμβάνω **263**	
	δια|λαμβάνω	(auseinandernehmen:) einteilen, unterscheiden
	μετα|λαμβάνω (τινός)	an etw. teilnehmen, Anteil nehmen
	περι|λαμβάνω	umfassen, (gedanklich) erfassen
46	ἀπο|λαύω (τινός)	etw. genießen
	ἡ ἀπόλαυσις, σεως	der Genuß
47	λέγω. διαλέγομαι. ὁ λόγος **266**	
	ἡ λέξις, λέξεως	der (sprachliche) Ausdruck, die Sprechweise (*vgl.* Lexikon)
	διαλεκτικός, ή, όν	geschickt im Disputieren bzw. Denken
	Subst. ἡ διαλεκτική (*eigtl.* τέχνη)	die Dialektik: Kunst der Disputation und des logischen Denkens
	ἄ|λογος, ον	ohne vernünftige Begründung
	λογιστικός, ή, όν	vernünftig (*vgl.* Logistik)
	Subst. ἡ λογιστική (*eigtl.* τέχνη)	(praktische) Rechenfertigkeit (↔ ἡ ἀριθμητική)
	Subst. τὸ λογιστικόν	der Verstand (bei Platon die höchste Seelenfunktion, ↔ τὸ ἐπιθυμητικόν)
48	λεῖος, α, ον	glatt, eben (L levis)
49	μανθάνω **282**	
	τὸ μάθημα, ατος	der Lerngegenstand, die Wissenschaft
	ἡ μάθησις, σεως	das Studium, die Erkenntnis
	ὁ μαθητής, τοῦ	der Lernende, Schüler, Student
50	μένω **293**	
	μόνιμος, ον	bleibend, beständig

51	τὸ μέρος **294**	
	τὸ μόριον	das Teilchen
52	τὸ μέτρον **296**	
	μετρέω	messen
	σύμ|μετρος, ον	angemessen, übereinstimmend
	ἡ συμμετρία	die Angemessenheit, Übereinstimmung
53	μιμέομαι **302**	
	ἡ μίμησις, σεως	die Nachahmung
54	μουσικός, ή, όν	1. die Musen betreffend 2. geistig gebildet
	Subst. ἡ μουσική (*eigtl.* τέχνη)	1. die Musik 2. die musisch-geistige Bildung
55	μοχθηρός, ά, όν	schlecht, minderwertig
	ἡ μοχθηρία	die Schlechtigkeit, Minderwertigkeit
56	νέμω, ὁ νόμος **312**	
	νομοθετέω (νόμος + τίθημι **451**)	Gesetze geben
	ἡ νομοθεσία	die Gesetzgebung
	ὁ νομοθέτης, του	der Gesetzgeber
	τὸ νόμισμα, ατος	die Münze (*vgl.* Numismatik: Münzkunde)
57	τὸ νεῦρον	die Sehne (L nervus; *vgl.* Nerv; *Med.* Neurologie)
58	ξένος **320**	
	ξενικός, ή, όν	fremd, ausländisch
59	ξηρός, ά, όν	trocken
60	ἡ ὁδός **323**	
	ἡ μέθ|οδος	(Weg zu etw.:) der Weg, die Methode
61	ὁ οἶκος **325**	
	δι|οικέω	verwalten, regieren
	ἡ διοίκησις, σεως	die Verwaltung, Regierung (*vgl.* Diözese)
62	ὅμοιος. ὁμοῦ **335**	
	ἡ ὁμοιότης, ητος	die Gleichheit, Ähnlichkeit
63	ὁρμάω **345**	
	ἡ ὁρμή	der Trieb, die Begierde (*wie* ἐπιθυμία, jedoch nicht abwertend!)
64	ὁ ὅρος, ὁρίζω **348**	
	ἀφ|ορίζω *und* δι|ορίζω	(abgrenzen:) 1. trennen, unterscheiden 2. definieren (*vgl.* Aphorismus: knapper Ausspruch, bestimmt und bestimmend)
65	ἡ παροιμία	das Sprichwort, die Redensart
66	τὸ πεδίον **363**	
	ἐπί|πεδος, ον	eben, flach
	Subst. ἡ ἐπίπεδος	die Ebene, Fläche (auch i. d. Geometrie)

67	πείθω **364**	
	πιθανός, ή, όν	überzeugend, glaubwürdig
68	πέραν, ἄπειρος.	
	ὁ πόρος, ἄπορος **369**	
	τὸ πέρας, ατος	die Begrenzung, der Abschluß
	εὐ|πορέω (↔ ἀπορέω)	gut können, gut in der Lage sein
	εὐπορῶ ἀποκρίνασθαι.	Ich bin gut imstande zu antworten.
69	πήγνυμαι	fest werden, gefrieren
	Aor. ἐπάγην.	(*neugriech.* παγωτό Speiseeis)
	Pf. πέπηγα	
70	πλάττω	formen, herstellen
	Aor. ἔπλασα	(*vgl.* Plastik, plastisch)
71	συμ|πλέκω	verknüpfen (*vgl.* ‹flechten›)
	ἡ συμπλοκή	die Verknüpfung
72	ποιέω **385**	
	τὸ ποίημα, ατος	1. das Produkt 2. *spez.* das Gedicht
	ἡ ποίησις, σεως	1. die produktive Tätigkeit 2. die Dichtung, Poesie
	ὁ ποιητής, τοῦ	1. der Schöpfer; 2. der Dichter
	ποιητικός, ή, όν	1. schöpferisch, produktiv 2. dichterisch
73	ῥέω **407**	
	τὸ ῥεῦμα, ατος	das Fließen, die Strömung (*Med.* Rheuma)
	ὁ ῥυθμός	die Bewegung, der Ablauf (*spez.* der taktmäßig geordnete, der Rhythmus)
74	ἐρρήθην *Aor. Pass.* (λέγω) **266**	
	ὁ ῥήτωρ, τορος	der Redner, Rhetor
	ῥητορικός, ή, όν	1. die Redekunst betreffend 2. redegewandt
	Subst. ἡ ῥητορική (*eigtl.* τέχνη)	die Redekunst
75	σκέπτομαι **419**	
	ἡ σκέψις, ψεως	die Betrachtung, Überlegung, Prüfung (*vgl.* Skepsis)
76	σοφός, ἡ σοφία **424**	
	ὁ σοφιστής, τοῦ	der Sophist
	σοφιστικός, ή, όν	sophistisch
	ὁ φιλόσοφος	(der nach Erkenntnis Strebende:)
	(φίλος **487** + σ.)	der Philosoph
	φιλοσοφέω	Philosoph sein
	ἡ φιλοσοφία	die Philosophie
77	τὸ στοιχεῖον	1. der Buchstabe 2. *allg.* das Element (aus dem etw. zusammengesetzt ist) (*Chem.* Stöchiometrie: Rechnen mit Atomgewichten)

78 στοχάζομαι (τινός)	1. nach etw. streben, etw. zum Ziel nehmen 2. (gedanklich auf etw. zielen:) vermuten
79 στρέφω **432**	
ἀντί|στροφος, ον	entsprechend, das Gegenstück
ἡ μουσικὴ ἀντίστροφος τῆς γυμναστικῆς.	Die musische Bildung ist das Gegenstück der gymnastischen.
80 τείνω **442**	
συν|τείνω	anspannen, sich anstrengen (*wie* L contendere)
— πρός τι *od.* εἴς τι	auf etw. hinzielen
τάδε πάντα εἰς ταὐτὸν συντείνει.	Das zielt alles auf ein und dasselbe.
81 τὸ τέλος **445**	
ἀ|τελής, ές	unbeendet, unvollendet
82 ἡ τέχνη **448**	
τεχνικός, ή, όν	fachmännisch
83 τίθημι **451**	
συν|τίθημι	zusammensetzen
ἡ θέσις, σεως	(die ‚Setzung‘:) 1. die Anordnung, Aufstellung (*z. B.* der Steine beim Spiel) 2. die These
ἡ διά|θεσις, σεως	1. die Anordnung, Aufstellung 2. der Zustand (*Med.* Diathese: Anlagemäßige Anfälligkeit für e. Krankheit)
ἡ ὑπό|θεσις, σεως	die Annahme, Hypothese
84 ἡ τιμή, τιμάω **453**	
τὸ τίμημα, ατος	die Einschätzung
85 ὁ τόπος **456**	
ἄ|τοπος, ον	(‚nicht am Platze‘:) 1. sonderbar 2. verkehrt, unsinnig
86 δια|τρίβω	Zeit verbringen
ἡ διατριβή	der Zeitvertreib, die Beschäftigung; *spez.* der philosoph. Lehrvortrag
87 ὁ τύραννος **463**	
τυραννικός, ή, όν	tyrannisch
88 ὑγιαίνω **467**	
ὑγιής, ές	1. gesund 2. *übertr.* richtig, wahr, plausibel
οὐδὲν ὑγιὲς λέγεις οὐδ' ἀληθινόν.	Du sagst nichts Richtiges noch Wahres.
ἡ ὑγίεια	die Gesundheit
ὑγιεινός, ή, όν	gesund (*im Sinne von:* der Gesundheit zuträglich, *wie* L saluber)

89 φέρω, φορέω **480**	
ἡ φορά	die Bewegung (das Im-Raume-bewegt-Werden)
φορτικός, ή, όν	lästig
90 φθείρω **484**	
ἡ φθορά	die Vernichtung, das Hinschwinden, Vergehen (↔ γένεσις 5.16)
91 φρονέω **491**	
ἡ φρόνησις, σεως	das Denken, die Einsicht
92 φύω, φύομαι **493**	
εὐ|φυής, ές	(von der Natur gut ausgestattet:) begabt
τὸ φυτόν	(das Gewachsene:) die Pflanze (*Bot.* Phyto-pathologie: Lehre von den Krankheiten der Pflanzen)
σύμ|φυτος, ον	angeboren
93 ἡ φωνή **494**	
σύμ|φωνος, ον	übereinstimmend
συμφωνέω	übereinstimmen
ἡ συμφωνία	die Übereinstimmung (*Mus.* Symphonie)
94 ἡ χείρ, ἐπιχειρέω **498**	
δυσ|χεραίνω	ungehalten sein über etw., zornig sein
95 τὸ χρῶμα, ατος	die Farbe (*vgl.* Chrom; *Biol.* Chromosom; *Mus.* Chromatik)
96 ἡ χώρα, χωρέω **504**	
ἐγ|χωρεῖ	es ist möglich, es ist erlaubt
ἐγχωρεῖ εἰσελθεῖν.	Es ist erlaubt einzutreten.
97 ἡ ψυχή. ψυχρός **509**	
ἔμ|ψυχος, ον	beseelt, belebt
ψύχω	1. kalt sein 2. kalt werden
98 ἡ ᾠδή (ᾄδω) **10**	
ἡ τραγῳδία	die Tragödie (*wahrsch. von* τράγος Bock: ‚Gesang des in Ziegenfelle gehüllten Chors' bei dörflichen Festumzügen)

6. Platon

Sprachliche Besonderheiten

Folgende aus dem Grundwortschatz bekannte Wörter erscheinen bei Platon in etwas veränderter Gestalt, aber mit gleicher Bedeutung:

Platon	*GWS*
θαυμάσιος, α, ον	θαυμαστός
μαλθακός, ή, όν	μαλακός
ἔμ|μετρος, ον	μέτριος
τὸ νόσημα	ἡ νόσος
φλαῦρος, α, ον	φαῦλος
δια|κελεύομαι	παρα|κελεύομαι
δι|όλλυμι	ἀπ|όλλυμι

Platon gebraucht oft Verba composita, bei denen das Präfix nur die Bedeutung des Verbum simplex noch unterstreicht,
z. B. συγ|κεράννυμι (*eigtl.* zusammenmischen) = mischen
ἀπο|κρύπτω (*eigtl.* ‚wegverbergen‘) = verbergen

Ähnlich:

Platon	*GWS*
ἐξ|αγγέλλω	ἀγγέλλω
ἐπ|ακολουθέω *und*	
συν|ακολουθέω	ἀκολουθέω
ἐξ|αμαρτάνω	ἁμαρτάνω
ἐξ|αρκέω	ἀρκέω
παρα|δέχομαι	δέχομαι
μετα|διώκω	διώκω
ὑπ|είκω	εἴκω
ἐξ|ελέγχω	ἐλέγχω
συν|έπομαι	ἕπομαι
δια|κοσμέω	κοσμέω
δια|κωλύω	κωλύω
περι|μένω	μένω
ἀπο|νέμω *und*	
δια|νέμω	νέμω
δι|ομολογέομαι *und*	
συν|ομολογέω	ὁμολογέω
ἐπ|ονομάζω	ὀνομάζω
δια|περαίνω	περαίνω
ἐμ|πίμπλημι	πίμπλημι
ἐκ|πορίζω	πορίζω
ἀπο|τίνω *und*	
ἐκ|τίνω	τίνω
ἀπο|φαίνομαι	φαίνομαι
κατα|χρήομαι	χρήομαι

Ebenso bei Adjektiven:

	κατά|δηλος	δῆλος
	ἐπί|λοιπος	λοιπός

1	ἄγαμαι *Aor.* ἠγάσθην	1. bewundern 2. billigen, gutheißen
2	ἀγανακτέω	sich ärgern, ungehalten sein
3	ἀγαπάω **3**	
	ἀγαπητός, ή, όν	1. erwünscht, lieb 2. zufriedenstellend
	zu 2.: ἀλλ' ἀγαπητὸν καὶ τοῦτο	aber auch damit kann man zufrieden sein
4	ἀγγέλλω **4**	
	ἐπ|αγγέλλομαι	ankündigen; *spez.* etw. als sein Fach angeben (in dem man — z. B. ein Sophist — Unterricht erteilt; *entspr.* L profiteri, *davon* Professor)
5	κατ|άγνυμι	zerbrechen, zerschmettern
6	ὁ ἀγρός **6**	
	ἄγροικος, ον	(*eigtl.* ländlich:) roh, unkultiviert, inhuman
7	ἄγω **7**	
	ἄγε	(*bei Aufforderung:*) auf! los!
	δι|άγω	(die Zeit) verbringen
	ἡ ἀγέλη	die Herde
8	ὁ ἀγών **8**	
	ἡ ἀγωνία	der Kampf, Wettstreit (*Med.* Agonie: Todeskampf des Organismus)
9	ᾄδω **10**	
	ἐπ|ᾄδω	(*urspr.* durch Gesänge behexen:) verführen, irrational beeinflussen (*wie* κηλέω 6.114)
10	τὸ ἆθλον **11**	
	ὁ ἀθλητής, τοῦ	der Wettkämpfer, Athlet
11	ἀθρέω	sorgfältig beobachten (optisch und geistig)
12	αἰνίττομαι	(rätselhaft sprechen:) andeuten, zu verstehen geben (*vgl.* E enigmatic: rätselhaft)
13	αἰσθάνομαι **18**	
	αἰσθητός, ή, όν	sinnlich wahrnehmbar (↔ νοητός 6.151)
14	ἐπ|αΐω (τινός *od.* περί τινος)	etw. von einer Sache verstehen
	ὁ ἐπαΐων, οντος	der Fachmann (↔ ἰδιώτης)

15	ἀκολουθέω **22**	
	ἀκόλουθος, ον	aus etw. folgend, hervorgehend; *Subst.* der Begleiter
	ταῦτα ἀκόλουθά ἐστιν τοῖς σοῖς λόγοις.	Das folgt aus deinen Worten.
16	ἄκρος **25**	
	ἀκροάομαι (τινός) (ἄκρος + οὖς **352**)	jmd. zuhören (*wie* „die Ohren spitzen")
17	ἀλγέω	Schmerzen haben (*Med.* Neur-algie)
	ἀλγεινός, ή, όν	schmerzhaft (↔ ἡδύς)
	ἡ ἀλγηδών, δόνος	der Schmerz
18	ἄλλος. ἀπ|αλλάττω **27**. ἀλλοῖος 5.8	
	ἀλλάττω *und* ἀλλοιόω	ändern
	ἡ ἀπαλλαγή	1. der Weggang, die Trennung 2. die Befreiung
19	ἡ ἅμιλλα **32**	
	ἁμιλλάομαι	wetteifern
20	ἀνιαρός, ά, όν	lästig, unangenehm
21	ἀντίος **38**	
	τοὐναντίον	1. das Gegenteil; 2. *adv.* im Gegent.
22	ἄξιος **39**	
	ἀν|άξιος, ον	unwürdig
23	ἁπαλός, ή, όν	zart, jung
24	ἅπτομαι **42**	
	ἐφ|άπτομαι (τινός)	etw. berühren, zu fassen bekommen
25	ὁ ἀριθμός **45**	
	ἀριθμητικός, ή, όν	zahlenkundig
	Subst. ἡ ἀριθμητική (*eigtl.* τέχνη)	die Wissenschaft von den Zahlen, die Zahlentheorie (↔ λογιστική 5.47)
26	ἄρχω, ἡ ἀρχή **51**	
	ἀρχήν *oder* τὴν ἀρχήν *adv.*	von vornherein
27	ἀσκέω **52**	
	ἡ ἄσκησις, σεως	die Übung (*vgl.* Askese)
28	αὖθις XIII	
	εἰσ|αῦθις *adv.*	ein andermal, später
29	τὰ ἀφροδίσια	die Gaben der Aphrodite, die geschlechtliche Liebe
30	βαίνω **62**	
	μετα|βαίνω	in einen anderen Zustand übergehen
	ἡ βάσις, σεως	(*eigtl.* worauf man tritt:) die Grundlage, die Basis
31	βάλλω. διαβάλλω **64**	
	παρα|βάλλω	1. hinwerfen, hinlegen 2. nebeneinanderstellen, vergleichen
	ἡ διαβολή	die Verleumdung

32	ἡ βάσανος	die Prüfung, der Test
	βασανίζω	prüfen, testen
33	τὸ βιβλίον	das Buch (*eigtl. Deminutiv*: Büchlein) (*vgl.* Bibliothek; Bibel)
34	ὁ βίος **71**	
	βιόω	leben (*Biol.* Symbiose)
	Fut. βιώσομαι.	
	Aor. ἐβίων	
35	βλάπτω **72**	
	ἡ βλάβη	der Schaden
	βλαβερός, ά, όν	schädlich
	ἀ|βλαβής, ές	1. unschädlich 2. unbeschädigt, unversehrt
36	βλέπω **73**	
	ἀπο|βλέπω	auf etw. hinsehen
	εἴς τι *od.* πρός τι	
	— εἰς τὰς τῶν ἄστρων φοράς	auf die Bewegungen der Gestirne sehen
37	ἡ βουλή, βουλεύομαι **76**	
	ὁ σύμ|βουλος	(der Mitberatende:) der Ratgeber
38	βραδύς **79**	
	ἡ βραδυτής, ῆτος	die Langsamkeit
39	ὁ γείτων, τονος	der Nachbar
40	γελάω **84**	
	κατα|γελάω (τινός)	über jmd. lachen, jmd. auslachen
	καταγέλαστος, ον	lächerlich
41	γέμω (τινός)	voll sein von etw.
	τὰ ᾿Αναξαγόρου βιβλία γέμει τούτων τῶν λόγων.	Die Bücher des Anaxagoras sind voll von diesen Reden.
42	τὸ γένος, γίγνομαι **85**	
	τρία ἔτη γεγονώς (*Part. Pf.*)	drei Jahre alt
	συγ|γίγνομαι	zusammenkommen, zusammensein
	γνήσιος, α, ον	ehelich geboren, echt
43	ἡ γνώμη, γιγνώσκω **91**	
	δια|γιγνώσκω	gedanklich auseinanderhalten, unterscheiden (*Med.* Diagnose)
	κατα|γιγνώσκω(τινός)	1. kennenlernen, erkennen 2. über etw. urteilen
	συγ|γιγνώσκω	verstehen, verzeihen
	ἡ συγγνώμη	das Verständnis, die Verzeihung
44	τὸ γόνυ **92**	
	ἡ γωνία	die Ecke, der Winkel (*Math.* Trigonometrie, polygonal usw.)

45 γράφω **93**	
γράφομαι (τινά)	jmd. gerichtlich anklagen
ὁ γραμματιστής, τοῦ	der Sprach- und Schreiblehrer
τὸ σύγ|γραμμα	die Schrift, das Buch
ὁ ζωγράφος	(‚der nach dem Leben zeichnet‘:)
(ζήω **173** + γράφω)	der Maler
46 γυμνός, γυμνάζω **94**	
γυμναστικός, ή, όν	die körperliche Übung betreffend
Subst. ἡ γυμναστική	die körperl. Übung und Erziehung
(*eigtl.* τέχνη)	(↔ ἡ μουσική 5.54)
τὸ γυμνάσιον	das Gymnasion (Übungs- und Disputationsstätte für junge Leute)
47 ἡ γυνή **95**	
γυναικεῖος, α, ον	1. weiblich; 2. (weibisch:) unmännlich
48 ὁ δαίμων, εὐ|δαίμων **96**	
εὐδαιμονέω	glücklich sein
49 δείδω, δειλός **99**	
ἡ δειλία	die Furchtsamkeit, Feigheit
50 δείκνυμι. δίκη, ἀδικέω **100**	
ἐν|δείκνυμαι	beweisen
τὸ ἀδίκημα, ατος	die unrechte Handlung, das Unrecht
51 δέομαι **104**	
δέω (τινός)	Mangel haben an etw.
πολλοῦ δέω τοιαῦτα εἰπεῖν.	(Es fehlt viel, daß ich so etwas sage:) Ich denke nicht daran, so etwas zu sagen.
52 δέω, ὁ δεσμός **108**	
τὸ δεσμωτήριον	das Gefängnis
53 δῆλος **109**	
δηλον|ότι *adv.*	(‚es ist klar, daß ...‘:) offenbar, selbstverständlich
54 ὁ δῆμος **110**	
ἀπο|δημέω	außer Landes sein bzw. gehen
ἐπι|δημέω	im Lande sein (*vgl.* Epidemie)
55 διδάσκω **112**	
ἡ διδαχή	die Lehre, der Unterricht
56 δίδωμι **113**	
ἀπο|δίδομαι	hergeben, verkaufen
Aor. ἀπ|εδόμην	
μετα|δίδωμι (τινί τινος)	jmd. einen Anteil geben an etw.
57 διπλοῦς VI	
διπλάσιος, α, ον	‹doppelt›, zweifach
58 διψήω **114**	
ἡ δίψα	der Durst
59 δοκέω. δοκεῖ. εὐδοκιμέω **116**	
δοκῶ μοι	(‚ich komme mir vor ...‘:) ich meine, daß ich ...
δοκῶ μοι ἀδύνατος εἶναι	ich glaube nicht in der Lage zu sein

▷

	συν|δοκεῖ (*z. B.* μοι)	es erscheint auch (mir) richtig, es ist auch (meine) Meinung
	τὸ δόγμα, ατος	die Meinung (*vgl.* Dogma: festgelegte Lehrmeinung)
	εὔδόκιμος, ον	angesehen
60	ἡ δραχμή	die Drachme (Gewichts-, Münzeinheit)
61	δράω **120**	
	τὸ δρᾶμα, ατος	(die Handlung:) 1. das Geschäft; 2. das Schauspiel
62	ἐν|δύομαι **123**	
	δύομαι	versinken, eintauchen, untergehen
	Aor. ἔδυν	
63	δύσκολος, ον	schwierig, mürrisch, unbequem
64	ἐγείρω **126**	
	ἐγείρομαι	aufwachen
	Pf. ἐγρήγορα	ich bin wach
65	τὸ ἐγκώμιον	die Lobrede, Verherrlichung
	ἐγκωμιάζω	verherrlichen
66	ἡ ἐδωδή	das ‹Essen›, die Speise (L. edere)
67	τὸ ἔθος, τὸ ἦθος **130**	
	ἀ|ήθης, ες	ungewohnt
68	τὸ εἶδος **131**	
	ἀ|ειδής, ές	unsichtbar
	τὸ εἴδωλον	das Abbild, Trugbild (*vgl.* Idol)
69	εἶεν	*etwa wie* ἄγε, *im Dialog als Überleitung zu einem neuen Gedanken:* gut, also!
70	ἡ εἰκών, εἰκάζω. εἰκώς **133**	
	ἀπ|εικάζω	1. abbilden, darstellen 2. vergleichen (τινί mit etw.)
	εἰκῇ *adv.*	aus dem Stegreif, aufs Geratewohl
71	εἵμαρται	es ist vom Schicksal bestimmt
72	εἰμί (*Inf.* εἶναι) **134**	
	μέτ|εστι (*z. B.* μοί τινος)	ich habe Anteil an etwas
	πρόσ|ειμι	dasein, dabeisein
	τῷ ὄντι *adv. und* ὄντως *adv.*	wirklich, tatsächlich (*Phil.* Ontologie: Seinslehre)
73	ἕκαστος **138**	
	ἑκάστοτε *adv.* (ἑ. + ὅτε XIII)	jedesmal
74	ἑκών, ἄκων **139**	
	ἑκούσιος, ον	freiwillig, gern
	ἀκούσιος, ον	unfreiwillig, ungern
75	ἐλεύθερος **144**	
	ἀν|ελεύθερος, ον	(nicht nach Art eines Freien:) kleinlich, unehrenhaft
76	ἔνδον XII	
	ἔνδοθεν *adv.*	von innen

77	ἔνιοι VI	
	ἐνίοτε *adv.*	manchmal
78	ἐξετάζω	prüfen
79	ἐπιτήδειος **149**	
	ἐπιτηδεύω (τι)	sich mit etwas beschäftigen (nachhaltig und quasi berufsmäßig)
	τὸ ἐπιτήδευμα, ατος	die Beschäftigung
80	ἐράω, ὁ ἔρως **152**	
	ὁ ἐραστής, τοῦ	der Liebhaber, der Verliebte
	ἐρωτικός, ή, όν	den Eros betreffend, erotisch
81	τὸ ἔργον, ἐργάζομαι. ὁ γεωργός **153**	
	ἀπ|εργάζομαι	(ausarbeiten:) herstellen, machen
	ἀργός, όν (< α-εργος)	untätig, träge
	ἡ ἀργία	die Untätigkeit, Trägheit
	εὐ|εργετέω (τινά)	jmd. Gutes tun; *z.B.* τὴν πόλιν — sich um den Staat verdient machen, etw. für den Staat leisten
	ἡ εὐεργεσία	die Wohltat
	κακοῦργος, ον	(übeltuend:) verbrecherisch
	πάρ|εργος, ον	nebensächlich, beiläufig
	ἡ γεωργία	die Landwirtschaft
82	ὁ ἑρμηνεύς, *νέως*	der Erklärer, Dolmetscher (*vgl.* Hermeneutik: Kunst der Auslegung und Ausdeutung)
83	ἐρωτάω **157**	
	ἐπαν|ερωτάω	nochmals fragen
	τὸ ἐρώτημα, ατος *und* ἡ ἐρώτησις, σεως	die Frage
84	ἑστιάω (τινά)	jmd. bewirten
85	εὑρίσκω **165**	
	ἀν|ευρίσκω	auffinden, ausfindig machen
86	ἡ ἔχθρα, ἐχθρός **168**	
	ἀπ|εχθάνομαι (τινί)	von jmd. angefeindet werden
87	ἔχω, ἐχόμενος. ἰσχυρός. τὸ σχῆμα. ἡ σχολή **169**	
	ἔχομαι (τινός)	(sich festhalten an etw.:) sich anschließen an etw.
	καὶ ἄλλα ἃ τούτων ἔχεται	und anderes, das damit zusammenhängt
	πλεονεκτέω (τινός) (πλέον **390** + ἔχω)	1. mehr haben (von etw.), im Vorteil sein (vor jmd.) 2. jmd. übervorteilen
	δι|ισχυρίζομαι	nachdrücklich versichern, behaupten
	εὐ|σχήμων, ον	(von schöner Gestalt:) schön
	ἡ ἀ|σχολία	die Beschäftigung, Arbeit (*wie* L neg-otium)

<table>
<tr><td>88</td><td>ζητέω 172</td><td></td></tr>
<tr><td></td><td>ἡ ζήτησις, σεως</td><td>die Untersuchung</td></tr>
<tr><td>89</td><td>ἡγέομαι 175</td><td></td></tr>
<tr><td></td><td>δι|ηγέομαι</td><td>ein Thema ausführen, etw. darstellen, erzählen</td></tr>
<tr><td></td><td>ἡ διήγησις, σεως</td><td>die Ausführung, Darstellung, Erzählung</td></tr>
<tr><td></td><td>ὑφ|ηγέομαι</td><td>führen, Anleitung geben</td></tr>
<tr><td>90</td><td>ἥδομαι 176</td><td></td></tr>
<tr><td></td><td>ἀ|ηδής, ές
(↔ ἡδύς)</td><td>unerfreulich, unangenehm</td></tr>
<tr><td>91</td><td>ἡ ἡλικία 178</td><td></td></tr>
<tr><td></td><td>τηλικοῦτος, αύτη, οῦτο
(ἡ. + οὗτος IV)</td><td>1. so alt
2. so groß, so bedeutend</td></tr>
<tr><td>92</td><td>ἥμερος 5.30</td><td></td></tr>
<tr><td></td><td>ἡμερόω</td><td>zähmen</td></tr>
<tr><td>93</td><td>ἠμί</td><td>sag' ich (im referierten Gespräch)</td></tr>
<tr><td></td><td>Imperf. ἦν δ' ἐγώ</td><td>sagte ich</td></tr>
<tr><td></td><td>Imperf. ἦ δ' ὅς</td><td>sagte er</td></tr>
<tr><td>94</td><td>ὁ θάνατος, ἀ|θάνατος 188</td><td></td></tr>
<tr><td></td><td>ἡ ἀθανασία</td><td>die Unsterblichkeit
(Name Athanasius)</td></tr>
<tr><td>95</td><td>θαρρέω 190</td><td></td></tr>
<tr><td></td><td>θαρραλέος, α, ον</td><td>1. (von Personen:) mutig, zuversichtlich
2. (von Sachen:) was man wagen kann oder soll</td></tr>
<tr><td></td><td>ἡ θρασύτης, ητος</td><td>der Mut, die Kühnheit</td></tr>
<tr><td>96</td><td>θαυμάζω 191</td><td></td></tr>
<tr><td></td><td>τὸ θαῦμα, ατος</td><td>1. die Verwunderung, das Staunen
2. (Gegenstand des St.:) das Wunder</td></tr>
<tr><td>97</td><td>θεάομαι 192</td><td></td></tr>
<tr><td></td><td>ἡ θέα</td><td>die Betrachtung (optisch und geistig)</td></tr>
<tr><td></td><td>τὸ θέατρον</td><td>das Theater</td></tr>
<tr><td>98</td><td>ὁ θεός 193</td><td></td></tr>
<tr><td></td><td>ἔν|θεος, ον</td><td>gotterfüllt, begeistert</td></tr>
<tr><td></td><td>ἐνθουσιάζω</td><td>gotterfüllt sein, begeistert sein
(vgl. enthusiastisch)</td></tr>
<tr><td></td><td>θεοφιλής, ές
(θεός + φίλος 487)</td><td>von Gott geliebt</td></tr>
<tr><td>99</td><td>ὁ θεράπων 194</td><td></td></tr>
<tr><td></td><td>ἡ θεραπεία</td><td>der Dienst an einer Sache, die Pflege
(Med. Therapie)</td></tr>
<tr><td>100</td><td>τὸ θηρίον, θηράω 198</td><td></td></tr>
<tr><td></td><td>ἡ θήρα</td><td>die Jagd</td></tr>
<tr><td>101</td><td>ὁ θόρυβος</td><td>der Lärm, die Unruhe</td></tr>
<tr><td></td><td>θορυβέω</td><td>lärmen, unruhig sein</td></tr>
</table>

102	ὁ θυμός **203**	
	θυμοειδής, ές	(nach Art des θυμός:) mutig, tatkräftig, engagiert
	Subst. τὸ θυμοειδές	der Mut, die Tatkraft, die Fähigkeit zum emotionalen Engagement (mittlere Seelenfunktion zwischen λογιστικόν und ἐπιθυμητικόν)
	θυμόομαι	zornig sein
103	ὁ ἰατρός **207**	
	ἰάομαι	heilen
104	ἰέναι (εἶμι) **135**	
	ἐπαν|ιέναι *Aor.* ἐπαν|ῆλθον	zurückkehren
105	ἵλεως, ων	wohlwollend, freundlich
106	ὁ ἵππος **212**	
	ἱππικός, ή, όν	1. Pferde betreffend (*z.B.* ἱππικὸς ἀγών Pferderennen) 2. etwas von Pferden verstehend
	Subst. ἡ ἱππική (*eigtl.* τέχνη)	die Kunst, mit Pferden umzugehen
107	ἵστημι. ἐφίστημι. συνίσταμαι. ἐπίσταμαι **214**	
	ἐπι|στατέω (τινί)	zuständig sein für etw., etw. leiten
	ὁ ἐπιστάτης, του	der ‚zuständige' Mann, der Leiter
	περι|ίστημι	um etw. herumstellen, etw. umgeben
	συν|έστηκα *Pf.* (ἔκ τινος)	zusammengesetzt sein (aus etw.), aus etw. bestehen
	ἐπιστήμων, ον, *Gen.* ονος	verständig, klug
108	καθαρός **217**	
	ὁ καθαρμός	die kultisch-rituelle Reinigung
109	καὶ μάλα	und zwar sehr, sogar sehr
	καὶ πάνυ	und zwar gänzlich, sogar gänzlich
110	καλέω **222**	
	ἐγ|καλέω (τινί)	jmd. Vorwürfe machen
	τὸ ἔγκλημα, ατος	der Vorwurf
	προ|καλέομαι	mahnen, zu etw. auffordern
111	καλός **223**	
	καλὸς κἀγαθός (κ. + ἀγαθός **1**)	‚schön und zugleich gut' (e. Haltung, die ästhetische Werte — Schönheit, Maß, Harmonie — und ethische Werte — Sinn für das Richtige und Bereitschaft, es zu tun — in sich vereint)
	πάγ|καλος, ον	vollkommen schön
	τὸ κάλλος, λους	die Schönheit
112	ὁ καρπός **227**	
	καρπόομαι	(aus etw. Frucht ziehen:) genießen
	ἡδονὴν καρποῦσθαι	Freude genießen

113	κεῖμαι **228**	
	κατά|κειμαι	(daliegen:)
		1. krank im Bett liegen
		2. bei Tische liegen, speisen
114	κηλέω	(*urspr.* durch Zaubersprüche behexen:)
		verführen, irrational beeinflussen
		(*wie* ἐπᾴδω 6.9)
115	κλέπτω **239**	
	ἡ κλοπή	der Diebstahl
116	ἡ κλίνη	das Bett, die Liege
		(*vgl.* Klinik)
117	κολάζω **243**	
	ἀ|κόλαστος, ον	zuchtlos
	ἡ ἀκολασία	die Zuchtlosigkeit
118	κομψός, ή, όν	1. (*von Sachen:*) verziert, raffiniert
		2. (*von Personen:*) witzig, geistreich
119	ὁ κόσμος **246**	
	κόσμιος, α, ον	ordentlich, anständig
120	τὸ κράτος, κρατέω,	
	ἡ δημοκρατία **249**	
	ἐγ|κρατής, ές (τινός)	Herr über etwas
	(↔ ἀ|κρατής)	
	δημοκρατέομαι	e. demokratische Verfassung haben
121	κρίνω, ἡ κρίσις **251**	
	ἡ διά|κρισις, σεως	die Trennung, Unterscheidung
122	κυβερνάω	steuern, lenken (*spez.* ein Schiff)
		(L gubernare; *vgl.* Gouverneur)
	ὁ κυβερνήτης, του	der Steuermann, der Lenker
	κυβερνητικός, ή, όν	die Kunst des Steuerns betreffend
	Subst. ἡ κυβερνητική	die Kunst des Steuerns
	(*eigtl.* τέχνη)	(*vgl.* Kybernetik: Wissenschaft von den Regelungsvorgängen und -systemen)
123	κυλινδέομαι	sich drehen, rollen (*vgl.* Zylinder)
124	λαμβάνω **263**	
	ἀντι|λαμβάνομαι (τινός)	etw. in die Hand nehmen, etw. ergreifen
	εὐ|λαβέομαι	sich in acht nehmen, vorsichtig sein
	ἡ εὐλάβεια	die Vorsicht
125	λανθάνω **265**	
	ἐπι|λανθάνομαι	vergessen
	Stammformen s. u.	
	ἡ λήθη	das Vergessen
126	λέγω. συλλέγω **266**	
	τὸ λεγόμενον *adv.*	wie man so sagt
	ὁ σύλλογος	die Versammlung
	λόγον δίδωμι	Rechenschaft geben

ἐπι|λανθάνομαι ἐπι|λήσομαι ἐπ|ελαθόμην ἐπι|λέλησμαι

127	λοιδορέω	beschimpfen, lästern
128	ἡ λύρα	die Lyra, die Leier (7-saitiges Zupf-instrument)
129	λωβάομαι	mißhandeln, beleidigen
130	μαίνομαι. ὁ μάντις **278**	
	ἡ μανία	(das Außer-sich-Sein): 1. der Wahnsinn 2. die Begeisterung
	μανικός, ή, όν	1. außer sich, wahnsinnig 2. begeistert, exaltiert (*Psych.* manisch-depressives Irresein)
	ἡ μαντεία	die Wahrsagung
131	μανθάνω **282**	
	κατα|μανθάνω	genau begreifen
	ἀ|μαθής, ές	unwissend, ungebildet
	ἡ ἀμαθία	die Unwissenheit, Unbildung
132	ἡ μάχη, μάχομαι **285**	
	δια|μάχομαι	1. (τινί) mit jmd. streiten 2. (τι) eine Meinung verfechten
133	ἡ μέθη	der Rausch, die Trunkenheit
	μεθύω	berauscht sein, betrunken sein (*vgl.* Amethyst: ein Halbedelstein, der gegen das Betrunkenwerden schützen soll; volkstüml. ‚Säuferstein')
134	τὸ μειράκιον	der Halbwüchsige, der junge Mann
135	μέλει. ἡ ἐπιμέλεια **289**	
	ἐπι|μελέομαι *od.* ἐπι|μέλομαι (τινός) *Stammformen s. u.*	für etw. sorgen, sich um etw. kümmern
	ἀ|μελέω (τινός)	sich um etw. nicht kümmern, etw. vernachlässigen
	ἡ ἀμέλεια	die Vernachlässigung, Sorglosigkeit
136	τὸ μέλος **291**	
	ἐμ|μελής, ές	(in der Melodie bleibend:) stimmig, in Ordnung
137	μένω **293**	
	ἐμ|μένω (τινί)	bei etw. bleiben
	τῷ λόγῳ ἐμμένω.	Ich halte an dem Gesagten fest.
138	μεστός, ή, όν (τινός)	voll (von etw.)
139	τὸ μέτρον, μέτριος **296**	
	ἄ|μετρος, ον	maßlos
	ἡ γεωμετρία (γῆ **88** + μέτρον)	(*eigtl.* Landmessung:) die Geometrie
140	μικρός **301**	
	ἡ μικρότης, ητος	die Kleinheit

ἐπι|μελέομαι ἐπι|μελήσομαι ἐπ|εμελήθην

141	μιμέομαι **302**	
	ἡ μίμησις 5.53	
	τὸ μίμημα, ατος	die Nachahmung, das Abbild
	ὁ μιμητής, τοῦ	der Nachahmer
	μιμητικός, ή, όν	1. das Nachahmen betreffend 2. im Nachahmen geschickt
142	ἡ μνᾶ	die Mine (Münz-, Gewichtseinheit; = 100 Drachmen; *vgl.* τὸ τάλαντον **438**)
143	ἡ μνήμη, μνημονεύω **305**	
	ἀπο|μνημονεύω (τι)	etw. ins Gedächtnis rufen, an etw. erinnern
144	μουσικός 5.54	
	ἄ|μουσος, ον	(ohne Beziehung zu den Musen:) ungebildet, ungeistig
145	ὁ μῦθος **308**	
	παρα|μυθέομαι (τινά)	jmd. gut zureden (tröstend oder mahnend)
	μυθολογέομαι (μῦθος + λέγω **266**)	Geschichten erzählen
146	νέμω. ὁ νόμος **312**	
	ἡ δια|νομή	die Zuteilung
	ὁ νομεύς, έως	der Hirte
	παράνομος, ον	gesetzwidrig (= παρὰ τοὺς νόμους)
147	νέος **313**	
	νεανικός, ή, όν	jugendlich: 1. kraftvoll, schwungvoll 2. unbescheiden, anmaßend
148	νή (τοὺς θεούς)	bei (den Göttern)
149	ἡ νίκη **315**	
	φιλόνικος, ον (νίκη + φίλος **487**)	bestrebt über andere zu siegen (meist in abwertendem Sinne)
	φιλονικέω	1. siegen wollen 2. rechthaberisch sein
	ἡ φιλονικία	1. das Streben, als Sieger dazustehen 2. die Rechthaberei
150	ἡ νόσος **316**	
	νοσέω	krank sein
	νοσώδης, ες	krank, krankhaft
151	ὁ νοῦς, νοέω. διανοέομαι **317**	
	συν|νοέω	1. verstehen, begreifen 2. überlegen, durchdenken
	νοητός, ή, όν	(nur) mit dem Verstand faßbar
	ἀ|νόητος, ον	unverständig, uneinsichtig
	ἡ ἄνοια	der Unverstand, Mangel an Einsicht
	τὸ διανόημα, ατος	der Gedanke, die Absicht
	νουθετέω (νοῦς + τίθημι **451**)	ermahnen, zurechtweisen (*wie* ‚einem den Kopf zurechtsetzen')

152 ἡ ὁδός **323**
ἡ σύν|οδος die Zusammenkunft (*vgl.* Synode)
ἡ διέξ|οδος 1. der Durchgang
2. die Durchnahme, Behandlung eines Problems
(*vgl.* διεξέρχομαι **156**)
153 ὀδύρομαι klagen, jammern
154 ὁ οἶκος, οἰκέω **325**
συν|οικέω (τινί) zusammen wohnen mit jmd.
ἡ οἴκησις, σεως die Wohnung
οἰκίζω *und*
κατ|οικίζω (Menschen) ansiedeln, (Land) besiedeln, (eine Stadt) gründen
155 ὀλίγος **331**
ὀλίγου *adv.* (‚um ein geringes‘:) beinahe
ὀλιγωρέω (τινός) jmd. geringschätzen, verachten
156 ὅμοιος **335**
ὁμοιόω *und*
ἀφ|ομοιόω gleichmachen, angleichen
ἀφομοιοῦντες τῷ ἀληθεῖ τὸ ψεῦδος in dem sie die Lüge an die Wahrheit angleichen
ἀν|όμοιος, ον 1. ungleich; 2. unähnlich
157 τὸ ὄνειδος, ους 1. der Vorwurf; 2. die Schande
ὀνειδίζω jmd. Vorwürfe machen
158 ὀνίνημι (τινά) jmd. nützen
Fut. ὀνήσω. *Aor.* ὤνησα
ὀνίναμαι Nutzen haben
159 τὸ ὄνομα **337**
ἡ ἐπ|ωνυμία der Name, Beiname, die Bezeichnung (*vgl.* Eponym: Gattungsbezeichnung, die auf einen Personennamen zurückgeht, *z.B.* Zeppelin, röntgen)
ὁμώνυμος, ον gleichnamig; *allg.* gleich
(ὁμοῦ **335** + ὄ.)
160 ὀξύς **338**
ἡ ὀξύτης, ητος die Schärfe, Heftigkeit
161 ὁράω **340**
ἀ|όρατος, ον unsichtbar (*d.h.* nur mit dem Verstand faßbar, *wie* νοητός)
162 ὀρθός, κατορθόω **343**
ἐπαν|ορθόω wieder aufrichten, wiederherstellen
ἡ ἐπανόρθωσις, σεως die Wiederherstellung
163 ὀρχέομαι tanzen (*vgl.* Orchester: urspr. der Tanzplatz des Chors im Theater)
164 ὀφείλω **353**
ὀφλισκάνω schuldig werden
Aor. ὦφλον
δίκην ὀφλισκάνω sich eine Strafe zuziehen
γέλωτα ὀφλισκάνω sich lächerlich machen

165	τὸ ὄψον	(alles, was man zum Brot ißt:) Fisch, Fleisch, Gemüse
166	ὁ παῖς **357**	
	ἡ παιδιά	(das kindliche Verhalten:) das Spiel, der Spaß
	τὰ παιδικά	der geliebte Knabe, der Geliebte
	ὁ παιδαγωγός (παῖς + ἄγω **7**)	der „Pädagoge" (Sklave zur Beaufsichtigung von Kindern) (*vgl.* Pädagogik)
	ὁ παιδοτρίβης, βου	der Turnlehrer, Trainer (*von* τρίβω reiben, *hier* trainieren)
	παίζω	spielen, Spaß machen
167	πᾶς **360**	
	παντάπασιν *adv. und* τὸ παράπαν *adv.*	ganz und gar, überhaupt
	παντοδαπός, ή, όν	aller Art
	εἴδωλα παντοδαπά	Bilder aller Art
168	πείθω **364**	
	ἡ πειθώ, θοῦς	die Überredungskraft, Überzeugungskraft
169	πένης. ὁ πόνος. πονηρός **368**	
	ἡ πενία	die Armut
	δια|πονέω	Mühen aushalten
	δια|πονέομαι (τι)	sich Mühe geben (um etw.) (*z. B.* τέχνην)
	ἡ πονηρία	die Schlechtigkeit
170	πέραν, ὁ πόρος **369**	
	ἡ πορεία	die Reise
	ὁ ἔμ|πορος	der Großkaufmann (der mit Schiffen Außenhandel betreibt)
171	προ|πηλακίζω	in den Dreck ziehen, beschimpfen (*von* πηλός Lehm)
172	πικρός, ά, όν	scharf, herb, bitter
173	πίμπλημι, πλήρης **374**	
	ἡ πλήρωσις, σεως	die Erfüllung
174	πίνω, τὸ ποτόν **375**	
	ἡ πόσις, σεως	das Trinken, der Trunk
	τὸ πῶμα, ατος	das Getränk
175	πλανάομαι **377**	
	ἡ πλάνη	1. die Irrfahrt 2. *übertr.* der Irrtum
176	ἡ πληγή, πλήττω **380**	
	ἐπι|πλήττω (τινί)	jmd. Vorwürfe machen
177	ὁ πλοῦτος **383**	
	πλουτέω	reich sein
178	ὁ πόθος	das Verlangen, die Sehnsucht
	ποθέω (τι)	ersehnen, vermissen

179	ποικίλος **386**	
	ποικίλλω	etw. in bunten Farben darstellen (verlockend, marktschreierisch)
	οὐδὲν ποικίλλω, ἀλλ' ἐλευθέρως λέγω ἅ μοι δοκεῖ.	Ich rede in keiner Weise kunstvoll, sondern sage frei heraus, was ich meine.
180	πολύς **390**	
	τὰ πολλά *adv.*	in den meisten Fällen, in der Regel
	πολλαχῇ *adv.*	1. (*modal*) in vielfacher Weise
	(*vgl.* ταύτῃ usw. XIV)	2. (*örtl.*) an vielen Stellen
	πολλαχοῦ	an vielen Stellen
	πάμπολυς, πόλλη, πολυ (πᾶς **360** + π.)	sehr viel, sehr zahlreich
181	που XII	
	δήπου (δή XIX) *und* ἦ που (ἦ XIX)	*fordert den Gesprächspartner zur Zustimmung auf:* doch wohl, sicherlich
	εἶχες δήπου ἄν τι εἰπεῖν.	Du hättest doch wohl etwas zu sagen.
182	πόρρω XII	
	πόρρωθεν *adv.*	von weitem
183	τὸ πρᾶγμα, πράττω **394**	
	δια|πράττομαι	etw. durchsetzen, ausführen
	πολυ|πραγμονέω	vielerlei tun, sich um Dinge kümmern, die einen nichts angehen
184	πρᾷος, ον (*fem. auch* πραεῖα)	freundlich, gemäßigt, human
185	πρέπει **395**	
	μεγαλο|πρεπής, ές	großartig, großzügig
186	πρεσβύτερος **396**	
	πρεσβύτης, *Gen.* του	alt
	πρεσβεύω	1. *intr.* alt sein, ehrwürdig sein 2. *tr.* jmd. verehren
187	πρό VII	
	πρὸ τοῦ	vordem, früher
188	ῥᾴδιος **406**	
	ἡ ῥᾳστώνη	die Leichtigkeit, Erleichterung
189	ὁ ῥήτωρ 5.74, ἐρρήθην (λέγω) **266**	
	τὸ ῥῆμα, ατος	das Wort (*spez.* das Verb; ↔ τὸ ὄνομα das Substantiv)
	ἄρ|ρητος, ον	1. ungesagt; 2. unsagbar
	ἡ παρρησία (πᾶν **360** + ῥ.)	(wenn man alles sagen darf:) die Redefreiheit
190	σβέννυμι *und* ἀπο|σβέννυμι	löschen (*vgl.* Asbest: *eigtl.* ‚nicht zu löschen': ein feuerfester Stoff)
191	σέβομαι **410**	
	ἀ|σεβής, ές	(ohne Scheu vor d. Göttlichen:) gottlos
	ἀσεβέω	gottlos sein

192	ἡ σκιά	der Schatten
193	σπάνιος, α, ον	selten, rar
194	στερέω **428**	
	στέρομαι (τινός)	einer Sache beraubt sein, etw. nicht haben
	ἐπιστήμης στέρομαι.	Ich besitze keinerlei Wissen.
195	ὁ στρατός, ὁ στρατηγός **431**	
	στρατηγικός, ή, όν	1. die Heerführung betreffend 2. als Heerführer geschickt
196	σφόδρα XV	
	σφοδρός, ά, όν	heftig (↔ ἠρέμα 5.31)
197	τὸ τεκμήριον **444**	
	τεκμαίρομαι	vermuten, erschließen (auf Grund eines τεκμήριον)
198	ὁ τέκτων, τονος	der Archi‹tekt›, der Baumeister
	τεκτονικός, ή, όν	1. die Baukunst betreffend 2. in der Baukunst geschickt (*Geol.* tektonisches Beben: Beben infolge von Bewegungen im Erdgefüge; ↔ vulkanisches Beben)
199	τὸ τέλος, τελέω **445**	
	ἡ τελετή	die Weihe (Aufnahme in eine Kultgemeinschaft)
	τὸ τελευταῖον *adv.*	schließlich, zuletzt
	λυσιτελέω (λύω **277** + τ.)	nützen, Vorteil bringen
200	τέμνω **446**	
	τὸ τμῆμα, ατος	der Abschnitt, das Segment, das Teilstück
	ἡ τομή	der Schnitt (*Med.* Anatomie)
201	ἡ τέχνη **448**	
	ἀ|τεχνῶς *adv.*	(‚ohne weitere Umstände':) geradezu
	ἀτεχνῶς ὥσπερ ἐραστής	ganz wie ein Liebhaber
202	τίθημι **451**	
	δια|τίθημι	1. (zurechtlegen:) ordnen 2. *mit adv.* in einen Zustand versetzen (*vgl.* διάθεσις 5.83)
	μετα|τίθημι	umstellen, ändern
	ἡ θέμις, ιστος	die (von Gott ‚gesetzte') heilige Ordnung
203	ἡ τιμή, τιμάω **453**	
	προ|τιμάω	höher schätzen, vorziehen
	ἡ ἀ|τιμία	die Entehrung, Schande; *spez.* Verlust der bürgerl. Ehrenrechte
	φιλότιμος, ον (φίλος **487** + τ.)	ehrgeizig
	φιλοτιμέομαι	ehrgeizig sein
	ἡ φιλοτιμία	der Ehrgeiz

204	τοι XIX	
	τοιγαροῦν *und* τοιγάρτοι	demnach, also
205	τὸ τραῦμα **457**	
	τιτρώσκω	verwunden
	Aor. ἔτρωσα	
206	τρέπω. ὁ ἐπίτροπος **459**	
	ἀνα|τρέπω	auf den Kopf stellen, zerstören
	προ|τρέπω	antreiben, anregen zu etw.
	ἐπι|τροπεύω	etw. beaufsichtigen, regieren, für etw. zuständig sein
207	τρέφω **460**	
	τὸ θρέμμα, ατος	(das Genährte:) das Lebewesen, Tier, Untier
	ἡ τροφός	die Amme (die anstelle der Mutter das Kind stillt), *dann:* Dienerin
208	τρυφάω	im Luxus leben, schwelgen
	ἡ τρυφή	der Luxus, die Schwelgerei
209	ἡ τύχη, τυγχάνω **465**	
	εὐ|τυχής, ές	glücklich
	ἐπι|τυγχάνω (τινί) *und* προσ|τυγχάνω (τινί)	jmd. begegnen, auf etw. treffen
210	ἡ ὕβρις, ὑβρίζω **466**	
	ὁ ὑβριστής, τοῦ	der Verbrecher
211	ὁ ὕμνος	der Gesang (*spez.* auf einen Gott), der Hymnus
	ὑμνέω	besingen, preisen
212	ὕπαρ *adv.*	im Wachen
	↔ ὄναρ *adv.*	im Traum
	(τὸ ὄναρ **336**)	
213	φαίνομαι. ἀ|φανής **475**	
	ἀνα|φαίνομαι	zum Vorschein kommen, sich zeigen
	κατα|φανής, ές	sichtbar, deutlich
	φαντάζομαι	erscheinen als etw. (meist trügerischerweise)
	τὰ ἀριστερὰ δεξιὰ φαντάζεται.	Was links ist, erscheint rechts (im Spiegel).
	τὸ φάντασμα, ατος	die Erscheinung, das Trugbild, die Sinnestäuschung
214	φέρω. διαφέρω. συμφέρει **480**	
	περι|φέρω	herumtragen
	διαφερόντως *adv.*	insbesondere, in hervorstechender Weise
	πρόσ|φορος, ον	vorteilhaft, passend
	τὸ συμφέρον, οντος	der Vorteil, Nutzen
215	φημί **477**	
	σύμ|φημι (τινί)	jmd. zustimmen
	ἡ φήμη	das Gerede, das Gerücht, die Überlieferung (L fama)

216 φεύγω **481**	
ἐκ|φεύγω	entfliehen, entkommen
217 φθέγγομαι **483**	
ὁ φθόγγος	der Laut, die Stimme (*vgl.* Diphthong)
218 ἡ φλυαρία	das Geschwätz
219 ὁ φόβος **488**	
ἄ|φοβος, ον	furchtlos
220 φρονέω. ἄ|φρων. σώφρων **491**	
ἔμ|φρων, ον	verständig, vernünftig
ἡ ἀφροσύνη	der Unverstand, die Unvernunft
ἡ σωφροσύνη	die Besonnenheit, Verständigkeit, Selbstbeherrschung
221 χαλεπός **494**	
χαλεπαίνω (τινί)	(‚schwierig sein':) entrüstet sein, ungehalten sein über etw.
222 ὁ χαλκός **495**	
ὁ χαλκεύς, έως	der Schmied
223 ἡ χάρις **496**	
χαρίεις, εσσα, εν	anmutig, gewinnend, reizvoll
224 ἡ χείρ **498**	
μετα|χειρίζομαι	etw. in die Hand nehmen, sich mit etw. befassen
225 χθές *adv.*	‹gestern›
226 ὁ χορός **500**	
χορεύω	tanzen
227 χρή, τὰ χρήματα **501**	
χρηματίζομαι	Handel treiben, Geldgeschäfte machen
χρηματιστικός, ή όν	erwerbsmäßig, den Gelderwerb betreffend
Subst. ἡ χρηματιστική (*eigtl.* τέχνη)	die ‚Kunst' des Gelderwerbs
228 ἡ χώρα **504**	
ἐπι|χώριος, ον	einheimisch, landesüblich
229 ψέγω **505**	
ὁ ψόγος	der Tadel
230 τὸ ψεῦδος **506**	
ψευδής, ές	lügnerisch, trügerisch
231 ἡ ψῆφος **507**	
κατα|ψηφίζομαι(τινός)	gegen jmd. stimmen
232 ὠνέομαι	kaufen
233 ἡ ὠφέλεια **513**	
τὸ ὄφελος, λους	der Nutzen
οὐδεὶς ὅτου τι ὄφελος (ἐστί)	keiner, der irgendetwas wert ist

7. Aristoteles A

Sprachliche Besonderheiten

Folgende Wörter erscheinen bei Aristoteles gegenüber dem Grundwortschatz in etwas veränderter Gestalt, aber mit gleicher Bedeutung:

Aristoteles	*GWS*
παρ|ακολουθέω	ἀκολουθέω
ἐπι|ζητέω	ζητέω
δι|απορέω	ἀπορέω
ἡ ἀνδρία	ἡ ἀνδρεία
ἐπί|δηλος, ον	δῆλος, η, ον
ἀνά|παλιν	πάλιν
οὐθέν *adv.*	οὐδέν *adv.*

ferner:

γίνομαι *vereinfacht für*	γίγνομαι
γινώσκω *vereinfacht für*	γιγνώσκω

1 ἡ ἀγορά, ἀπ|αγορεύω **5**	
ἡ κατ|ηγορία	die Aussage über etw., die „Kategorie“
2 ἄγω. ἐπάγω **7**	
προ|άγω	vorwärtstreiben, vorwärtsführen
ἡ δι|αγωγή	die Lebensführung, Lebensweise
ἡ ἐπαγωγή	die Induktion (Schluß von einer Serie von Einzelfällen auf eine allg. Regel)
3 αἱρέω, διαιρέω **16**	
ἀ|διαίρετος, ον	unteilbar
4 αἴρω **17**	
μετ|έωρος, ον	oben, in der Höhe
Subst. τὰ μετέωρα	die Himmelserscheinungen (*vgl.* Meteor, Meteorologie)
5 αἰσθάνομαι **18**, ἡ αἴσθησις 5.6	
αἰσθητικός, ή, όν	die sinnliche Wahrnehmung betreffend (*vgl.* Ästhetik)
6 ἄλλος **27**	
ἐπ|αλλάττω	(von zwei Dingen:) aufeinander bezogen sein
ἐν|αλλάξ *adv.*	wechselweise
ἡ ἀλλοίωσις, σεως	die Veränderung (von Qualitäten)

7	ἀμφότεροι IV	
	ἐπ|αμφοτερίζω	in der Mitte stehen (zwischen den Extremen)
8	ἄνω XII	
	ἐπάνω *adv.*	oberhalb (↔ ὑποκάτω 7.45)
9	ἀντίος, ἐναντίος **38**	
	ἡ ἐναντίωσις, σεως	der Gegensatz, der Widerspruch
	ὑπ|εναντίος, ον	entgegengesetzt; *Logik:* subkonträr (= Verhältnis zw. einer bejahten u. e. verneinten Aussage, die beide wahr sind, *z. B.* ‚Einige Tiere sind Vögel‘ und ‚Einige Tiere sind nicht Vögel‘)
10	ἄξιος, ἀξιόω **39**	
	τὸ ἀξίωμα, ατος	die Forderung, das „Axiom“
11	ἅπτομαι **42**	
	ἡ ἁφή	das Betasten, der Tastsinn
12	ἀρκέω **47**	
	αὐτάρκης, ες (αὐτός III + ἀ.)	(selbst ausreichend:) selbständig, autark
13	ἁρμόττω **48**	
	ἐφ|αρμόττω (τινί)	1. *trans.* anpassen 2. *intr.* zu etw. passen
14	ἀπ|αρτάω	abgliedern, trennen, entfernen
15	ἄρχω, ὑπάρχω **51**	
	ἐνυπ|άρχω	in etw. vorhanden sein
	ἡ μοναρχία (μόνος **306** + ἄ.)	die Alleinherrschaft, Monarchie
	ὀλιγαρχικός, ή, όν (ὀλίγος **331** + ἄ.)	oligarchisch
16	τὸ ἄστρον **55**	
	ὁ ἀστήρ, τέρος	der Stern (*vgl.* Aster)
17	ὁ αὐλός	1. die Röhre 2. *spez.* die Flöte (*Techn.* Hydraulik)
18	βαίνω **62**	
	ἡ μετά|βασις, σεως	der Übergang (von einem Zustand in einen anderen)
	ἡ παρέκ|βασις, σεως	das Abweichen (*z. B.* vom Wege, vom Thema)
19	ὁ βάναυσος	der handwerklich Tätige (*vgl.* Banause)
20	βαρύς **66**	
	τὸ βάρος, ρους	die Schwere
21	βλέπω **73**	
	ἐπι|βλέπω	hinsehen
22	τὸ γένος, ἡ γενεά **85**	
	εὐ|γενής, ές	von guter Art, edel (*Name* Eugen)

23	γεύομαι **87**	
	ἡ γεῦσις, σεως	der Geschmack (*Med.* Ageusie: Verlust des Geschmackssinnes)
24	ἡ γῆ **88**	
	γεώδης, ες	erdartig
25	δείκνυμι, ἀποδείκνυμι **100**	
	ἀποδεικτικός, ή, όν	beweiskräftig, ,,apodiktisch"
26	ὁ δεσπότης **106**	
	δεσποτικός, ή, όν	herrisch, despotisch
27	δέχομαι **107**	
	δεκτικός, ή, όν	zum Aufnehmen (einer Sache) geeignet
28	ὁ δῆμος **110**	
	δημοτικός, ή, όν	volksfreundlich, demokratisch (*neugriech.* δημοτική *sprich* dimotiki: Volkssprache, Umgangssprache)
29	δοκέω, ἡ δόξα **116**	
	ἔν|δοξος, ον	berühmt, allgemein anerkannt
30	δύναμαι, δυνατος, ἡ δύναμις **122**	
	ἀ|δυνατέω	unfähig sein
	ἡ ἀδυναμία	die Unfähigkeit
	ἡ δύναμις	*spez. Phil.* die Potentialität (↔ ἐνέργεια 7.34)
31	ἐγγύς XII	
	σύν|εγγυς *adv.*	ganz nahe
32	τὸ ἔθος, τὸ ἦθος **130**	
	συν|ήθης, ες	gewohnt
	ἡ συνήθεια	die Gewohnheit
	ἠθικός, ή, όν	ethisch
33	τὸ εἶδος, εἶδον, οἶδα **131**	
	ἡ ἱστορία	1. die Forschung, die Wissenschaft 2. die wissenschaftliche Darstellung (*später spez.* Geschichtswissenschaft, *vgl.* L historia)
34	τὸ ἔργον. τὸ ὄργανον **153**	
	ἐν|εργέω	tätig sein, wirksam sein
	ἡ ἐνέργεια	die Verwirklichung, *Phil.* Aktualität
	δυνάμει ↔ ἐνεργείᾳ	potentiell ↔ aktuell
	περί|εργος, ον	überflüssig
	ἡ λειτουργία	die Leistung des einzelnen für den Staat (λαός Volk + ἔργον; *vgl.* Liturgie)
	ὀργανικός, ή, όν	(als Werkzeug) dienend
	τὰ ὀργανικὰ τοῦ σώματος μέρη	die (der Seele) dienenden Körperteile
35	ἡ ἔρις **155**	
	ἐριστικός, ή, όν	das Streitgespräch betreffend

36	εὐθύς **164**	
	ἡ εὐθυωρία	die gerade Richtung
37	ἔχω, συνέχω, ὑπερέχω **169**	
	ἡ συνέχεια	die Verbindung
	ἡ ὑπεροχή	das Übermaß, der Überschuß
38	ἡ ἥβη	die Jugend, Jugendkraft
39	τὸ ἦχος, ἤχους	der Ton, Schall (*vgl.* Echo, Katechismus)
40	θεάομαι, θεωρέω **192**	
	θεωρητικός, ή, όν	theoretisch
41	ὁ θυμός, ἐνθυμέομαι **203**	
	τὸ ἐνθύμημα, ατος	(was im Inneren zu denken ist:) der unausgesprochene Gedanke, *spez.* die unvollständige Beweisführung in der Logik, das „Enthymem"
42	ἴσος **213**	
	ἄν|ισος, ον	ungleich
	ἰσάζω	1. gleich machen; 2. gleich sein
43	ἵστημι. μεθίστημι **214**	
	ἐν|ίσταμαι	Einwendungen erheben
	ἡ ἔνστασις, σεως	der Einwand
	ἐξ|ίστημι	etw. aus seiner Normallage bringen, ändern
	ἡ ἀπόστασις, σεως *und* ἡ διάστασις, σεως	der Abstand
	τὸ διάστημα, ατος	1. der Abstand 2. *Logik:* das Verhältnis zw. polaren Begriffen (wie Subjekt und Prädikat)
	ἡ μετάστασις, σεως	der Übergang (an eine andere Stelle)
	ἡ ὑπόστασις, σεως	das Sediment (*Phil.* hypostasieren: als Substanz auffassen)
44	κάμπτω **225**	
	ἀνα|κάμπτω	zurückbiegen
45	κάτω XII	
	ὑπο|κάτω	unterhalb (↔ ἐπάνω 7.8)
46	κεῖμαι **228**, ὑπόκειμαι 5.41	
	ἀντί|κειμαι	entgegengesetzt sein
	τὸ ὑποκείμενον	das Zugrundeliegende (*z. B.* die „Substanz", aus der etw. geformt ist)
47	κινέω **237**	
	κινητικός, ή, όν	beweglich (*Phys.* kinetische Energie)
	εὐ|κίνητος, ον	leicht beweglich
48	τὸ κράτος **249**	
	ἀ|κρατής, ές	unbeherrscht, hemmungslos
	ἡ ἀκρασία	die Unbeherrschtheit, Hemmungslosigkeit

49 κρίνω **251**
συγ|κρίνω — vergleichen (*vgl.* Synkrisis: vergleichende Gegenüberstellung)

50 ἐκ|κρούω — hinausstoßen, hinausdrängen

51 λαμβάνω. ὑπολαμβάνω (3.) **263**
ἡ λῆψις, ψεως — das Nehmen, Ergreifen von etw. (*Med.* Epilepsie)
ἡ ὑπόληψις, ψεως — die Annahme, Meinung

52 λανθάνω, ἀληθής **265**
ἀληθεύω — die Wahrheit sagen

53 λέγω, διαλέγομαι. ὁ λόγος, λογίζομαι, ὁ λογισμός **266**
ἡ διάλεκτος — 1. das Gespräch 2. die Ausdrucksweise (*vgl.* Dialekt)
λογικός, ή, όν — vernunftgemäß
Subst. ἡ λογική — die Logik
ἀνά|λογος, ον — entsprechend, analog
ἡ ἀναλογία — die Entsprechung, „Analogie“
εὔ|λογος, ον — vernünftig, begründet (↔ ἄ|λογος)
παρα|λογίζομαι — einen Trugschluß („Paralogismus“) ziehen
συλ|λογίζομαι — *Logik:* schließen, aus zwei λόγοι (den sog. Prämissen, προτάσεις) einen dritten λόγος ableiten
ὁ συλλογισμός — der logische Schluß, „Syllogismus“

54 λείπω **267**
δια|λείπω — (*eigtl.* Zeit dazwischen lassen:) Pause machen, unterbrechen

55 λύω **277**
ἀνα|λύω — auflösen
ἡ λύσις, σεως — die Auflösung, Loslösung, Befreiung (*Math.* Analysis; *Chem.* Analyse)

56 μανθάνω **282**, τὸ μάθημα 5.49
μαθηματικός, ή, όν — mathematisch

57 μαλακός **281**
ἡ μαλακία — die Weichheit, Weichlichkeit

58 μείγνυμι, μίγνυμι **287**
ἡ μῖξις, ξεως — die ‹Mischung›

59 μέσος **295**
ἡ μεσότης, ητος — die Mitte, das richtige Maß (das Positive zw. zwei negativen Extremen; *z.B.* Mut zwischen Tollkühnheit und Feigheit)

60	τὸ μέτρον **296**	
	ἡ διά|μετρος	der Durchmesser, die Diagonale
	(*eigtl.* γραμμή)	(*vgl.* diametral)
61	μόνος **306**	
	ἡ μονάς, άδος	die Einheit (*Phil.* Monade)
62	νέμω **312**	
	οἰκονομικός, ή, όν	die Haushaltung betreffend
	(οἶκος **325** + ν.)	(*vgl.* ökonomisch)
	ἡ οἰκονομία	die Haushaltung, Verwaltung
63	ὁ νοῦς, ἡ διάνοια **317**	
	διανοητικός, ή, όν	denkerisch, intellektuell
64	ξηραίνω	trocknen
		(↔ ὑγραίνω 7.106)
65	ἡ ὁδός **323**	
	ἡ εἴσ|οδος	der Eingang
66	ὅλος **332**	
	σύν|ολος, ον	insgesamt, ganz
	καθ|όλου *adv.*	im ganzen, im allgemeinen
		(*vgl.* katholische Kirche: allgemeine K.)
67	ὅμοιος **335**	
	ὁμαλής, ές *und*	gleichmäßig, ebenmäßig
	ὁμαλός, ή, όν	
	ἀν|ώμαλος, ον	ungleichmäßig, unebenmäßig
		(*vgl.* anomal, Anomalie)
	ὁμοιομερής, ές	aus gleichen Teilen bestehend,
	(ὅμ. + τὸ μέρος **294**)	in sich einheitlich
	ἀν|ομοιομερής, ές	in sich uneinheitlich
	ὁμοιότροπος, ον *und*	gleichartig
	(ὁμ. + ὁ τρόπος **459**)	
	ὁμογενής, ές *und*	(*vgl.* homogen)
	ὁμοειδής, ές	
68	τὸ ὄνομα **337**	
	ἀν|ώνυμος, ον	namenlos (*vgl.* anonym)
	ὁμώνυμος, ον	1. gleichnamig; *allg.* gleich
	(ὁμοῖος **335** + ὄ.)	2. doppeldeutig (als ein Wort mit verschiedenen Bedeutungen) (*Linguistik* homonym)
	ἡ ὁμωνυμία	1. die Gleichnamigkeit
		2. die Mehrdeutigkeit, Homonymie
	συν|ώνυμος, ον	unter den gleichen Begriff fallend; *z. B.* Sokrates u. Alkibiades unter ‚Mensch' (*Linguistik* synonym: gleichbedeutend; *z. B.* ‚Holland' und ‚Niederlande')
69	ὁράω **340**	
	συν|οράω	(zusammenschauen:) erkennen
70	ὀρέγομαι **342**	
	ἡ ὄρεξις, ξεως	das Streben (nach etw.), der Trieb

71	ὁ ὅρος, ὁρίζω **348**	
	ἀ|όριστος, ον *und* ἀδιόριστος, ον	unbestimmt (*vgl.* Aorist)
	ὁ ὁρισμός *und* ὁ δι|ορισμός	die Abgrenzung, Definition
72	τὸ πάθος, πάσχω **356**	
	παθητικός, ή, όν	1. empfindungsfähig 2. passiv, untätig 3. leidenschaftlich, pathetisch
	ἀ|παθής, ές	empfindungslos, leidenschaftslos (*vgl.* apathisch)
73	πᾶς **360**	
	πάμπαν *adv.*	ganz und gar
74	παχύς, εῖα, ύ	dick
	παχύνω	dick machen
75	τὸ πεδίον, ὁ πούς, ἐμποδών **363**	
	ἐμποδίζω	hindern
76	πέραν **369**	
	τὸ συμ|πέρασμα, ατος	die Folgerung
77	πίπτω **376**	
	ἡ πτῶσις, σεως	der Fall (*auch grammatisch:* der Kasus)
	τὸ σύμ|πτωμα, ατος	1. (was sich zuträgt:) der Vorfall, Zufall 2. (was mit etw. anderem zugleich vorfällt:) das Symptom
78	πλάγιος, α, ον	schräg, schief, quer (*vgl.* Plagiat: geistiger Diebstahl)
79	τὸ πλάτος, τους	die Breite (*vgl.* platt, Platz, Plateau)
80	ποῖος IV	
	ἡ ποιότης, ητος	(das Wie-Sein:) das Sosein, die Qualität (das Wort L qualitas wurde als Übersetzung von ποιότης aus L qualis gebildet)
81	ἐπι|πολῆς *adv.*	an der Oberfläche, leicht sichtbar
	ἐπι|πολάζω	an der Oberfläche sein, leicht sichtbar sein
82	πολύς **390**	
	πολλαχῶς *adv.*	auf vielfache Art und Weise
83	τὸ πρᾶγμα. πραγματεύομαι **394**	
	ἡ πραγματεία	die Tätigkeit, das Geschäft
	πρακτικός, ή, όν	tätig, praktisch
84	πυκνός **399**	
	πυκνόω	fest machen, dicht machen, komprimieren

<table>
<tr><td>85 τὸ πῦρ 402</td><td></td></tr>
<tr><td>πυρόω</td><td>anzünden</td></tr>
<tr><td>86 ἡ ῥοπή</td><td>(eigtl. das Sich-Neigen der Waagschale:) die Neigung, der Ausschlag in eine bestimmte Richtung (etwa wie Impuls im physikalischen Sinne)</td></tr>
<tr><td>87 τὸ σημεῖον, σημαίνω 413</td><td></td></tr>
<tr><td>ἐπι|σημαίνω</td><td>1. trans. zeigen
2. intr. sich zeigen, sich bemerkbar machen</td></tr>
<tr><td>88 ὁ σῖτος, τὸ σιτίον 417</td><td></td></tr>
<tr><td>τὰ συσ|σίτια</td><td>die gemeinsame Mahlzeit (aller Vollbürger bei den Spartiaten, Kretern u. a.)</td></tr>
<tr><td>89 δια|σπάω</td><td>auseinanderziehen (Med. spastisch: krampfartig)</td></tr>
<tr><td>90 ἀπο|στέλλω 427</td><td></td></tr>
<tr><td>συ|στέλλω</td><td>zusammenziehen, kontrahieren (Med. Systole: Kontraktion des Herzmuskels)</td></tr>
<tr><td>91 στερεός, ά, όν</td><td>fest (vgl. stereotyp; Math. Stereometrie: Lehre von den festen Körpern; daher Akustik Stereophonie: dreidimensionale Klangwiedergabe)</td></tr>
<tr><td>92 στερέω 428</td><td></td></tr>
<tr><td>ἡ στέρησις, σεως</td><td>(die ‚Beraubung‘:) das Fehlen einer Eigenschaft od. Fähigkeit</td></tr>
<tr><td>στερητικός, ή, όν</td><td>verneinend</td></tr>
<tr><td>93 ἡ στιγμή</td><td>der Punkt (vgl. Stigmata: Wundmale Christi; Stigmatisation: Auftreten dieser Wundmale bei Gläubigen)</td></tr>
<tr><td>94 ἡ συ|στοιχία</td><td>(von στοῖχος Reihe; vgl. στοιχεῖον 5.77)
1. die Gegenüberstellung von zwei Reihen analoger Begriffspaare; z. B. δίκαιος – ἄδικος, γένεσις – φθορά
2. die begriffliche Zusammengehörigkeit; z. B. zwischen δίκαιος und δικαιοσύνη</td></tr>
<tr><td>95 στρέφω 432</td><td></td></tr>
<tr><td>ἀντι|στρέφω</td><td>umdrehen</td></tr>
<tr><td>δια|στρέφω</td><td>verdrehen</td></tr>
<tr><td>96 ἡ σφαῖρα</td><td>die Kugel (vgl. Sphäre, Atmosphäre)</td></tr>
<tr><td>σφαιροειδής, ές</td><td>kugelgestaltig</td></tr>
<tr><td>97 τὸ σῶμα 437</td><td></td></tr>
<tr><td>σωματικός, ή, όν und σωματώδης, ες</td><td>körperlich (Med. somatisch)</td></tr>
</table>

98	τείνω **442**	
	δια|τείνω	sich ausdehnen, sich (auf etw.) erstrecken
	ἐπι|τείνω	spannen (*z. B.* eine Saite), steigern
	ἡ πρότασις, σεως	der Vordersatz, die Prämisse (eines logischen Schlusses, vgl. συλλογισμός 7.53)
	προ|τείνω	etw. als Prämisse setzen
99	τὸ τέλος, τέλειος **445**	
	τελειόω	vollenden
	ἡ ἐν|τελέχεια	(‚was seine Vollendung in sich hat':)
	(τ. + ἔχω **169**)	die Form, in der sich etw. verwirklicht, die „Entelechie" (*oft* = ἐνέργεια 7.34)
100	τέμνω **446**	
	ἄ|τομος, ον	unteilbar (*vgl.* Atom)
101	τὸ τί ἦν εἶναι	(wenn etw. das ist, was es schon immer war:) das Bleibende, das Wesen einer Sache
102	τίθημι **451** ἡ θέσις 5.83	
	ἐκ|τίθημι	auseinandersetzen, darlegen
	ἡ ἀντί|θεσις, σεως	der Gegensatz, die Antithese
	ἡ πρόσ|θεσις, σεως	der Zusatz
	ἡ σύν|θεσις, σεως	1. die Zusammensetzung 2. die Zusammenfassung der Gegenstände, die Synthese
	σύνθετος, ον	zusammengesetzt (*Chem.* synthetisch)
103	τίκτω **452**	
	ὁ τόκος	1. die Geburt 2. der Abkömmling; *auch* der Zins
104	ἡ τύχη, τυγχάνω **465**	
	ὁ τυχών, όντος	jeder beliebige
105	ὑγιαίνω **467**	
	ὑγιάζω	gesund machen
106	ὑγρός **468**	
	ἡ ὑγρότης, ητος	die Feuchtigkeit
	ὑγραίνω	feucht machen (↔ ξηραίνω 7.64)
107	φαίνω **475**	
	ἐμ|φαίνομαι	sich zeigen, in Erscheinung treten
	δια|φανής, ές	durchsichtig (*vgl.* diaphan)
	ἡ φαντασία	1. die Erscheinung 2. die Einbildung, Phantasie
108	φάσκω, φημί. ἡ φωνή **477**	
	ἡ φάσις, σεως	der Ausdruck, die Behauptung
	ἡ ἀντί|φασις, σεως	die Gegenrede, der Widerspruch
	ἡ ἀπό|φασις, σεως	die Verneinung
	δια|φωνέω	nicht übereinstimmen (↔ συμφωνέω 5.93)

109	φέρω. διαφέρω **480**	
	μετα|φέρω	auf einen anderen Bereich übertragen
	ἡ μεταφορά	die Übertragung, Metapher
	περι|φερής, ές	rund
	ἡ περιφέρεια	1. die Rundung 2. der Umfang, die Peripherie
	ἀ|διάφορος, ον	indifferent, belanglos (weder gut noch schlecht)
110	φθείρω **484**	
	φθαρτικός, ή, όν	verderblich, schädlich
111	φίλος, ἡ φιλία **487**	
	φιλικός, ή, όν	freundschaftlich
112	ἡ φλόξ, φλογός	die Flamme (*Bot.* ‚Phlox‘)
113	φοινικοῦς, ῆ, οῦν	purpurfarben
114	φύω, ἡ φύσις **493**	
	φυσικός, ή, όν	natürlich, physisch
	ὁ φυσιολόγος	der Naturforscher (*vgl.* Physiologie: Lehre von den normalen Lebensvorgängen)
115	συγ|χέω	zusammenschütten, vermengen
	δια|χέω	zerstreuen
116	χρήομαι **501**	
	ἡ χρῆσις, σεως	der Gebrauch, die Anwendung
117	ὁ χρόνος **502**	
	πολυχρόνιος, ον (πολύς **390** + χρ.)	langdauernd
118	ὁ ψόφος	der Lärm

8. Aristoteles B

Fachausdrücke aus Physiologie/Medizin
Zoologie
Botanik
Meteorologie

Aufgenommen sind alle Wörter, die bei Aristoteles mindestens 50 mal vorkommen; ferner die Wörter, die zu den Wortsippen des Grundwortschatzes gehören und in moderner Wissenschaftssprache fortleben, sofern sie bei Aristoteles mindestens 20 mal vorkommen.

Allgemeine Physiologie/Medizin

1	ἡ αἰδώς, αἰδέομαι **13**	
	τὰ αἰδοῖα	die Schamteile, Geschlechtsteile
2	τὸ αἷμα **14**	
	αἱματώδης, ες	blutartig (*Med.* Hämatom: Bluterguß)
	ἔν|αιμος, ον	1. Blut enthaltend; 2. blutig
3	αἴρω **17**	
	ἡ ἀορτή	die Aorta (große, vom Herzen aufsteigende Ader)
4	τὸ ἄρθρον	das Glied, Gelenk (L artus) (*Med.* Arthritis: Gelenkentzündung, Arthrose: chronische, nichtentzündl. Gelenkerkrankung)
	δι|αρθρόω	zergliedern
5	ἡ ἀρτηρία	die Schlagader, Arterie
6	ὁ βίος **71**	
	μακρόβιος, ον (μακρός **280** + β.)	langlebig
7	βλέπω **73**	
	τὸ βλέφαρον	das Augenlid (*Med.* Blepharitis: Lidentzündung)
	ἡ βλεφαρίς, ίδος	die Wimper
8	τὰ βράγχια	die Kiemen (*Med.* Bronchien)
9	ὁ βραχίων, ίονος	der Arm (L bracchium; *vgl.* Brachialgewalt)
10	τὸ γάλα, ακτος	die Milch (L lac < glac) (*Astron.* Galaxis: Milchstraßensystem)
11	τὸ γένος, ὁ γονεύς **85**	
	ἡ γονή	der Samen, die Samenflüssigkeit (*Med.* Gonorrhoe: eine Geschlechtskrankheit)
	γόνιμος, η, ον	fruchtbar
	ἄ|γονος, ον	unfruchtbar

12	ὁ δάκτυλος	der Finger (*vgl.* Daktylus: Versmaß — ∪ ∪)
13	δύο VI	
	συν|δυάζω	paaren, begatten
	ὁ συνδυασμός	die Paarung, Begattung
14	τὸ ἔμβρυον	das ungeborene Junge, der Embryo
15	ἐντός XII	
	τὸ ἔντερον	das Innere, Eingeweide (*Med.* Dysenterie: Ruhr)
16	τὸ ὑπό|ζωμα, ατος	1. das Zwerchfell (trennt Bauchhöhle und Brustkorb) 2. (bei Insekten:) die Einschnürung (zwischen Brust und Hinterleib) (*vgl.* Zone: Gürtel)
17	τὸ ἧπαρ, ατος	die Leber (L iecur) (*Med.* Hepatitis: Leberentzündung)
18	ὁ ἱδρώς, ῶτος	der Schweiß (L sudor; *Med.* Hyperhidrose: übermäßige Schweißabsonderung)
19	τὸ ἰσχίον	die Hüfte (*Med.* Ischias)
20	κάμπτω **225**	
	ἡ καμπή	die Biegung, das Gelenk
	ἡ κάμψις, ψεως	die Biegung, die Krümmung
21	τὸ κέντρον	der Stachel (*vgl.* Zentrum: wo der Stachel des Zirkels angesetzt wird)
22	ἡ κέρκος	der Schwanz
23	ἡ κεφαλή **233**	
	ὁ ἐγ|κέφαλος	(‚im Kopf befindlich‘:) das Gehirn (*Med.* Encephalitis: Gehirnentzündung; Elektro-Enzephalo-Gramm)
24	ὁ κηρός	das Wachs (L cera)
	τὸ κηρίον	die Wabe
25	ἡ κνήμη	der Unterschenkel
26	κοῖλος **241**	
	ἡ κοιλία	(die Höhlung:) der Bauch, Unterleib
27	κρίνω **251**	
	ἀπο|κρίνω *und* ἐκ|κρίνω	absondern, ausscheiden
	ἡ ἀπόκρισις, σεως *und* ἡ ἔκκρισις, σεως	die Absonderung, Ausscheidung
28	τὸ κύημα, ατος	das ungeborene Kind, der Embryo
	ἡ κύησις, σεως	die Empfängnis, Schwangerschaft
29	ἡ κύστις, ιδος	die (Harn)blase (*Med.* Zyste: Hohlraum; Cystitis: Blasenkatarrh)
30	τὸ κύτος, τους	die Höhlung, Wölbung (*Med.* Cytologie: Lehre von den Zellen; Leukozyten und Erythrozyten: weiße und rote Blutkörperchen)

31 τὸ κῶλον	das Glied (*vgl.* Semi-Kolon: Halb-Gliederung im Satz; *Med.* Colon: Dickdarm, *daher* Kolik)
32 λιπαρός, ά, όν	fett (*Biol.* Lipoïde: fettähnliche Stoffe; lipophil: in Fett löslich)
33 ὁ μαστός	die weibliche Brust (*Med.* Mastitis: Brustdrüsenentzündg.)
34 ὁ μήν **297**	
τὰ κατα|μήνια	(‚was pro Monat eintritt':) die Monatsblutung, Menstruation
35 ὁ μηρός	der Schenkel
36 ἡ μήτηρ **299**	
ἡ μήτρα	die Gebärmutter (*Med.* Metrorrhagie: regelwidrige Blutung aus den weibl. Geschlechtsorg.)
37 ὁ μυελός	das Mark (*Med.* Polio-myelitis: Erkrankung der grauen (πολιός) Rückenmarkssubstanz, ‚Kinderlähmung')
38 ὁ μυκτήρ, ῆρος	die Nase
39 νέος **313**	
ὁ νεοττός	das neugeborene Tier, das Junge
ἡ νεοττιά	das Nest
40 τὸ νεῦρον 5.57	
νευρώδης, ες	‚sehnig', kräftig [logie) (*vgl.* L nervus: Sehne; *Med.* Neuro-
41 ὁ νεφρός	die Niere (*Med.* Nephrolithiasis: Nierensteinleiden)
42 ὁ ὀδούς, ὀδόντος	der Zahn (L dens; *Med.* Par-odontose: Zahnfleischentzündung)
43 οἴσω *Fut. zu* φέρω **480**	
ὁ οἰσοφάγος	(‚Essenbeförderer', φαγεῖν essen:) die Speiseröhre (*Med.* Ösophagus)
44 ὁ ὀμφαλός	der Nabel (*Med.* Omphalo-tomie: Abnabelung des Neugeborenen)
45 ὀργάω	1. schwellen 2. erotisch erregt sein (*vgl.* Orgasmus)
46 ἡ ὄρχις, χεως	die Hode (*Bot.* ‚Orchidee', mit hodenähnlichen Wurzelknollen)
47 ἡ ὀσμή	der Geruch (L odor; *Chem.* Osmose)
48 τὸ ὀστοῦν **350**	
ὀστώδης, ες	1. knochenartig; 2. knochig
49 ἡ οὐρά	der Schwanz (*Med.* Oxyuren ‚Spitzschwänze': Madenwürmer)
τὸ οὐροπύγιον *od.* ὀρροπύγιον	der Bürzel, hintere Teil des Vogelkörpers (wo die Schwanzfedern sitzen)
50 ὀχεύω	bespringen, begatten
ὀχεύομαι	sich gatten
ἡ ὀχεία	die Begattung

51 περιττός **370**	
τὸ περίττωμα, ατος *u.*	(das Überflüssige:)
ἡ περίττωσις, σεως	die Ausscheidung, der Kot
52 πέττω	1. verdauen
	2. zur Reife bringen, kochen, gären
ἡ πέψις, πέψεως	1. die Verdauung
	2. die Gärung, das Kochen
	(*Biol.* Pepsin: Eiweiß spaltendes Magenferment)
ἡ ἀ|πεψία	die Unverdaulichkeit
53 συμ|πλέκω 5.71	
ἡ πλεκτάνη	der Arm des Tintenfischs
54 ὁ πλεύμων *od.* πνεύμων, ονος	die Lunge (L pulmo; *Med.* Pneumonie: Lungenentzündung; die pn-Form: volksetymol. zu πνέω, πνεῦμα **384**)
55 ἡ πληγή, πλήττω **380**	
τὸ πλῆκτρον	(*eigtl.* der Schlagstab für die Kithara:)
	der Sporn (des Hahns)
56 τὸ πνεῦμα **384**	
ἀνα|πνέω	Atem holen
ἡ ἀναπνοή	das Atemholen, Einatmen
57 ἡ ῥάχις, ῥάχεως	die Wirbelsäule
	(*Med.* Rachitis: Vitamin-B-Mangel mit Verbiegung der W.)
58 ἡ ῥίς, ῥινός	die Nase
oft Plur. τὰ ῥίνη	(*Med.* Rhinitis: Schnupfen)
59 ὁ ῥύγχος	1. der Schnabel; 2. der Rüssel
	(*Zool.* Rhynchoten: Ordnung der Schnabelinsekten, wie Wanzen, Läuse)
60 ἡ σάρξ **408**	
σαρκώδης, ες	fleischartig, fleischig
61 σήπομαι	verwesen, verfaulen
	(*Med.* Sepsis, anti-, a-septisch)
62 σπείρω, τὸ σπέρμα **425**	
σπερματικός, ή, όν	fruchtbar
63 τὰ σπλάγχνα	die Eingeweide
	(*Med.* Splanchnologie)
64 ὁ σπλήν, σπληνός	die Milz (E spleen: Launenhaftigkeit, symptomatisch bei Milzsucht)
65 τὸ στῆθος, θους	die Brust (*Med.* Stethoskop)
66 τὸ στόμα **430**	
ὁ στόμαχος	1. der Schlund, die Kehle
	2. der Magen
	(L stomachus; E stomach)
67 σχίζω **435**	
πολυ|σχιδής, ές	vielfach gespalten
68 τήκω **449**	
τὸ σύν|τηγμα, ατος	der Fluß der Säfte (im Organismus)

69	τίκτω, τὸ τέκνον **452**	
	ἐκ|τίκτω	= τίκτω
	ζωοτόκος, ον (ζῷον **173** + τ.)	lebende Junge gebärend (Säugetier) (↔ ᾠοτόκος, *von* τὸ ᾠόν 8.83)
	ζωοτοκέω	lebende Junge gebären (↔ ᾠοτοκέω)
	πολυ|τόκος, ον	viele Junge (auf einen Wurf) gebärend
70	ὁ τράχηλος	der Hals
71	τρέφω **460**	
	θρεπτικός, ή, όν	die Ernährung betreffend, vegetativ
72	τὸ ὕδωρ **469**	
	ὑδατώδης, ες	wäßrig
73	ὁ ὑμήν, ὑμένος	die Haut, das Häutchen (*Med.* Hymen: Jungfernhäutchen)
74	ἡ φάρυγξ, υγγος	der Kehlkopf, Schlund (*Med.* Pharynx: Rachen; Pharyngitis)
75	τὸ φλέγμα, ατος	der Schleim (eine der Körperflüssigkeiten) (*urspr.* ‚Verbrennungsrückstand', Asche; das φ. galt als Ursache des ‚phlegmatischen' Temperaments)
76	ἡ φλέψ, φλεβός	die Ader
	τὸ φλέβιον	das Äderchen
77	φύω **493**	
	προσ|φύομαι	(zusätzl.) an etw. wachsen
	ἡ πρόσφυσις, σεως	das (an etw.) Wachsen, Werden (*z. B.* eines Geweihs)
	συμ|φύομαι	zusammenwachsen, verwachsen (*Med.* Symphyse: Schambeinfuge)
78	τὸ χεῖλος, λους	die Lippe (*Med.* Cheilitis: Lippenentzündung)
79	ἡ χολή	die Galle (*vgl.* ‚cholerisches' Temperament, *davon* Koller; *Med.* Cholera)
	μελαγχολικός, ή, όν (μέλας **288** + χ.)	(‚schwarzgallig':) melancholisch
80	τὸ χρῶμα 5.95	
	ἡ χρόα *od.* χροιά	die Farbe
81	ὁ χυμός	1. die Feuchtigkeit, der Saft 2. der Geschmack (*vgl.* Chemie, urspr. Chymie; das Wort Alchimie ist arabische Umgestaltung)
82	ἡ ψυχή, ψυχρός **509**	
	τὸ ψῦχος, χους *und* ἡ ψυχρότης, ητος	die Kälte
	ἡ ψῦξις, ψύξεως	die Abkühlung
83	τὸ ᾠόν	das Ei (L ovum; *Biol.* Oogenese: Entwicklung aus dem Ei)
	ᾠοτόκος, ον	eierlegend (↔ ζωοτόκος 8.69)
	ᾠοτοκέω	Eier legen (↔ ζωοτοκέω)
	ἐπ|ῳάζω	auf den Eiern sitzen, brüten

Zoologie (Arten und Gattungen)

84	ὁ ἀλεκτρυών, όνος	der Hahn
	ἡ ἀλεκτορίς, ίδος	das Huhn
85	ὁ/ἡ ἄρκτος	der Bär (auch als Sternbild, im Norden; *vgl.* Arktis, Antarktis)
86	ὁ γέρανος	der Kranich (*vgl.* ‚Geranie': ‚Storchschnabel'; *Techn.* Kran)
87	ὁ δελφίς, ῖνος	der Delphin
88	ὁ/ἡ ἔγχελυς, υος	der ‹Aal›
89	ὁ ἔλαφος	der Hirsch
90	ὁ ἐλέφας, αντος	der Elefant
91	ὁ ἐχῖνος	der Igel (*Zool.* Echinus: Seeigel)
92	ἡ θάλαττα **187**	
	θαλάττιος, α, ον	im Meere lebend
93	ὁ ἰχθύς **215**	
	τὸ ἰχθύδιον	der kleine Fisch
94	ὁ κάμηλος	das Kamel
95	ὁ κάραβος	die ‹Krabbe› (*vgl.* krabbeln)
96	ὁ καρκίνος	der Krebs (*Med.* Karzinom: ‚Krebs'-geschwulst; Karzinogene: Krebs-erregende Stoffe)
97	τὸ κέρας **231**	
	κερατοφόρος, ον	Hörner tragend, gehörnt
98	ὁ κεστρεύς, έως	die Seebarbe (eine Fischart)
99	ὁ κηφήν, ῆνος	die Drohne (männl. Biene)
100	ὁ κόκκυξ, υγος	der ‹Kuckuck›
101	ὁ κόραξ, ακος	der Rabe (L corvus)
102	ὁ κροκόδειλος	das Krokodil
103	ὁ κτείς, κτενός	der Kamm, die Kammuschel
104	ὁ λύκος	der ‹Wolf› (L lupus)
105	τὸ μέλι, ιτος	der Honig (L mel; μελί-μηλον ‚Honig-apfel' > *portug.* marmelo: Quitte > ‚Marmelade')
	ἡ μέλιττα	die Biene (*vgl.* ‚Melisse')
106	ἡ μυῖα	die Mücke, die Fliege
107	ἡ μύραινα	die Muräne (ein Speisefisch)
108	ὁ μῦς, μυός	die ‹Maus›, *auch* Muskel (L mus; musculus > Muskel; *Med.* Myokarditis: Herzmuskelentzündung)
109	ὁ ὀδούς 8.42	
	ἀμφώδων, δοντος (ἀμφί IX + ὀ.)	oben und unten mit Zähnen ausgerüstet, *d.h.* das Raubtier (im Gegensatz zum Wiederkäuer)
110	ὁ ὄνος	der Esel

111	ὁ ὄνυξ, υχος	die Klaue, die Kralle, der Nagel (*Med.* Onychie: Nagelbettentzündung)
	γαμψῶνυξ, *Gen.* υχος	mit krummen Klauen
	μῶνυξ, *Gen.* υχος (μία VI + ὄ.)	einzehig, einhufig (↔ δίχαλος 8.136)
112	τὸ ὄρνεον	= ὁ ὄρνις **346**
113	τὸ ὄστρακον	1. die Schale der Schildkröte 2. die Schale (aus Ton), Scherbe (*vgl.* Ostrakismus: Scherbengericht)
	ὀστρακόδερμος, ον (ὄ. + δέρμα **105**)	mit (harter) Schale
	μαλακόστρακος, ον (μαλακός **281** + ὄ.)	mit weicher Schale
	τὸ ὄστρεον	die ‹Auster›; *auch allg.* das Schalentier
114	ἡ ὄφις, ὄφεως	die Schlange
115	ἡ πάρδαλις, λεως	der Leopard
116	τὸ πεδίον, ὁ πούς **363**	
	ἄπους, ουν, *Gen.* ἄποδος	ohne Füße
	δίπους, ουν	zweifüßig
	πολύπους, ουν	vielfüßig (*Zool.* Polyp)
	τετράπους, ουν	vierfüßig
117	πέραν, πορεύομαι **369**	
	πορευτικός, ή, όν	gehend, das Gehtier (↔ πτερωτός *usw.*)
118	ἡ πέρδιξ, ικος	das Rebhuhn
119	ἡ περιστερά	die Taube
120	ἡ πορφύρα	die ‹Purpur›schnecke
121	πρανής, ές	nach vorwärts geneigt (L pronus)
	meist τὰ πρανῆ, νῶν	1. (vom Menschen:) die Vorderseite 2. (von kriechenden Tieren:) die Unterseite
122	τὸ πτερόν, πτηνός **398**	
	ἡ πτέρυξ, υγος	der Flügel (*Paläont.* Archäopteryx: Urvogel)
	τὸ πτερύγιον	das Flügelchen
	πτερωτός, ή, όν	geflügelt
	ἡ πτῆσις, σεως	der Flug
	πτητικός, ή, όν	flugfähig
123	ἡ σαύρα *und* ὁ σαῦρος	die Eidechse (*Paläont.* Saurier)
124	τὸ σέλαχος, χους	der Knorpelfisch (*Zool.* Selachii: Ordnung der K., mit knorpeligem Skelett: Haie und Rochen)
	σελαχώδης, ες	von der Art des Knorpelfischs

125	ἡ σηπία	der Tintenfisch (*Zool.* Sepia; *auch* Bezeichnung einer Farbe, die urspr. aus dem Tintenfisch gewonnen wurde)
126	ὁ σκορπίος	der Skorpion
127	ὁ σκώληξ, ηκος	der Wurm (*Med.* Skolex: Spulwurm)
	τὸ σκωλήκιον	das Würmchen
	σκωληκοτοκέω (σκ. + τίκτω **452**)	Würmer hervorbringen
128	ὁ σπόγγος	der Schwamm (E sponge)
129	ὁ σφήξ, σφηκός	die Wespe
130	ὁ ταῦρος	der Stier (L taurus)
131	τέμνω **446**	
	τὰ ἔν|τομα	die Insekten (ἐντέμνω = L insecare) (*Biol.* Entomologie)
132	τὸ ὕδωρ **469**	
	ἔν|υδρος, ον	im Wasser lebend
133	ὁ/ἡ ὗς, ὑός	das Schwein, die ‹Sau› (*von fem.* ὕαινα: Hyäne)
134	φθείρω **484**	
	ὁ φθείρ, ρός	die Laus (*Med.* Phtiriasis: Filzlausbefall)
135	ἡ φώκη	die Robbe, der Seehund (*Med.* Phoko-melie ‚Robbengliedrigkeit': e. Mißbildung der Gliedmaßen)
136	δί|χαλος, ον	mit gespaltenen Klauen, paarzehig (↔ μῶνυξ 8.111)
137	ἡ χελώνη	die Schildkröte

Botanik

138	ἡ ἄκανθα, ης	1. der Stachel, Dorn 2. die Wirbelsäule (*vgl.* Akanthus: Blattornament nach einer gleichnamigen Stachelpflanze)
	ἀκανθώδης, ες	stachlig, dornig
139	ἡ ἐλαία	die ‹Olive› (Baum und Frucht)
	τὸ ἔλαιον	das ‹Öl› (der Olive)
140	ἡ ῥίζα, ης	die Wurzel (*Bot.* Rhizom: Wurzelstock)
141	ἡ συκῆ *und* τὸ σῦκον	die Feige (*vgl.* Sykophant — v. φημί —: Denunziant, meldet die — verbotene — Ausfuhr von F.; Sykomore: Maulbeerfeigenbaum)

Meteorologie

142 ἡ ἀτμίς, ίδος	der Dampf, Dunst (*vgl.* Atem, Atmosphäre)
143 ὁ βορέας **75**	
βόρειος, α, ον	nördlich
144 ἡ εὐ|δία	das schöne Wetter (*vgl.* L dies; Ζεύς, *Gen.* Διός: *eigtl.* der klare Himmel; *Meteor.* Eudiometer: Luftgütemesser)
145 ὁ θυμός **203**	
ἡ ἀνα|θυμίασις, σεως	das Aufsteigen von Dünsten, die Ausdünstung
146 λείπω **267**	
ἡ ἔκ|λειψις, ψεως	das Fehlen, Ausbleiben (von Sonne oder Mond bei einer Finsternis) (*Astron.* Ekliptik: scheinbare Bahn der Sonne unter den Fixsternen; nur wenn der Mond auf dieser Linie steht, können Finsternisse eintreten)
147 τὸ νέφος, φους	die Wolke, der ‹Nebel› (L nubes) (*Meteor.* Isonephen: Verbindungslinien zw. Orten gleicher Bewölkung)
148 ὁ νότος	der Südwind
149 τρέπω **459**	
ἡ τροπή	die Wende, die Umkehr (*vgl.* Tropen: Zone zwischen den ‚Wende'kreisen)
περὶ τροπὰς τὰς χειμερινάς	um die Wintersonnenwende
150 ὁ χειμών **497**	
χειμέριος, α, ον *od.* χειμερινός, ή, όν	winterlich, stürmisch

9. Poesie

Sprachliche Besonderheiten

Die poetischen Texte weisen verschiedene Dialekte auf. Die Endung der Adjektive im Femininum ist hier in der (ionischen) Form η angegeben; sie erscheint in anderen Texten in der (dorischen) Form α. Ebenso erscheint z.B. das Wort τὸ κάρη (der Kopf, das Haupt) in den entsprechenden Texten in der Form κάρα, usw.

In der Dichtung werden oft Verba simplicia verwendet, die in ihrer Bedeutung einem aus dem Grundwortschatz bekannten Kompositum entsprechen. Besonders häufig sind:

Poesie	*GWS*
ἕζομαι	καθέζομαι
εὕδω	καθεύδω
ἧμαι	κάθημαι
ὄλλυμι	ἀπόλλυμι

Gleichbedeutend mit Wörtern aus dem Grundwortschatz sind ferner:

τὸ ἦμαρ, ἤματος	ἡ ἡμέρα
κατα|κτείνω	ἀπο|κτείνω
τὸ τέκος, κους	τὸ τέκνον
τὸ φάος, φάους	τὸ φῶς, φωτός

1	τὸ ἄγαλμα **2**	
	ἀγλαός, ή, όν	glänzend, hell
	ἡ ἀγλαΐα	der Glanz, die Helligkeit
2	ὁ αἰθήρ, θέρος	der (klare, heitere) Himmel, die Luft (*vgl.* Äther)
3	ἀΐσσω	sich heftig bewegen, losstürmen
4	ἀλάομαι	umherirren, in der Verbannung leben
	ἀλήτης, του	unstet und flüchtig; *Subst.* der Bettler
5	τὸ ἄλγος, γους	der Schmerz, das Leid (*vgl.* Neur-algie)
	ἀλγέω	Schmerz leiden
	ἀλγεινός, ή, όν	schmerzlich
6	ᾄδω, ἡ ᾠδή **10**	
	ἡ ἀοιδή	der Gesang, das Lied
	ὁ ἀοιδός	der Sänger
7	ἅλις *adv.*	1. genug 2. übergenug, haufenweise

8	ἡ ἀλκή	1. die Abwehr 2. (womit man sich wehrt:) die Kraft
	ἄλκιμος, η, ον	wehrhaft, stark
9	ὁ ἄναξ, ἄνακτος	der Herr, Gebieter
	ἡ ἄνασσα	die Herrin, Gebieterin
	ἀνάσσω	herrschen, gebieten
10	ἡ ἀρά	1. das Gebet 2. die Verwünschung, der Fluch
	ἀράομαι	1. beten 2. jmd. verwünschen, verfluchen
11	ἀρήγω	helfen
	ἀρωγός, όν	hilfreich; *Subst.* der Helfer
12	ἡ ἄτη	das (von Göttern verhängte) Unheil; *spez.* die Verblendung (Verlust des klaren Urteils)
13	ἡ αὐδή	die Stimme, Sprache
	αὐδάω	sagen, sprechen
14	ἄχθομαι **61**	
	τὸ ἄχος, ἄχους	der (seelische) Schmerz, das Leid
15	ὁ βίος **71**	
	ὁ βίοτος *und* ἡ βιοτή	1. das Leben 2. der Lebensunterhalt
16	βλέπω **73**	
	τὸ βλέφαρον	1. das Augenlid; 2. das Auge
17	βροτός, ή, όν *und* βρότειος, ον	sterblich (< μρο-τος, *vgl.* L mors)
	ἄμβροτος, ον *und* ἀμβρόσιος, ον	unsterblich (*vgl.* Ambrosia: Speise der Unsterblichen)
18	τὸ γένος, γίγνομαι **85**	
	γείνομαι	1. *Pass.* geboren werden 2. *Med.* (Kinder) zeugen
	γεγαώς, αυῖα *und* γεγώς, ῶσα, *Gen.* (α)ῶτος	(*Part. Pf. zu* γίγνομαι; γα < γεν) entstanden, seiend
	Ἑλένη, Διὸς ἐκγεγαυῖα	Helena, die Tochter des Zeus
	ὁ κασίγνητος	der Bruder
19	γηθέω *Pf.* γέγηθα	sich freuen (L gaudere)
20	ὁ γόος	der Jammer, die Klage; *spez.* Totenklage
	γοάω	jammern, klagen
21	ἡ δαίς, δαιτός	1. der Anteil, die Portion (*vgl.* Geo-däsie: Vermessungstechnik und -wissenschaft) 2. das Gastmahl
22	δαμάω *od.* δαμάζω	1. ‹zähmen›, bändigen, bezwingen (L domare; *vgl.* Dompteur) 2. *spez.* (ein Mädchen) verheiraten

▷

	ὁ δμώς, δμωός	der Sklave, Knecht (*spez.* der im Krieg erbeutete)
	ἡ δμωή	die Sklavin, Magd
23	δήϊος, η, ον *od.* δάϊος, η, ον	1. brennend, verzehrend, verderbenbringend 2. feindlich
24	ἡ δίνη	der Wirbel, Strudel
	δίνω	herumwirbeln
25	δῖος, α, ον	1. strahlend, herrlich, göttlich 2. zu Zeus gehörig, von Zeus (*vgl.* Ζεύς, *Gen.* Διός; L dies, divus)
26	οἰκο|δομέω (ὁ οἶκος) **325**	
	ὁ δόμος *und* τὸ δῶμα, ατος (*oft Plur.*)	das Bauwerk, das Haus (L domus; *vgl.* Dom)
	τὸ δέμας *nur Nom. und Akk.*	der Körperbau, die Gestalt
27	τὸ ἔγχος, χους	1. der Speer; 2. *allg.* die Waffe
28	ἕνεκα VII	
	οὕνεκα	(οὗ ἕνεκα) weswegen, weil
29	ἐνέπω *od.* ἐννέπω	verkünden, sagen
30	ἐπείγω	drängen
	ἐπείγομαι	sich eilen
31	τὸ ἔργον **153**	
	ἔρδω *od.* ἕρδω (*Inf. Aor.* ἔρξαι)	machen, tun
32	ἐρείδω	stemmen, stützen
33	ἐσθλός, ή, όν	tüchtig, gut, edel
34	ἡ εὐνή	das Bett (*vgl.* Eunuch: von ἔχω, urspr. „Bettwart": Kammerdiener)
35	ἥκω, ἀφ|ικνέομαι **177**	
	ἱκνέομαι *und* ἐφ|ικνέομαι	kommen, hinzukommen
36	ὁ θάλαμος	1. das Lager, die Schlafkammer 2. *allg.* die Kammer
37	θάλλω	in voller Kraft stehen, blühen, schwellen
	θαλερός, ή, όν	kräftig, blühend, schwellend
38	θέω **196**	
	θοός, ή, όν	schnell
39	ὁ ἵμερος	1. die Sehnsucht, das Verlangen 2. (was Verlangen erweckt:) der Liebreiz, Charme
40	ὁ ἰός	der Pfeil
41	καλύπτω	verbergen, einhüllen (*vgl.* Eukalyptus)
42	ἡ καρδία **226**	
	τὸ κῆρ, κηρός *und* τὸ κέαρ *nur Nom. und Akk.*	das ‹Herz› (L cor)

43	τὸ κάρη *Gen.* κάρητος/ καρήατος/κρατός	der Kopf, das Haupt
44	κείρω	scheren, abschneiden
45	κελαινός, ή, όν	schwarz, finster
46	ἡ κέλευθος *und* τὰ κέλευθα	der Weg, die Bahn
47	κεύθω	verbergen, verhehlen
48	κήδομαι **234** τὸ κῆδος, δους	 die Sorge, das Leid
49	ἡ κήρ, κηρός	der Tod, das Verderben
50	κλίνω	1. anlehnen, neigen 2. beugen, biegen
51	κλύω τὸ κλέος, κλέους	hören (was man hört:) das Gerücht, die Kunde; *spez.* der Ruhm
	κλυτός, ή, όν *und* κλειτός, ή, όν *und* κλεινός, ή, όν	berühmt
52	ὁ κοίρανος	der Herr, Gebieter
53	ἡ κόμη	das (lang herabhängende) Haar, der Schopf (L coma; *vgl.* Komet: ‚langhaariger Stern')
54	ὁ κόρος *od.* κοῦρος ἡ κόρη *od.* κούρη	der junge Mann (*vgl.* ‚Dioskuren') das Mädchen (*vgl.* ‚Korenhalle', am Erechtheion in Athen)
55	ὁ κρατήρ *od.* κρητήρ, ῆρος	der Mischkrug (zum Mischen von Wasser und Wein, mit weiter Öffnung, *daher* (Vulkan-) Krater)
56	κυάνεος, η, ον	schwarzblau, finster (*vgl.* Zyane: Kornblume; Zyankali)
57	τὸ κῦμα, ατος	die Woge, Welle
58	λάμπω	leuchten (*vgl.* Lampe)
59	ὁ λαός	das Volk (*Namen* Menelaos, Nikolaus; *vgl.* Laie: urspr. ‚einer aus dem Volk', d.h. Nichtkleriker)
60	τὸ λέχος, χους *und* τὸ λέκτρον ἡ ἄλοχος (α *copul.* + λέχος)	das Bett (‚Bettgenossin':) die (Ehe)frau
61	αἱ λιταί λίσσομαι	die Bitten, das Flehen (*vgl.* Litanei) flehen, bitten
62	λούω τὸ λουτρόν	baden, waschen (L lavare) das Bad, die Waschung
63	λυγρός, ή, όν	1. traurig (*vgl.* L lugere) 2. verderbenbringend

64	τὸ μένος, νους	die Kraft, der Mut, der Wille (*vgl.* L mens)
	δυσ|μενής, ές	übelwollend, feindlich
	ἡ μῆνις, ιος	der Zorn, Groll
	μηνίω	zürnen, grollen
65	μένω **293**	
	μίμνω (*Präsensredupl.*)	bleiben
66	τὸ νεῖκος, κους	der Streit, Zank
67	νέρθε *und* ἔνερθε	unten, von unten
	Komp. οἱ νέρτεροι	die Unterirdischen (Tote und Totengötter)
	Superl. νείατος, η, ον	der unterste
68	τὸ νέφος, φους *und* ἡ νεφέλη	die Wolke (*vgl.* ‹Nebel›; L nubes)
69	νήπιος, η, ον	unmündig, unwissend
70	ὁ νόστος	die Heimkehr (*vgl.* Nostalgie: Heimweh)
	νοστέω	heimkehren
71	ἡ νύμφη	die junge Frau, die Braut (*vgl.* Nymphe, Nymphomanie)
72	νῶι *Gen. und Dat.* νῶιν	wir beide (*1. Pers. dualis*)
73	ξανθός, ή, όν	blond, gelblich (*Name* Xanthippe)
74	τὸ ξίφος, φους	das Schwert
75	οἴ *und* οἴμοι	weh! weh mir!
	οἰμώζω	(οἴμοι schreien:) klagen, jammern
76	οἷος. ὅσος IV	
	τοῖος, η, ον	derartig, so (beschaffen)
	τόσος *od.* τόσσος, η, ον	so groß
77	ὁ οἰωνός	der Vogel; *spez.* der Raubvogel
78	ὁ ὄλεθρος, ἀπ|όλλυμαι **330**	
	ὄλωλα *Pf.*	zugrundegerichtet sein
	ὀλοός, ή, όν	verderbenbringend
79	τὸ ὄνειαρ, ατος	die Erquickung, Speise
80	ὁράω **340**	
	εἰσ|οράω	ansehen, betrachten
81	ὄρνυμι	in Bewegung setzen, aufjagen
	ὄρνυμαι	sich in Bewegung setzen, sich erheben (L oriri; *vgl.* Orient)
82	ὁ ὄχος *meist Plur.* τὰ ὄχεα	das Fahrzeug, der Wagen (< ϝοχος, *vgl.* L vehi)
	τὸ ὄχημα, ατος	das Fahrzeug (*auch spez.* Schiff)
83	πάλλω	schwingen, schütteln (*vgl.* Katapult)
84	τὸ πάθος **356** (< πυ̥θος)	
	τὸ πένθος, θους	das Leid, die Trauer
	πενθέω	trauern
85	πάρος	1. *adv.* vorher, früher 2. *Konjunktion* bevor

86	πείθομαι **364**	
	πέποιθα *Pf.*	Vertrauen haben
87	πέλω *und*	1. sich drehen, sich bewegen
	πέλομαι	(πόλος Pol, Drehpunkt)
		2. sich wo aufhalten (*wie* L versari)
		3. *allg.* sein
88	πέραν **369**	
	περάω	(durchdringen; *spez.*:)
		1. durchstechen; 2. durchschreiten
89	πέρθω	zerstören, verwüsten
90	τὸ πῆμα, ατος	das Unglück, Unheil
91	πλησίον **382**	
	πέλας *adv.*	nahe
	πελάζω	1. *tr.* nahebringen
		2. *intr.* sich nähern
	πλησίος, η, ον	benachbart
92	τὸ πνεῦμα **384**	
	πνέω	hauchen, atmen, wehen
	ἡ πνοή *od.* πνοιή	(Hauch:)
		1. der Atem; 2. der Wind
93	πολιός, ή, όν	weißlich, grau (*vgl.* ‚Polio': Poliomyelitis: Erkrankung des grauen Rückenmarks, d. i. Kinderlähmung)
94	ὁ πόσις, σεως	der Herr, Gebieter
		(*vgl.* L potens, posse)
	ἡ πότνια	die Herrin, Gebieterin
95	πότε XIII	
	οὔποτε	niemals
96	ὁ πότμος	das Verhängnis, Schicksal; *spez.* der Tod
97	ἡ πρύμνη *od.* πρύμνα	das Heck (eines Schiffes)
98	ῥήγνυμι	zerbrechen, zersprengen
		(< ϝρηγ-; L frangere; *vgl.* Wrack)
99	σεύομαι	(sich heftig bewegen:)
	Aor. 3. Sg. ἔσσυτο	1. eilen, hinstürmen
		2. etw. sehr begehren
100	ἀ|σθενής **414**	
	τὸ σθένος, νους	die Kraft, Stärke
101	τὸ σκῆπτρον	der Stab; *spez.* (als Zeichen einer Würde:) das ‹Szepter› (*vgl.* Schaft < scaft)
102	σπένδω	ausgießen; *spez.*: ein Trankopfer bringen
	Aor. ἔσπεισα	
	ἡ σπονδή	das Trankopfer
103	στένω *und* στενάζω	‹stöhnen›, seufzen
	στενάχω *und*	1. ‹stöhnen›, seufzen
	στεναχίζω	2. dröhnen, tosen
104	στυγέω	Schauder empfinden, hassen, verabscheuen
	▷	

	στυγνός, ή, όν *und*	verhaßt, verabscheut (*vgl.* Styx:
	στυγερός, ή, όν	‚Fluß des Schauders', in der Unterwelt)
105	σχέτλιος, η, ον	1. stark, gewaltig
		2. grausam, entsetzlich
106	τὸ τάλαντον **438**	
	τάλας, αινα, αν,	1. (der viel ertragen kann:)
	Gen. αντος *und*	kühn, dreist
	τλήμων, ον, *Gen.* ονος	2. (der viel ertragen muß:)
		unglücklich, geplagt
	ἔτλην *Aor.*, *Inf.* τλῆναι	ertragen, erdulden
		(*vgl.* L tolerare, tuli; Geduld)
107	ταρβέω	sich fürchten
108	τέρπω	sättigen, erfreuen
		(*vgl.* ‚Terpsi-chore': Muse des Tanzes)
109	τὸ τεῦχος, χους	das Gerät; *spez.* die Waffe
	τεύχω	anfertigen, machen
110	τίθημι (Wurzel θε-) **451**	
	ἡ θέμις, ιστος	die (von Gott ‚gesetzte') heilige Ordnung
111	τίκτω, τὸ τέκνον **452**	
	οἱ τοκεῖς, κέων	die Eltern
	ὁ τόκος	1. die Geburt; 2. das Kind
112	τρέω	zittern, sich fürchten
113	τὸ φάσγανον	das Schwert
114	φάσκω, φημί, ἡ φωνή **477**	
	φωνέω	(seine Stimme schallen lassen:) rufen
115	φρονέω. φράζω **491**	
	ἡ φρήν, φρενός	1. das Zwerchfell
	oft Plur. αἱ φρένες	2. (Bewegung des Zw.: ‚innere Regung':)
		das Denken, die Gesinnung
	φράζομαι	1. bemerken, wahrnehmen
		2. überlegen
		3. beschließen
116	ὁ φώς, φωτός	der Mann
117	χέω	‹gießen›, ausgießen
	Aor. ἔχεα	
118	ἡ χθών, χθονός	die Erde, das Land
		(*vgl.* Autochthon: Ureinwohner;
		Name ‚Melanchthon' gräzisiert aus
		‚Schwarz-ert')
119	ὁ χόλος	1. die Galle; 2. der Zorn
		(*vgl.* cholerisch, Koller, Cholera,
		Melan-cholie)
	χολόομαι	zürnen
120	ὁ χρώς, χρωτός	(die Oberfläche)
		1. die Haut (*auch pars pro toto:* der Leib)
		2. die Farbe
121	ὠκύς, εῖα (έα), ύ	schnell
	adv. ὦκα	

10. Homer

Zur homerischen Wortbildung

Suffixe und Präfixe

Adjektivpräfix ἐρι-	stark, voll
z. B. ἐρικυδής, ές	ruhmvoll
Präfix νη- (*bei vokalisch anlautenden Adj. und Subst.*)	*Negation*
z. B. ἡ νηνεμίη	die Windstille
νημερτής, ές	unfehlbar
νηλεής, ές	unbarmherzig
Adj.-Suffix -όεις, -όεσσα, -όεν	voll von ...
z. B. αἱματόεις	blutig
δακρυόεις	tränenreich
Verbalsuffix -σκ-	1. *incohativ;* 2. *intensiv*
z. B. εἴασκε	er ließ
ἔχεσκε	er hielt
Suffix -τα	= της (*Wortbildung* 2.1.1.)
z. B. ὁ ἱππότα, του	der Rosselenker, der Wagenkämpfer
Kasusartiges Suffix -φι	1. *instrumentalis;* 2. *separativus* (*wie* L Ablativ)
z. B. *zu* 1.: κρατερῆφι βίηφι	mit überlegener Gewalt
zu 2.: ἐξ εὐνῆφι	aus dem Bett

Verba composita erscheinen manchmal zweigeteilt (*sog.* Tmesis, *von* τέμνω schneiden)

z. B. ἐκ δ' ἔβαν = ἐξέβησαν	sie kamen heraus
ἐπὶ κνέφας ἦλθε = κνέφας ἐπῆλθε	Finsternis kam herauf

Präpositionen werfen manchmal den letzten Vokal ab (*sog.* Apókope, *von* ἀποκόπτω abhauen, abtrennen)

z. B. ἀνστήσας = ἀναστήσας	aufstehend
κάλλιπε (< κάτλιπε) = κατέλιπε	er ließ zurück

Metrische Dehnung (zur Schaffung langer Vokale im Daktylus),

z. B. ἔλλαβε	= ἔλαβε	er nahm
μοῦνος	= μόνος	allein
χρύσειος	= χρύσεος	golden
εἰν	= ἐν	
εἵνεκα	= ἕνεκα	

Der aus αο entstandene Kontraktionsvokal ω wird in οω zerdehnt, *z. B.*

κομόωντες Ἀχαιοί (κομόωντες *Part. zu* κομάω 10.80)	die langhaarigen Achaier
ἀντιόων (*Part. zu* ἀντιάω)	entgegengehend

Prothetische Vokale (zur Schaffung von Kürzen im Daktylus) (*von* προτίθημι davorsetzen), *z. B.*

ἐείκοσι	= εἴκοσι	zwanzig
ἐέλπομαι	= ἔλπομαι	erwarten, hoffen
ἐΐση	= ἴση	gleich

Wörter, die aus dem Grundwortschatz mit etwas anderer Lautgestalt bekannt sind:

Homer	*GWS*
ἀείδω	ᾄδω
αὖτις	αὖθις
δεύομαι	δέομαι
ἔμμεναι (*Inf.*)	εἶναι
ὁ ἠέλιος	ὁ ἥλιος
ἰθύς	εὐθύς
ἡ νηῦς	ἡ ναῦς
ἀ|πιθέω	ἀ|πειθέω
τανύω	τείνω

Verben, die im Grundwortschatz einen erweiterten Stamm zeigen:

Homer	*GWS*
ἐλάω	ἐλαύνω
ἔλπομαι	ἐλπίζω
κέλομαι	κελεύω
λήθω	λανθάνω
μίσγω	μείγνυμι
σαόω	σῴζω

Kleine Wörter

1. Der Artikel fehlt bei Homer fast immer; ὅ und ὅς sind Demonstrativpronomina.
2. Pronomina

Homer	*„Kleine Wörter"*	
ἐγών	ἐγώ	ich
Gen. ἐμεῖο *u.* ἐμέθεν	ἐμοῦ	von mir
ἄμμες	ἡμεῖς	wir
ὔμμες	ὑμεῖς	ihr
ἕο *und* εἷο	αὐτοῦ, ἑαυτοῦ	seiner
ἕ	αὐτόν, ἑαυτόν	ihn, sich
μιν (*enklitisch*)	αὐτόν, αὐτήν	ihn, sie
τεός	σός	dein
ἑός *und* ὅς	αὐτοῦ	sein
σφέτερος	αὐτῶν, ἑαυτῶν	ihr (eigener)

3. Präpositionen

νόσφι(ν) *b. Gen.*	außer, getrennt von
ποτί *und* προτί	= πρός

4. Adverbien des Orts
(teilweise auch als Präpositionen mit Gen. verwendet)

ἄγχι *und* ἀγχοῦ	ganz nahe, dicht dabei
Komp. ἆσσον	näher
ἄνευθεν *und* ἀπάνευθεν	fern, von fern (*vgl.* ἄνευ)
ἄντα *und* ἔναντα *und* ἀντίον	entgegen, gegenüber (*vgl.* ἀντί)
ἄντην	1. entgegen, gegenüber 2. vor aller Augen, öffentlich
ἄψ	1. fort, weg 2. wieder, erneut (*vgl.* ἀπό)
ἑκάς	fern
ἑτέρωθεν	von der anderen Seite (*vgl.* ἕτερος V)
θύραζε (< θυρασδε)	zur Tür, nach draußen
ὅθι	wo (*relativ, wie att.* οὗ XII)
τῆλε	fern (*vgl.* Tele-fon usw.)
τηλόθεν	von fern
χαμᾶζε	zu Boden
χαμαί	am Boden (L humi)

5. Adverbien der Zeit und der zeitlichen Abfolge

αἶψα	schnell, sofort
ἄφαρ	sofort
δήν *und* δηρόν	lange (*vgl.* L diu, durare)
νέον	1. vor kurzem 2. von neuem
τόφρα (*Demonstr. zu* ὄφρα, *s. u.* 7.)	so lange

6. Adverbien der Art und Weise

ἀκέων *und* ἀκήν	schweigend
αὔτως	1. ebenso 2. nur so (*d.h.* ohne Absicht und Zweck)
ὁμῶς	auf dieselbe Weise (*vgl.* ὅμοιος **335**)

7. Konjunktionen und Partikeln

Homer	*„Kleine Wörter"*	
αἰ	εἰ	1. wenn, falls; 2. ob
αἴθε	εἴθε	o wenn doch
αὐτάρ	ἀτάρ	aber, hingegen
ἠέ	ἤ	oder
ἦμος		als (*im Temporalsatz*)
ἠΰτε		wie, wie wenn (*am Beginn eines Gleichnisses*)
κε(ν)	ἄν	
ὄφρα		1. solange (*vgl.* τόφρα, 6.) 2. damit (= ἵνα)

1 ἄγαν XV	
ἀγαυός, ή, όν	erhaben, erlaucht
2 ἄγνυμι	etw. zerbrechen
3 ἡ ἀγορά **5**	
ἀγείρω	sammeln
νεφεληγερέτα (νεφέλη 9.68 + ἀ.)	der Wolkensammler (Epitheton für Zeus)
ἀγορεύω	(in der Versammlung sprechen:) reden, etw. sagen
4 τὸ ἆθλον **11**	
ὁ ἄεθλος	der Wettkampf, die Anstrengung
5 αἰγίοχος (*von* ἔχω)	die Aigis haltend, die Aigis tragend (Aigis: Schild des Zeus u. der Athene)
6 ἡ αἰδώς **13**	
αἰδοῖος, η, ον	1. (v. Niederem:) bescheiden, schamhaft 2. (v. Hohem:) ehrfurchtgebietend
7 αἰνός, ή, όν	gräßlich
8 ἡ αἴξ, αἰγός	die Ziege
9 αἰπύς, εῖα, ύ	steil, jäh
Πύλου αἰπὺ πτολίεθρον	die hochgelegene Burg von Pylos
αἰπὺς ὄλεθρος	das jähe Verderben
10 ἡ αἶσα	1. der Anteil, der einem gebührt 2. das Geschick
κακὴ Διὸς αἶσα παρέστη.	Eine schlimme Fügung von Zeus trat ein.
αἴσιμος, ον *und* ἐν|αίσιμος, ον	1. gebührend; 2. schicksalhaft
11 ἡ αἰχμή **21**	
ὁ αἰχμητής, τοῦ	(*eigtl.* Lanzenkämpfer, *dann allg*:) der Kämpfer, Held
12 ἄκρος **25**	
ἀκοντίζω	den Speer schleudern

13	τὸ ἄλγος 9.5	
	ἀργαλέος, η, ον (< αλγαλ.)	schwierig, lästig
14	ἀλεείνω *und*	ausweichen (*z.B.* einem Geschoß),
	ἀλέομαι *und*	etw. meiden
	ἀλεύομαι *und*	
	ἀλύσκω	
	κῆρα μέλαιναν ἀλεείνειν	dem finstern Tode ausweichen
15	ἡ ἀλκή 9.8	
	ἀλέξω	abwehren
		(*Name* Alexander, *aus* ἀ. + ἀνήρ **36**)
16	ἅλλομαι	springen (L salire; *vgl.* Halma)
17	ἀμείβομαι **30**	
	ἀπ|αμείβομαι	antworten
18	ἀμύμων, ον, *Gen.* ονος	untadelig
19	ὁ ἀνήρ **36**	
	ἀγήνωρ, *Gen.* νορος (ἄγαν XV + ἀ.)	mannhaft, stolz
20	ἀντίος **38**	
	ἀντιάω *od.* ἀντιάζω	entgegengehen
21	ἄνωγα *Pf.*	ich habe befohlen
22	ἀολλής, ές	dicht gedrängt, haufenweise
	Ἀργεῖοι δ' ὑπέμειναν ἀολλέες.	Die Achaier erwarteten (sie) dichtgedrängt.
23	ἀπαυράω	wegnehmen, rauben
24	ἀπειλέω	1. drohen 2. prahlerisch ankündigen
25	ἄρα XIX, ἁρμόττω **48**	
	ἀραρίσκω	zusammenfügen
	ἄρνυμαι	(‚erhalten':) 1. erwerben, bekommen 2. bewahren, retten
26	ὁ ἄργυρος **43**	
	ἀργύρεος, η, ον	silbern
27	ἀρήϊος, η, ον	dem Ares geweiht, kriegerisch
	Μενέλαος ἀρήϊος	Menelaos der Kriegerische (= Günstling des Ares)
28	ἡ ἄρουρα	das (bebaute) Land (*vgl.* L arare)
29	ἀτάσθαλος, ον	übermütig, frevelhaft
30	ἀτρεκής, ές	unumwunden, zuverlässig, genau
	ἀτρεκέως μαντεύσομαι	ich werde zuverlässig verkünden
31	αὔω	schreien
	κέκλετ' ἀΰσας	er befahl schreiend (κ.: *Aor.* zu κέλομαι)
32	ἀφνειός, ή, όν	reich
33	τὸ ἄχος 9.14	
	ἄχνυμαι	betrübt sein, Kummer haben
	ἀκαχίζω (*redupl.*)	betrüben, Kummer machen
34	γλαφυρός, ή, όν	hohl, gewölbt

35	τὰ γυῖα	1. die Gliedmaßen 2. (pars pro toto:) der Körper
	γυῖα λέλυντο	(seine) Glieder hatten sich gelöst (*d.h.* er war gestorben)
36	ἐδάην (*Wurzelaorist*), *Inf.* δαῆναι *od.* δαήμεναι	lernen, erfahren
	Part. Pf. δεδαώς, *Gen.* ότος	verständig, kundig
	δαΐφρων, *Gen.* ονος	verständig, kundig
37	ἡ δαίς 9.21	
	δαίνυμι	austeilen
	δαίνυμαι	(sich Essen zuteilen lassen:) essen, tafeln
	δατέομαι	austeilen
38	τὸ δέπας, παος	der Becher
39	δήϊος 9.23	
	δηϊόω	verwüsten, vernichten
	ἡ δηϊότης, ητος	der mörderische Kampf
40	δολιχός, ή, όν	lang
	δολιχό|σκιον ἔγχος	der e. langen Schatten werfende Speer
41	τὸ δόρπον	das Abendessen
42	δύο VI	
	δοιός, ή, όν	zweifach, doppelt
43	ἐν|δύομαι **123**	
	δύω	1. etw. eintauchen 2. (Kleider) anziehen
44	ἔδω *und* ἐσθίω	‹essen› (L edere)
	Aor. ἔφαγον	
	ἡ ἐδητύς, ύος	das Essen, die Speise
	ὁ ὀδούς, ὀδόντος	(*eigentl. ein Part.:* ‚essend‘:) der Zahn (*vgl.* L dens, Dentist)
45	τὸ εἶδος **131**	
	εἴδομαι	1. scheinen; 2. jmd. gleichen
46	ἡ εἰκών, ἔοικα **133**	
	ἀ|εικής, ές	1. unangebracht, unschicklich 2. unehrenhaft, schmählich
	ἐοικώς, υῖα, ός	1. ähnlich 2. angebracht, schicklich
47	τὸ εἶμα, ατος	das Kleid, Gewand
	ἕννυμαι	sich etw. anziehen
48	ἠρόμην (ἐρωτάω) **157**	
	εἴρομαι	fragen
49	ἡ ἑκατόμβη (ἑκατόν VI + βοῦς **78**)	das festliche Opfer (*urspr.* von 100 Rindern)
50	τὰ ἔναρα	die Rüstung (die dem getöteten Gegner abgenommen wird)
	ἐναρίζω *und* ἐξ|εναρίζω	(jmd. der Rüstung berauben:) jmd. im Kampf töten

51	ἐννοσίγαιος (γαῖα **88**) *u.* ἐνοσίχθων (χθών 9.118)	der Erderschütterer (Epitheton für Poseidon)
52	τὸ ἔπος, εἰπεῖν **151**	
	ἡ ὄψ, ὀπός	die Stimme (L vox)
53	ἐρείπω	niederreißen, niederwerfen
54	ἐρύκω	1. zurückhalten 2. fernhalten, abwehren
55	⚠ ἐρύομαι	1. beobachten 2. bewahren, beschützen
56	⚠ ἐρύω	ziehen, schleppen, reißen
57	ἐτεός, ά, όν *und* ἐτήτυμος, ά, ον	wahr, echt (*vgl.* Etymologie: Lehre v.d. ‚eigentl.' Bedeutungen der Wörter)
58	εὐρύς, εῖα, ύ	weit, breit
59	εὖ **162**	
	ἐΰς *od.* ἠΰς, ἠΰ	gut
60	ζήω, ἡ ζωή **173**	
	ζωός, ή, όν	lebend
61	ἡγέομαι, ὁ ἡγεμών **175**	
	ἡγεμονεύω	Führer sein, herrschen
62	ἡδύς **176**	
	ἁνδάνω	angenehm sein, gefallen
	Ἀγαμέμνονι ἥνδανε θυμῷ	es gefiel Agamemnon in seinem Sinn
63	τὰ ἡνία	die Zügel
	ὁ ἡνίοχος (ἡ. + ἔχω **169**)	der Zügelhalter, Wagenlenker, (auf dem δίφρος 10.150)
64	ἠριγένεια	die frühgeborene (Epitheton für Eos, die Morgenröte)
65	τὸ ἦτορ, ἤτορος	das Innere, das Herz, der Mut
	μεγαλήτωρ, τορος	(mit großem Mut:) mutig
66	ἡ ἠώς, ἠοῦς	die Morgenröte, Eos
	ἦμος δ' ἠριγένεια φάνη ῥοδοδάκτυλος ἠώς	als nun die frühgeborene erschien, die rosenfingerige Eos
67	θαμβέω *Part. Aor.* ταφών. *Pf.* τέθηπα	erstaunen, erschrecken
68	θρῴσκω *Aor.* ἔθορον	springen
69	ἰάχω	schreien, brüllen
70	ἱκνέομαι 9.35	
	ἵκω *und* ἱκάνω	kommen, ankommen
	νέομαι	1. heimkommen 2. *allg.* kommen
71	ὁ ἵππος **212**	
	ἱππόδαμος (ἱ. + δαμάω 9.22)	Rosse bändigend (Epitheton für Hektor und andere Helden)
	ὁ ἱππότα *nur Nom.*	der Rosselenker, Wagenkämpfer

72	ἡ ἴς, ἰνός	1. die Sehne; 2. die Kraft (L vis)
	ἶφι (*Instrumentalis*)	kraftvoll (*Name* Iphigenie)
	ἴφθιμος, η, ον	kraftvoll, stark
73	ἵστημι **214**	
	ὁ ἱστός	1. der Mast 2. der Webstuhl (ein senkrechtes Gestell) (*Biol./Med.* Histologie: Lehre von den Geweben)
74	καρπάλιμος, ον	rasch, flink
75	τὸ κέρδος **232**	
	κέρδιον *Komp. neutr.*	(‚mehr Gewinn bringend':) vorteilhafter, besser
	ἐμοὶ δέ κε κέρδιον εἴη …	für mich aber wäre es wohl besser …
76	κιχάνω	1. einholen, erreichen 2. antreffen
77	κίω	gehen
78	κλίνω 9.50	
	ἡ κλισίη	(wo man sich's bequem macht:) 1. die Hütte, das Zelt, die Unterkunft 2. der Sessel
79	εὔ|κνημις, *Gen.* ιδος	gut gerüstet (*eigtl.* mit guten Beinschienen, κνημῖδες; *von* κνήμη Schienbein)
80	ἡ κόμη 9.53	
	κομάω	langes Haar tragen
	κάρη κομόωντες Ἀχαιοί	die (am Kopf) langhaarigen Achaier
81	ἡ κονίη	der Staub (*vgl.* L cinis Asche)
82	ἡ κόρυς, υθος	der Helm
	κορυθαίολος	mit wehendem Helmbusch (Epitheton für Hektor)
83	τὸ κράτος **249**	
	κρατερός, ή, όν	stark, überlegen
84	τὸ κρέας, κρέως	das Fleisch (*Med.* Pancreas: Bauchspeicheldrüse)
85	κρείων, *Gen.* οντος	herrschend, gebietend; *Subst.* der Herrscher
	κρείων ἐνοσίχθων (10.51)	(Epitheton für Poseidon)
86	τὸ κῦδος, δους	1. der Ruhm, die Größe 2. das Gelingen
	Ὀδυσεῦ, μέγα κῦδος Ἀχαιῶν	(als ehrende Anrede) Odysseus, großer Ruhm des Achaier
	κυδάλιμος, η, ον	ruhmvoll, groß
87	λανθάνω **265**	
	λήθομαι	vergessen
88	λιγύς, εῖα, ύ *und* λιγυρός, ή, όν	schrill, laut
89	ὁ λοιγός	das Verderben, das Unheil

90	μάρναμαι	kämpfen
91	ἡ μάστιξ, ιγος	die Peitsche
92	ἡ μάχη **285**	
	ὁ πρό|μαχος	der Vorkämpfer
93	μέγας **286**	
	τὸ μέγαρον	der Saal
	Pl. τὰ μέγαρα	das Haus, der Palast
94	τὸ μένος 9.64	
	μενεαίνω	1. nach etw. verlangen 2. zürnen, grollen
	μέμαα *Pf.*	nach etw. verlangen
	ὁ μνηστήρ, ῆρος	der Freier
95	μερμηρίζω *Aor.* μερμήριξα	nachdenken
96	μήδομαι	1. sorgen 2. denken, ersinnen
	ὁ μέδων, δοντος	(*eigtl. Part.:* ‚der Sorge trägt für etw.‘:) der Herrscher
	ἡ μῆτις, ιος	die Klugheit, der Plan
97	τὰ μῆλα	das Kleinvieh (*spez.* Ziegen und Schafe)
98	ὁ μηρός	der Schenkel
99	μόγις XV	
	μογέω	sich abmühen
100	ὁ μῦθος **308**	
	μυθέομαι	reden, sprechen
101	μῶνυξ, *Gen.* υχος	einhufig (im Gegensatz zu paarzehig; Epitheton für das Pferd)
102	τὸ νεῖκος 9.66	
	νεικέω *od.* νεικείω	streiten, zanken
103	νεύω	nicken
104	ὄβριμος, ον	wuchtig
	ὄβριμον ἔγχος	die wuchtige Lanze
105	ὀδύρομαι	Schmerzen haben, jammern (ἡ ὀδύνη der Schmerz)
106	ἡ ὀϊζύς, ύος	der Jammer, die Qual
	ὀϊζυρός, ή, όν	jammervoll, qualvoll
107	οἶος, η, ον	allein (*vgl.* L unus)
108	ὁ/ἡ ὄϊς, *Gen.* ὄιος *od.* οἰός	das Schaf (L ovis)
109	ὁ ὀϊστός	der Pfeil
110	ὀλοφύρομαι	1. jammern, klagen 2. (τινός) Mitleid haben mit jmd.
111	ἡ ὄψις **355**	
	αἶθοψ, οπος (ὄψις + αἰθήρ 9.2)	funkelnd
	γλαυκῶπις	mit leuchtenden Augen (Epitheton für Athene; γλαῦξ, die Eule, ist das Tier der Athene)

112	ὀπάζω	geben, verleihen
	τούτῳ Κρονίδης Ζεὺς κῦδος ὀπάζει.	Dem gibt der Kronide Zeus Ruhm und Gelingen.
113	τὸ ὅπλον **339**	
	ὁπλίζω	bewaffnen, ausrüsten
114	ὄρνυμι 9.81	
	ὀρίνω	in Bewegung setzen, antreiben
	ὀρούω	sich in Bewegung setzen, losstürmen
115	ὁ ὅρκος **344**	
	τὸ ὅρκιον *und* *Pl.* τὰ ὅρκια	der Eid, Vertrag
	τὸ ἕρκος, κους	der Zaun
	ποῖόν σε ἔπος φύγεν ἕρκος ὀδόντων!	Welch ein Wort ist dem Zaun deiner Zähne entflohen!
116	ὀτρύνω	in Bewegung setzen, antreiben
	ἐμ' ὀτρύνει κραδίη ...	mich treibt mein Herz (hinzugehen)
117	τὸ οὖδας, οὔδεος	der Fußboden
118	οὐτάω *od.* οὐτάζω	jmd. mit e. Geschoß treffen, verwunden
119	(ὀχθέω) *meist Part. Aor.* ὀχθήσας	erzürnt, unwillig
	μέγ' ὀχθήσας προσέφη	sehr zornig sprach er zu (ihm)
120	πᾶς **360**	
	πάγχυ *adv. und* πάμπαν *adv.*	ganz und gar
	ἔμπης *adv.*	1. ganz und gar 2. trotz allem
	Ζεὺς δ' ἔμπης πάντ' ἰθύνει.	Zeus lenkt ganz und gar alles.
	ἀλλὰ καὶ ἔμπης οὐ λήξω	aber trotz allem werde ich nicht aufhören
121	τὸ πεδίον **363**	
	ἔμ|πεδος, ον	fest, beharrlich
122	πέραν. ὁ πόρος, πορίζομαι **369**	
	διαμπερές *adv.*	durch und durch, unablässig
	ἔπορον *Aor.*, *Inf.* πορεῖν	1. etw. zustande bringen 2. geben
	τεύχεα, τά οἱ πόρε χάλκεος Ἄρης	die Waffen, die ihm der eherne Ares gegeben
123	πέλω 9.87	
	ἡ ἀμφί|πολος	(‚die sich um die Herrin herumbewegt':) die Dienerin
124	πήγνυμι	festmachen, anheften
	πήγνυμαι *Aor.* ἐπάγην. *Pf.* πέπηγα	fest werden, gefrieren (*neugriech.* παγωτό Speiseeis)
125	πίων, πίειρα, πῖον	fett
	πίονα μῆλα	das fette Kleinvieh

126	πλάζομαι	umherirren, verschlagen werden
	Aor. ἐπλάγχθην	ich irrte umher
		(*Biol.* Plankton: Gesamtheit der im Wasser schwebenden Lebewesen)
127	ἐΰ|πλόκαμος, ον	mit schön geflochtenen Zöpfen
		(πλεκ-: ‹flechten›)
128	ὁ πόλεμος **388**	
	πολεμίζω	kämpfen
129	τὸ πτερόν **398**	
	πέτομαι	fliegen, eilen
	πτερόεις, εσσα, εν	geflügelt
	ἔπεα πτερόεντα προσηύδα:	er sprach die geflügelten Worte aus:
130	τὸ πτολίεθρον	die Burg, die Stadt (*vgl.* πόλις)
131	ὁ πτωχός	der Bettler
132	ῥᾴδιος **406**	
	ῥεῖα *adv.*	leicht
	θεοὶ ῥεῖα ζώοντες	die leicht (*d.h.* sorglos) lebenden Götter
133	ῥέζω	machen, tun
		(< ϝρεγ-, *vgl.* ἔργον **153**, ἔρδω 9.31)
134	τὸ σάκος, κους	der Schild
135	τὸ σημεῖον **413**	
	τὸ σῆμα, ατος	1. das Zeichen
		2. *spez.* das Grabmal
136	σμερδαλέος, η, ον	furchtbar, gräßlich
	σμερδαλέα ἰάχων	gräßlich brüllend
137	*Wurzel* σεπ-, *vgl.* ἐνέπω 9.29	
	ἄ|σπετος, ον	unsäglich
	θεσπέσιος, η, ον	(‚von Gott gesagt':)
	(θεός **193** + σεπ-)	göttlich, wunderbar
138	τὸ σπέος, σπέους	die Höhle, Grotte (*vgl.* Spelunke)
	ἐν σπέσσι γλαφυροῖσι	in der gewölbten Grotte
139	τὸ στῆθος, θους	die Brust
		(*vgl.* Stetho-skop)
140	(ἡ στίξ), στιχός ...	die Reihe (der Kämpfer in der Schlacht)
	(*Nom. kommt nicht vor*)	(*Metrik* Di-stichon)
141	ὁ/ἡ σῦς, συός	das Schwein, die ‹Sau›
		(L sus; *von fem.* ὕαινα: Hyäne)
	ὁ συφορβός *od.* ὑφορβός *und* ὁ συβώτης, του	der Sauhirt
142	τὸ τάλαντον **438**, ἔτλην 9.106	
	ἀτάλαντος, ον (α *copul.*)	(von gleichem Gewicht:) gleichwertig
	πολύτλας (*nur Nom.*)	viel aushaltend, geduldig
	(πολύς **390**, τλῆναι)	
	πολύτλας δῖος Ὀδυσσεύς	der vielduldende göttliche Odysseus

143	ἐπι|τέλλω	jmd. Bescheid geben, jmd. etw. auftragen
144	τέμνω **446**	
	ἡ ταμίη	(‚Einteilerin‘:) die Wirtschafterin
145	τυτθός, ή, όν	klein
146	ὑπό XI	
	ὑπόδρα ἰδών	(von unten her, *d. h.*:) finster blickend (ὑπό + δέρκομαι blicken)
147	ἡ ὑσμίνη	die Schlacht
148	φαίνω **475**	
	φαεινός, ή, όν *und* φαίδιμος, ον	strahlend, glänzend
149	ἡ φάλαγξ, αγγος	die Reihe (der Kämpfer in der Schlacht)
150	φέρω **480**	
	φέρτερος, α, ον	geschickter, tüchtiger
	ἐπεὶ πολὺ φέρτερόν ἐστι (+ *Inf.*)	denn es ist viel besser, (zu ...)
	ὁ δίφρος	1. (‚was zwei trägt‘:) der Streitwagen (mit zwei Mann, dem Kämpfer und dem ἡνίοχος 10.63) 2. der Sessel
151	φθίνω **485**	
	φθίω *Fut.* φθείσω	1. *intr.* schwinden, abnehmen 2. *tr.* vernichten, aufreiben
152	φίλος **487**	
	ἡ φιλότης, ητος	die Liebe, die Freundschaft
153	ὁ φόνος **490**	
	ἔπεφνον *od.* πέφνον (*redupl. starker Aor. zur Wurzel* φεν-)	ich tötete
154	φρονέω **491**, ἡ φρήν 9.115	
	περί|φρων, *Gen.* ονος	umsichtig, klug (Epitheton f. Penelope)
	πρό|φρων, *Gen.* ονος	1. (nach vorn schauend:) freudig, mutig 2. (wer für jmd. ist:) freundlich
155	χάζομαι	zurückweichen
156	ὁ χαλκός **495**	
	χάλκεος, η, ον *od.* χάλκειος, η, ον	aus Erz, ehern
157	ὁ χιτών, ῶνος	der „Chiton“ (Kleid, mit Ärmeln, ohne Unterwäsche getragen und mit einem Gürtel zusammengehalten; gleichermaßen Tracht von Frauen und Männern)
158	ἡ χλαῖνα, ης	der Umhang, Mangel
159	χώομαι	zürnen

11. Tragiker

Folgende aus dem Grundwortschatz bekannte Wörter treten in den Texten der Tragiker in etwas veränderter Gestalt auf:

<table>
<tr><th>Tragiker</th><th>GWS</th></tr>
<tr><td>εἰσ|ακούω</td><td>ἀκούω</td></tr>
<tr><td>ἐξ|αμαρτάνω</td><td>ἁμαρτάνω</td></tr>
<tr><td>ἐκ|σῴζω</td><td>σῴζω</td></tr>
<tr><td>ὁ λεώς, ώ</td><td>ὁ λαός</td></tr>
<tr><td>τὸ πόλισμα, ατος</td><td>ἡ πόλις</td></tr>
</table>

<table>
<tr><td>1</td><td>ἡ ἀγκάλη</td><td>1. der (gebogene) Arm
2. die Umarmung
(Wurzel ἀγκ- krümmen; vgl. Anker)</td></tr>
<tr><td>2</td><td>ἁγνός, ή, όν</td><td>rein, heilig (Name Agnes)</td></tr>
<tr><td>3</td><td>ἡ ἄγρα</td><td>die Jagd</td></tr>
<tr><td>4</td><td>ἀεί XIII</td><td></td></tr>
<tr><td></td><td>ὁ αἰών, ῶνος</td><td>1. die Zeit (< αἰϝων; L aevum)
2. das Leben</td></tr>
<tr><td>5</td><td>ἀθρέω</td><td>sehen, schauen</td></tr>
<tr><td>6</td><td>ἐπ|αινέω, παρ|αινέω 15</td><td></td></tr>
<tr><td></td><td>αἰνέω</td><td>1. (= ἐπαινέω) loben
2. (= παραινέω) jmd. zu etw. raten</td></tr>
<tr><td>7</td><td>τὸ αἴνιγμα, ατος</td><td>das Rätsel, die Andeutung
(E enigmatic rätselhaft)</td></tr>
<tr><td>8</td><td>ἀΐω</td><td>hören (L audire)</td></tr>
<tr><td>9</td><td>τὸ ἄκος, ἄκους</td><td>das Heilmittel
(vgl. Pan-acee: Allheilmittel)</td></tr>
<tr><td>10</td><td>ἄκρος 25</td><td></td></tr>
<tr><td></td><td>ἡ ἀκμή</td><td>1. die Spitze, die Schneide
2. (der Höhepunkt:)
der entscheidende Augenblick</td></tr>
<tr><td></td><td>ἡ ἀκτή</td><td>die Landspitze, Steilküste
(vgl. Kap ‚Actium‘)</td></tr>
<tr><td></td><td>ἡ ἀκτίς, ῖνος</td><td>der Strahl (bes. der Sonne)</td></tr>
<tr><td>11</td><td>ὁ ἀλάστωρ, τορος</td><td>1. der Frevler
2. der Peiniger, Rächer</td></tr>
<tr><td>12</td><td>τὸ ἄλγος 9.5</td><td></td></tr>
<tr><td></td><td>ἀλγύνω</td><td>Schmerz zufügen</td></tr>
<tr><td>13</td><td>ἅλιος, α, ον</td><td>vergeblich, nutzlos, sinnlos</td></tr>
<tr><td>14</td><td>τὸ ἄλσος, σους</td><td>der Hain; spez. der heilige Hain</td></tr>
<tr><td>15</td><td>τὸ ἄνθος, θους</td><td>die Blüte, die Blume
(vgl. Antho-logie: Blüten-lese)</td></tr>
<tr><td>16</td><td>τὸ ἄντρον</td><td>die Höhle, Grotte</td></tr>
</table>

17	ἀνύω *und* ἀνύτω	vollenden
18	τὸ ἄρθρον	das Glied, das Gelenk (*Med.* Arthritis, Arthrose)
19	ἄτερ *Präp. beim Gen.*	ohne, außer
20	ἡ αὐγή	der Strahl, der Glanz
21	ἡ αὐδή, αὐδάω 9.13	
	ἄν|αυδος, ον	1. sprachlos, stumm 2. unsäglich
22	αὐχέω	sich rühmen, triumphieren
23	ἄχθομαι **61**	
	τὸ ἄχθος, θους	die Last
24	βαίνω **62**	
	τὸ βάθρον	(worauf man tritt:) der Fußboden, die Stufe, der Schemel
25	βαιός, ά, όν	klein, gering
26	ἡ βάξις, ξεως	der Ausspruch, die Sage
27	βαρύς **66**	
	τὸ βάρος, ρους	die Schwere
28	ὁ βασιλεύς **67**	
	ἡ βασίλεια	die Königin
29	βαστάζω	heben, tragen, (in der Hand) halten
30	βλάπτω **72**	
	ἡ βλάβη	der Schaden
31	βλαστάνω	keimen, sich entwickeln
32	ἡ βορά	der Fraß, die Speise
33	βόσκω	weiden, füttern
	ὁ βοτήρ, ῆρος	der Hirte
	τὸ βοτόν	das Vieh (*spez.* das Schaf) (*vgl.* Botanik, von βοτάνη: Grünfutter)
34	ἡ βουλή, βουλεύω **76**	
	τὸ βούλευμα	1. der Rat, Plan 2. der Beschluß
35	τὸ βρέτας, τεος	das Götterbild
36	τὸ βρέφος, φους	der Embryo, das Kind
37	ἡ βροντή	der Donner (*vgl.* ‹brummen›)
38	τὸ γένος, γίγνομαι **85**	
	εὐ|γενής, ές	1. von guter Abkunft, adlig 2. von guter Art, edel (*Name* Eugen)
	ἡ εὐγένεια	1. die gute Abkunft, der Adel (*Biol.* Eugenik: Erbgesundheitslehre) 2. die gute Art, gute Gesinnung
	ὁ γόνος *und* ἡ γονή	1. die Geburt, Abkunft 2. der Nachkomme
39	ὁ γέρων, τὸ γῆρας **86**	
	γηράσκω	altern
	ἡ γραῖα	die alte Frau, die Greisin

40 ἡ γυνή **95**	
γυναικεῖος, α, ον	1. weiblich 2. weibisch, weichlich, unmännlich
41 ὁ δαίμων, εὐδαίμων **96**	
εὐδαιμονέω	glücklich sein
δυσ|δαίμων, ον	unglücklich
42 δαμάω 9.22	
ἡ δάμαρ, αρτος	die (Ehe-)frau
43 δείδω. δειλός **99**	
τὸ δεῖμα, ατος	1. die Furcht 2. (wovor man sich fürchtet:) das Schrecknis
δειμαίνω	sich fürchten
ἡ δειλία	die Furchtsamkeit, Erbärmlichkeit
δείλαιος, α, ον	furchtsam, erbärmlich
44 ὁ δόμος, τὸ δέμας 9.26	
τὸ δέμνιον	(*eigtl.* das Gezimmerte:) das Bett
45 δέρκομαι	sehen, erblicken
ὁ δράκων, κοντος	(‚das Tier mit dem Blick':) die Schlange, der ‹Drache›
46 ὁ δεσπότης **106**	
ἡ δέσποινα	die Herrin, Gebieterin
47 δύστηνος, ον	unglücklich, unselig
48 καθ|έζομαι **127**	
ἡ ἕδρα *und* τὸ ἕδος, ἕδους	der ‹Sitz› (*vgl.* Katheder; Kathedrale: Kirche am Bischofs‹sitz›)
49 εἰμί (*Inf.* εἶναι) **134**	
μέτ|εστί μοί τινος	ich habe Anteil an etw.
πρόσ|ειμι	dasein, dabei sein
50 ἐκ VII	
ἐκ|διδάσκω	gründlich lehren
ἐκ|μανθάνω	gründlich lernen
51 ἑλίσσω	drehen, winden (*vgl.* Heliko-pter: ‚Drehflügler'; Helix: Wendel, z. B. als Molekül-Modell)
52 ἡ ἐλπίς, ἐλπίζω **146**	
ἄ|ελπτος, ον	unerwartet
53 ἡ ἐρινύς, ύος	die Rachegöttin, Erinye
54 ἕρπω	kriechen (*Med.* Herpes: ein ‚kriechender' Hautausschlag)
55 ἡ ἑστία	der Herd (*vgl.* L Vesta, Vestalin)
56 ἡ εὐχή, εὔχομαι **167**	
ἐπ|εύχομαι	1. (τινί) zu einer Gottheit beten 2. (τινί τι) jmd. etw. anwünschen, jmd. Böses wünschen
zu 2.: ἐπεύχομαι τοῖσδε ἀτυχεῖν.	Ich wünsche denen ein schlimmes Geschick.

57	ἡ ἔχθρα, ἐχθρός **168**	
	ἐχθαίρω	hassen
58	ἔχω **169**	
	ἀν|έχω	emporhalten
59	τὸ ζυγόν **174**	
	ζεύγνυμι	zusammenspannen, verbinden
60	ἡ ἥβη	die Jugend, Jugendkraft (*vgl.* Ephebe)
	ἡβάω	jung sein, in voller Kraft stehen
61	τὸ ἧπαρ, ατος	die Leber (auch als Sitz des Gemüts gedacht, *wie* ‚Herz‘) (*Med.* Hepatitis: Leberentzündung, ‚Gelbsucht‘)
	χωρεῖ πρὸς ἧπαρ γενναία δύη.	Bis an die Leber dringt der echte Schmerz.
62	ἡ ἡσυχία **185**	
	ἥσυχος, ον	ruhig
63	ἡ θάλασσα **187**	
	θαλάσσιος, α, ον	zum Meer gehörig
64	θάπτω, ὁ τάφος **189**	
	ἄ|θαπτος, ον *und* ἄ|ταφος, ον	unbestattet
65	θαρσέω **190**	
	τὸ θάρσος, σους *und*	1. (positiv:) der Mut, die Kühnheit
	τὸ θράσος, σους	2. (negativ:) die Dreistigkeit
	θρασύς, εῖα, ύ	1. kühn, mutig; 2. dreist
66	θαυμάζω **191**	
	τὸ θαῦμα, ατος	1. die Verwunderung, das Staunen 2. (Gegenstand des St.:) das Wunder
67	ὁ θεός **193**	
	ἄ|θεος, ον	gottlos (*vgl.* Atheist)
	θεσπίζω	(‚von Gott her sprechen‘:) weissagen, verkündigen (θ. + *Wurzel* σεπ-, επ-, *vgl.* ἐνέπω 9.29)
68	τὸ θηρίον **198**	
	ὁ θήρ, θηρός	das Tier; *spez.* das wilde Tier
69	θιγγάνω *Aor.* ἔθιγον	berühren
70	ὁ θρῆνος	das Klagelied; *spez.* die Totenklage
	θρηνέω	klagen, beklagen
71	θροέω	laut sagen, verkündigen
72	ὁ θυμός **203**	
	θυμόομαι	zornig sein, zürnen
73	θύω, ἡ θυσία **205**	
	τὸ θῦμα, ατος	das Opfer, das Opfertier
74	ἵημι **210**	
	καθ|ίημι	hinabsenden, hinabwerfen (*Med.* Katheter: Röhre zum ‚Hinablassen‘ in Körperkanäle)

75	ἰδεῖν. οἶδα (τὸ εἶδος) **131**	
	ἱστορέω	1. forschen 2. das Erforschte berichten (*vgl.* Historie; Poly-histor: Mann mit umfassenden Kenntnissen)
	κάτ|οιδα	verstehen, wissen
76	ὁ ἱκέτης (ἥκω) **177**	
	ἱκέσιος, α, ον	den ἱκέτης betreffend (bzw. zu ihm gehörend)
	ἱκεσίᾳ χερί (= χειρί)	mit bittender Hand
	ἡ ἱκέτις, ιδος	die um Schutz Flehende, die Flüchtige
	ἱκετεύω	um Schutz flehen, flüchtig sein
77	καίνω, *Aor.* ἔκανον	töten
78	ὁ καιρός **219**	
	καίριος, α, ον	treffend (*d.h.* am rechten Platz bzw. zur rechten Zeit)
	χρὴ λέγειν τὰ καίρια	man muß das sagen, was am Platze ist
79	καλός **223**	
	τὸ κάλλος, λους	die Schönheit
80	τὸ κράτος, καρτερός **249**	
	κρατύνω	1. stärken 2. stark sein, herrschen
	κάρτα *adv.*	sehr
81	κεδνός, ή, όν	verständig, treu sorgend
82	κεῖμαι, κοιμάομαι **228**	
	ἡ κοίτη	(das Liegen:) 1. das Lager, Bett 2. der Schlaf
83	τὸ κέντρον	der Stachel (*vgl.* ‹Zentrum›: wo der Stachel des Zirkels einsetzt)
84	ὁ κεραυνός	der Blitz, der Donner
85	κλῄω	abschließen
86	κλίνω 9.50	
	ἡ κλῖμαξ, ακος	die Leiter (*Stil.* Klimax: Steigerung)
87	κλύω, τὸ κλέος 9.51	
	εὐ|κλεής, ές	berühmt
	ἡ εὔκλεια	der Ruhm
88	ὁ κόμπος	die Prahlerei
	κομπάζω	prahlen, sich brüsten
89	ὁ κότος	der Zorn, der Groll
90	κραίνω	1. (τι) etw. verwirklichen 2. (τινός) über jmd. herrschen
91	ὁ κτύπος	das Dröhnen, der Krach
	κτυπέω	dröhnen, krachen
92	κυρέω	1. (τινός) etw. erlangen 2. (τινί) auf etw. treffen
93	τὸ κῶλον	das Glied (*vgl.* Semi-kolon: Halb-Abgliederung im Satz)

94	ἡ κώπη	der Griff (am Schwert oder Ruder) (*vgl.* L capere)
95	λαμπρός **264** λάμπω 9.58	
	ἡ λαμπάς, άδος	die Fackel, ‹Lampe›
96	λανθάνω **265**	
	λάθρᾳ *adv.*	heimlich
97	ὁ λειμών, ῶνος	die Wiese
98	λεύσσω	schauen, erblicken
99	ἡ λόγχη	1. die Lanzenspitze 2. die Lanze
100	ἡ λώβη	die Schmach, die Mißhandlung
101	μαίνομαι. ὁ μάντις **278**	
	ἡ μανία	das Außersichsein, der Wahnsinn (*vgl.* Klepto-manie)
	τὸ μαντεῖον *und* τὸ μάντευμα, ατος	die Weissagung, das Orakel
102	μακρός **280**	
	μακράν *adv.*	weit, lange
103	μέλεος, α, ον	vergeblich, nutzlos, sinnlos
104	ἡ μέριμνα	die Sorge
105	τὸ μέρος, ἡ μοῖρα **294**	
	ὁ μόρος	(*eigentl.* der Anteil:) das Los, Schicksal; *spez.* der Tod
	δύσ|μορος, ον	unglücklich
106	μιαίνω	beflecken, beschmutzen, entweihen
	τὸ μίασμα, ατος	die Befleckung, der Greuel
107	ἡ μνήμη **305**	
	τὸ μνῆμα, ατος	1. die Erinnerung 2. das Erinnerungszeichen; *spez.* Grabmal
108	μόγις XV	
	ὁ μόχθος	die Mühe, Qual
	μοχθέω	sich mühen, sich quälen
109	ἔμολον *Aor.*, *Inf.* μολεῖν	laufen
110	μῶν (< μὴ οὖν)	etwa? (*Fragepartikel, wie* L num, suggeriert ein „Nein“)
111	μῶρος, α, ον	töricht, dumm (*Stil.* Oxýmoron: ‚scharfsinniger Unsinn‘. Kombination zweier widersprüchlicher Begriffe, z. B. sanfte Gewalt, bittersüß)
	ἡ μωρία	die Torheit, Dummheit
112	νέος **313**	
	ὁ νεανίας, ίου	der junge Mann
113	νιν = αὐτόν, αὐτήν	ihn, sie
114	ἡ νόσος **316**	
	νοσέω	krank sein
115	νοσφίζω *und* ἀπο|νοσφίζω	absondern, entfernen

116	ὁ νοῦς, νοέω **317**	
	νουθετέω	ermahnen, zurechtweisen
	(νοῦς + τίθημι)	(*wie* ‚einem den Kopf zurechtsetzen‘)
	ἡ πρό|νοια	die Vorsicht, Vorsorge, Vorsehung
117	ἡ ὀδύνη	der Schmerz
118	ὁ οἶκτος	der Jammer, das Erbarmen
	οἰκτρός, ά, όν	bejammernswert, erbarmungswürdig
	οἰκτίρω	1. jammern 2. bejammern, sich erbarmen
119	ὀκνέω **329**	
	ὁ ὄκνος	das Zögern
120	ὁ ὄλβος	1. das Glück, der Segen 2. der Reichtum
	ὄλβιος, α, ον	1. glücklich, gesegnet; 2. reich
121	ὁ ὄλεθρος, ἀπ|όλλυμι **330**	
	ὀλέθριος, α, ον	verderbenbringend
	δι|όλλυμι	verderben, vernichten
122	ὁμοῖος, ὁμοῦ **335**	
	ὅμαιμος, ον	blutsverwandt
	(ὁ. + αἷμα **14**)	
123	τὸ ὄνειδος, ους	1. der Vorwurf 2. die Schande
	ὀνειδίζω	jmd. Vorwürfe machen, jmd. schmähen
124	ὀνίνημι (τινά)	jmd. nützen, helfen
	Fut. ὀνήσω. *Aor.* ὤνησα	
	ὀνίναμαι	Nutzen haben, Hilfe bekommen
125	τὸ ὄνομα **337**	
	ἐπ|ώνυμος, ον	(seinen Namen — zu Recht — tragend:) genannt
	ἔνθα ἐστ' ἐπώνυμος πέτρα πάγος τ' Ἄρειος.	Daher wird der Felsen (mit Recht) „Areopag“ genannt.
	εὐ|ώνυμος, ον	(mit gutem Namen:) links (beschönigender Ausdruck: Vorzeichen von links galten als unglückverheißend) (↔ δεξιός)
	δυσ|ώνυμος, ον	(mit üblem Namen:) verrufen, unglückverheißend
126	ὁράω, ὁ ἔφορος **340**	
	ἐφ|οράω	(nach etw. sehen:) etw. beobachten, beaufsichtigen
127	ὀρθός **343**	
	ὀρθόω	aufrichten
128	ὁρμάω **345**	
	ἐξ|ορμάω	heraustreiben
129	οὐδαμοῦ XII	
	οὐδαμά *adv.*	1. nirgends 2. in keiner Weise

130	ὁ οὐρανός **351**	
	οὐράνιος, α, ον	himmlisch, am Himmel, vom Himmel (↔ χθόνιος 11.198)
131	οὔριος, ον	günstig
	οὔριος πλοῦς	eine glückliche (erfolgreiche) Fahrt
132	ὀφείλω **353**	
	ὀφλισκάνω	schuldig sein
	Aor. ὦφλον	ich wurde schuldig
133	ὁ πάγος	(‚was fest ist', *von* πήγνυμαι fest werden:)
		1. der Fels, die Klippe (*vgl.* Areopag)
		2. der Frost, das Eis
134	ὁ παιάν, ᾶνος	(*urspr.* ein Beiname Apollons)
		Gesang zu Ehren Apollons; *allg.* Sieges- und Jubellied
135	ὁ παῖς **357**	
	ἄ|παις	kinderlos
136	παίω	schlagen
137	πάρα	— πάρεστι
		1. (*von Personen:*) ... ist da
	ἄναξ Αἰγέως γόνος πάρα.	Der König, Sohn des Aigeus, ist da.
	—	2. (*von Sachen:*) ... ist an der Zeit
	νῦν γὰρ οἰμῶξαι πάρα.	Denn jetzt ist's Zeit zu wehklagen.
138	τὸ πεδίον **363**	
	τὸ πέδον	der Boden
	πηδάω	springen
139	πείθω **364**	
	ἡ πειθώ, θοῦς	die Überredung
140	τὸ πέλαγος, γους	das Meer (*vgl.* Archipél: *urspr.* ‚das Erzmeer': die Ägäis, mit ihren vielen Inseln, *dann allg.* Inselgruppe)
141	πένης, πονέω **368**	
	ἐκ|πονέω	ausarbeiten, erarbeiten
	ἐκπονεῖν σωτηρίαν	die Rettung bewirken
142	ὁ πέπλος	das Tuch; *spez.* der „Peplos" (ärmelloses, gestecktes Kleid der Frauen)
143	πέρα, ὁ πόρος **369**	
	πορεύω	bringen
	πέπρωται *Pf.*	es ist vom Schicksal verhängt
144	ἡ πέτρα **371**	
	ὁ πέτρος	der Stein (*Name* Petrus: der ‚Fels')
145	πικρός, ά, όν	1. scharf, spitz
		2. bitter
146	πίμπλημι, πλήρης **374**	
	πλέως, α, ων	voll (L plenus)
147	πίμπρημι	anzünden, verbrennen

148	πίνω, τὸ ποτόν **375**	
	τὸ πῶμα, ατος	das Getränk
149	πνέω 9.92, τὸ πνεῦμα **384**	
	ἐκ|πνέω	herausblasen, aushauchen
	βίον ἐκπνεῖν	das Leben aushauchen
150	ὁ πόθος	das Verlangen, die Sehnsucht
	ποθέω	verlangen, ersehnen
151	ἡ ποινή	die Entschädigung, Strafe (L poena; *vgl.* Pein)
152	πρέπει **395**	
	πρέπω	(ins Auge fallen:) 1. glänzen, hervorstechen 2. jmd. auffällig gleichen
	εὐ|πρεπής, ές	stattlich
153	πρεσβύτερος **396**	
	πρέσβυς, εια, υ	1. alt; 2. ehrwürdig
154	πρό VII	
	ἡ πρῷρα	der Bug (eines Schiffes) (↔ ἡ πρύμνα 9.97)
155	τὸ πῦρ **402**	
	ἡ πυρά	1. der Scheiterhaufen 2. *übertr.* das Grab
156	ἐρρήθην *Aor. Pass.* (λέγω) **266**	
	ἄ|ρρητος, ον	1. ungesagt; 2. unsagbar
157	ῥίπτω	werfen, schleudern
158	ἡ ῥώμη	die Kraft, Stärke
159	σαφής **409**	
	σάφα *adv.*	deutlich, genau
160	σέβομαι **410**	
	τὸ σέβας *nur Nom. und Akk.*	die Scheu, Verehrung (*Name* Sebastian)
	εὐ|σεβής, ές	fromm
	↔ ἀ|σεβής, ές	
	εὐσεβέω	fromm sein
	ἡ εὐσέβεια	die Frömmigkeit
161	ὁ σεισμός **411**	
	σείω	schütteln, erschüttern
162	τὸ σθένος 9.100, ἀσθενής **414**	
	σθένω	kräftig sein, stark sein
163	ἡ σιγή, σιγάω **415**	
	σῖγα *adv.*	schweigend
	σιωπάω	schweigen
164	τὸ σκάφος, φους	der Graben, die Grube; (*spez. auch:* die Höhlung eines Schiffes) (*vgl.* Bathyskaph: Tiefseetauchboot)
165	ἡ σκιά	der Schatten

166	σπανίζω	Mangel haben
167	σπάω	ziehen, zerren (*Med.* spastisch)
168	τὰ σπλάγχνα	das Innere: Herz, Lunge, Leber (als Sitz von Empfindungen gedacht, *wie* ‚Herz‘)
	σπλάγχνα μοι κελαινοῦται.	Das Herz verfinstert sich mir.
169	*Wurzel* στα-, ἵστημι **214**	
	ὁ προ|στάτης, του	(der davor steht:) der Beschützer, Beistand
170	ἡ στέγη	das ‹Dach›
	στέγω *und* στεγάζω	bedecken
171	στείχω	schreiten (*vgl.* ‹steigen›)
172	ἀπο|στέλλω. ὁ στόλος **427**	
	στέλλω	1. ausstatten 2. abordnen, entsenden
	ἡ στολή	(die Ausstattung, *spez.*:) die Kleidung, das Gewand (*vgl.* Stola)
173	στέργω	1. lieben 2. mit etw. zufrieden sein
174	ὁ στέφανος **429**	
	στέφω	etw. bekränzen, mit etw. umgeben
175	συλάω	einem etw. wegnehmen, rauben (*vgl.* A-syl: Freistätte, wo der Verfolgte vor Verhaftung geschützt ist)
176	σφάζω	schlachten
	ἡ σφαγή	das Schlachten, das Opfer
	τὸ σφάγιον	das Opfertier, das Opfer
177	σῴζω, ὁ σωτήρ **436**	
	σωτήριος, ον	heilsam, Rettung bringend
178	τάλας, ἔτλην 9.106	
	ταλαίπωρος, ον	vom Schicksal geschlagen, unglücklich
179	ὁ ταῦρος	der Stier (L taurus)
180	τείνω **442**	
	προ|τείνω	ausstrecken, darbieten (*z. B.* e. Hand)
181	τέρπω 9.108	
	τερπνός, ή, όν	erfreulich
	ἡ τέρψις, ψεως	die Befriedigung, Freude
182	τοι XIX	
	τοιγαροῦν *und* τοιγάρτοι	demnach, also
183	τρέφω **460**	
	ἡ τροφός	die Amme (die anstelle der Mutter das Kind stillt); *dann* die Dienerin, Kammerfrau

184	ὁ τύμβος	der Grabhügel, das Grab (L tumulus; F tombeau: Grabmal; Daumen < mhd. dumen)
185	ἡ τύχη, ἡ εὐτυχία **465**	
	εὐ|τυχής, ές	(mit gutem Geschick:) glücklich
	δυσ|τυχής, ές	unglücklich
	δυστυχέω	unglücklich sein
	ἡ δυστυχία	das Unglück
186	ὁ ὑμέναιος	1. der Hochzeitsgesang 2. die Hochzeit
187	ὁ ὕμνος	der Gesang (*spez.* auf einen Gott), der Hymnus
	ὑμνέω	singen, rühmen
188	φαίνω, φανερός, ἀφανίζω **475**	
	ἐμ|φανής, ές	sichtbar, deutlich
	ἄ|φαντος, ον	unsichtbar
	τὸ φάσμα, ατος	die (visionäre) Erscheinung
189	φάσκω, φημί **477**	
	ἡ φάτις (*Akk.* φάτιν) *und* ἡ φήμη	1. der Ausspruch; 2. das Gerücht (L fama)
	εὔ|φημος, ον	1. Gutes verheißend 2. (das profane Geschwätz unterlassend:) andächtig schweigend (*vgl.* Euphemismus: beschönigende Bez.)
190	τὸ φέγγος, γους	das Licht
191	φεῦ	ach! wehe!
192	τὸ φθέγμα, ατος *und* ὁ φθόγγος	die Stimme, der Laut (*vgl.* Di-phthong)
193	φλέγω	‹flackern›, brennen (L flagrare)
	ἡ φλόξ, φλογός	die Flamme (*Bot.* ‚Phlox': e. Blütenstaude)
194	ἡ φρήν 9.115, φρονέω. φροντίζω **491**	
	μέγα φρονέω	(groß von sich denken:) großtun
	εὔ|φρων, ον	guten Mutes, froh
	ἡ φροντίς, ίδος	das Nachdenken, die Sorge
195	ὁ χαλινός	der Zügel
196	ἡ χάρις, χαίρω **496**	
	χαῖρε	*Grußformel; sowohl* Sei gegrüßt! *als auch* Leb wohl! (*neugriech.* χαίρε, χαίρετε, sprich chere, cherete: *Abschiedsformel*)
	ἡ χαρά	die Freude
197	χέρσος, ον	trocken, unfruchtbar
	ἡ χέρσος	das Festland (*vgl.* ‚Chersones')

198 ἡ χθών 9.118	
χθόνιος, α, ον	irdisch, von der Erde (*vgl.* ‚chthonische‘ Gottheiten, z.B. Gaia, Demeter – *aus* γη-μητηρ; ↔ οὐράνιος)
199 χλωρός, ά, όν	gelblich-grünlich, fahl, bleich (*vgl.* Chlor; *Bot.* Chlorophyll: Blattgrün)
200 ὁ χορός **500**	
χορεύω *und* χορεύομαι	tanzen
201 χρή **501**	
τὸ χρέος, χρέους	die Schuld, Verpflichtung
202 χρήω	ein Orakel geben
χρήομαι	ein Orakel bekommen
ὁ χρησμός	der Orakelspruch
τὸ χρηστήριον	das Orakel (*sowohl* der O.-Spruch *als auch* die O.-Stätte)
203 ὁ χρόνος **502**	
χρόνιος, α, ον	1. langdauernd (*vgl.* chronisch) 2. nach langer Zeit
204 ἡ χώρα **504**	
ἐγ|χώριος, ον	zum Lande gehörig, das (eigene) Land betreffend
205 ψαύω	betasten, berühren
206 ψέγω **505**	
ὁ ψόγος	der Tadel
207 τὸ ψεῦδος **506**	
ψευδής, ές	lügnerisch, trügerisch

12. Neues Testament

Sprachliche Besonderheiten

1. Attisch γίγνομαι lautet im NT γίνομαι, att. γιγνώσκω lautet γινώσκω.
2. Statt att. ἰδέ steht im NT ἴδε. Wesentlich häufiger findet sich jedoch die Form ἰδού. Aus der medialen Imperativform ἰδοῦ ist eine Partikel geworden; Beispiel: ἰδού, ἀναβαίνομεν εἰς Ἱεροσόλυμα. Siehe, wir ziehen hinauf nach Jerusalem.

1	τὸ ἄγαλμα **2**	
	ἀγαλλιάομαι	jubeln
2	ἀγαπάω **3**	
	ἡ ἀγάπη	die Liebe (Liebe zum Nächsten, Liebe zu Gott)
	ἀγαπητός, ή, όν	geliebt
3	ὁ ἄγγελος, ἀγγέλλω **4**	
	ἀν|αγγέλλω	melden, verkünden, predigen
	κατ|αγγέλλω	(von oben her verkünden:) (feierlich) verkündigen
	ἡ ἐπ|αγγελία	die Ankündigung, Verheißung
	τὸ εὐ|αγγέλιον	die gute Botschaft, das Evangelium
	εὐαγγελίζω *und* εὐαγγελίζομαι	eine gute Botschaft bringen, etwas verkünden
4	ἅγιος, α, ον	heilig (*vgl.* ‚Hagia Sophia', Hauptkirche von Konstantinopel, seit 1453 Moschee)
	ἁγιάζω	heiligen, weihen
5	ἡ ἀγορά **5**	
	ἀγοράζω	(auf dem Markt) kaufen
6	ἄγω. συνάγω **7**	
	παρ|άγω	vorbeigehen
	ὑπ|άγω	weggehen
	ἡ συναγωγή	der Versammlungsplatz, die Synagoge
7	ὁ ᾅδης, ᾅδου	der Hades, die Unterwelt, die ‚Hölle'
8	ἀεί XIII	
	ὁ αἰών, ῶνος	1. der Zeitabschnitt, das Zeitalter 2. die ‹Ew›igkeit (*vgl.* Äon)
	αἰώνιος, α, ον	ewig
9	αἰσχρός, αἰσχύνομαι **19**	
	κατ|αισχύνω	jmd. beschämen
10	ἀκούω, ὑπ|ακούω **23**	
	ἡ ὑπακοή	der Gehorsam

11	ἄκρος **25**	
	αἱ ἄκανθαι	die Dornsträucher (ἄ. + ἄνθος Blume)
	ἡ ἀκροβυστία	1. die Vorhaut (des männlichen Glieds; sie mußte nach jüdischem Ritus beschnitten werden) 2. ‚die Unbeschnittenen', die Nichtjuden (‚Heiden')
12	ἁμαρτάνω **29**	
	ἁμαρτωλός, όν	sündig
13	ἀμήν	wahrlich, gewiß („Amen")
14	ὁ ἀμπελών, ῶνος	der Weinberg
15	ἀντίος, ἀπ|αντάω **38**	
	κατ|αντάω	hinkommen
	ὑπ|αντάω	jmd. entgegengehen, begegnen
16	ἄνω XII	
	ἐπ|άνω	oberhalb
	adv. u. Präp. beim Gen.	
	ἐκάθητο ἐπάνω τοῦ λίθου	er saß auf dem Stein
17	ἀρέσκω **44**	
	εὐ|άρεστος, ον	(gut gefallend:) angenehm
18	ἀρνέομαι	1. (*von Sachen:*) etw. leugnen, in Abrede stellen 2. (*von Personen:*) jmd. verleugnen, sich von jmd. lossagen
19	τὸ ἀρνίον	das Lamm
20	ὁ ἄρτος	das Brot
21	ἄρχω **51**	
	ὁ ἀρχιερεύς, έως (ἄρχω + ἱερεύς **209**)	der Hohepriester
	ὁ ἑκατόνταρχος *und* ὁ ἑκατοντάρχης, χου (ἑκατόν VI + ἄ.)	der Führer einer Hundertschaft, der (römische) Hauptmann (*Übersetzung für* centurio)
22	ἡ ἀσέλγεια	die Zügellosigkeit, Üppigkeit, *spez.* die geschlechtliche Hemmungslosigkeit
23	ἀσπάζομαι **53**	
	ὁ ἀσπασμός	der Gruß
24	τὸ ἄστρον **55**	
	ὁ ἀστήρ, τέρος	der Stern (*Bot.* ‚Aster')
25	βαίνω **62**	
	τὸ βῆμα, ατος	die Rednerbühne, der Richterstuhl
26	βάλλω **64**	
	ἡ κατα|βολή	die Grundlegung, der Anfang
	ἡ παρα|βολή	das Gleichnis (*Lit.* Parabel)
	ἡ παρεμ|βολή	1. das (befestigte) Lager 2. die Kaserne

27 βαπτίζω	jmd. untertauchen, taufen
ὁ βαπτιστής, τοῦ	der Täufer (*vgl.* Baptisterium: Taufkirche; Ital. ‚Giovanni Battista': Johannes der Täufer = F ‚Jean Baptiste')
τὸ βάπτισμα, ατος	die Taufe
28 βασανίζω	foltern, quälen
29 βαστάζω	tragen
30 ἡ βίβλος	das Buch (*vgl.* Bibel)
31 βλέπω **73**	
ἀνα|βλέπω	1. hinaufblicken 2. wieder sehend werden
ἐμ|βλέπω	auf jmd. hinsehen, jmd. anblicken
32 τὸ βρῶμα, ατος *und* ἡ βρῶσις, σεως	die Nahrung, Speise
33 ἡ γέεννα, ης	Gehenna, die ‚Hölle' (*urspr.* Tal bei Jerusalem, wo nach späterem jüdischem Volksglauben das Jüngste Gericht stattfinden sollte)
34 γέμω (τινός)	voll von etw. sein
πονηρίας γέμουσι.	Sie sind voll Bosheit.
35 ἡ γνώμη, γιγνώσκω **91**	
γνωρίζω	etw. bekannt machen
γνωστός, ή, όν	bekannt
ἡ γνῶσις, σεως *und* ἡ ἐπί|γνωσις, σεως	die Erkenntnis (*vgl.* ‚Gnosis': Name einer nachchristlichen Sekte, die auf spekulativem Weg über den Glauben hinaus zur ‚Erkenntnis' führen wollte)
ἐπι|γινώσκω	genau erkennen
36 γράφω, τὸ γράμμα **93**	
ὁ γραμματεύς, έως	der Schriftgelehrte
37 δαίμων, δαιμόνιος **96**	
δαιμονίζομαι	von einem Dämon besessen sein
38 δείκνυμι. ἡ δίκη, δικαιόω **100**	
ἐν|δείκνυμαι	zeigen, beweisen
τὸ δικαίωμα, ατος	das Gebot
39 δέομαι **104**	
ἡ δέησις, σεως	das Gebet
40 δέρω	(*urspr.* die Haut abziehen:) prügeln
Aor. ἔδειρα	
41 δεῦρο XII	
δεῦτε	auf! kommt!
42 δέω **108**	
ὁ δέσμιος	der Gefangene (‚Untergebundenes':)
τὸ ὑπό|δημα, ατος	die Sandale
43 τὸ δηνάριον	der Denar (römische Silbermünze)

44	διδάσκω **112**	
	ἡ διδαχή *und* ἡ διδασκαλία	der Unterricht, die Lehre
45	δίδωμι, παραδίδωμι **113**	
	ἡ παράδοσις, σεως	die Überlieferung, Tradition
46	τὸ δίκτυον	das Netz
47	δοκέω, δοκεῖ **116**	
	εὐ|δοκέω	an etw. Wohlgefallen haben, etw. wollen, beschließen
48	ὁ δοῦλος **119**	
	ὁ σύν|δουλος	der Mitsklave
49	ἐγγύς XII	
	ἐγγίζω	sich nähern
50	ἐγείρω (**126**) *Stammformen s.u.*	wecken
	γρηγορέω	wachen, wachsam sein (*Name* Gregor)
51	καθ|έζομαι **127**	
	τὸ συν|έδριον	die Ratsversammlung, *spez.* der Hohe Rat (bestehend aus Hohepriestern, Ältesten und Schriftgelehrten)
52	τὸ ἔθνος **129**	
	τὰ ἔθνη, νῶν	die Heiden
53	τὸ εἶδος. σύν|οιδα **131**	
	τὸ εἴδωλον	(Götzenbild:) der falsche Gott, Götze (*vgl.* Idol)
	ἡ συν|είδησις, σεως	das Gewissen (*vgl.* die Lehnübersetzung ins L: conscientia)
54	εἰμί. πάρειμι **134**	
	ἐπὶ τὸ αὐτὸ εἶναι	zusammenkommen
	ἡ παρ|ουσία	1. die Anwesenheit 2. die Ankunft, *spez.* die Wiederkunft Christi (zum Endgericht) (*Theol.* Parusie; *entspr.* L adventus, *daher* ‚Advent')
55	εἴσω XII	
	ἔσωθεν	1. von innen 2. drinnen
56	ἡ ἐλαία	der ‹Öl›baum
	τὸ ἔλαιον	das ‹Öl› (L oleum)
57	ἐλεέω **143**	
	τὸ ἔλεος, ἐλέους	das Mitleid
	ἡ ἐλεημοσύνη	die Wohltat, das ‹Almosen›

ἐγείρω ἐγερῶ ἤγειρα — \| ἐγήγερμαι ἠγέρθην

58	τὸ ἔργον, ἐργάζομαι **153**	
	ὁ ἐργάτης, του	der Arbeiter
	ὁ συν|εργός	der Mitarbeiter (*Theol.* Synergismus: die Lehre, daß zur Erlangung der göttlichen Gnade ‚tätige Mitarbeit' des Menschen nötig ist)
	κατ|αργέω	(außer Wirksamkeit setzen:)
	(ἀργός < α-εργος)	entkräften, vernichten
59	ἐσθίω	‹essen›
	Aor. ἔφαγον	
	κατ|εσθίω	aufessen, verschlingen
60	ἕτοιμος **160**	
	ἑτοιμάζω	etw. bereitstellen
61	εὐθύς **164**	
	εὐθέως *adv.*	sofort
62	ἡ εὐχή, εὔχομαι **167**	
	προσ|εύχομαι	beten
	ἡ προσευχή	das Gebet
63	ἔχω **169**	
	ἡ πλεονεξία	die Sucht nach mehr, Habsucht
	(πλέον **390** + ἔχω)	
64	ζηλόω **170**	
	ὁ ζῆλος	1. der Eifer 2. die Eifersucht
65	ζητέω **172**	
	ἐπι|ζητέω	suchen, erstreben, wünschen
	συ|ζητέω	sich besprechen, streiten, disputieren
66	ζήω, τὸ ζῷον **173**	
	ζωοποιέω	lebendig machen
67	ἡ ζύμη	der Sauerteig (*vgl.* En-zym: organ. Verbindung, die den Stoffwechsel beeinflußt)
	τὰ ἄ|ζυμα	1. die ungesäuerten Brote (ohne Sauerteig, also ohne Gärung hergestellt; Speise am Passah-Fest) 2. das Passah-Fest
68	ἡ ἡμέρα **180**	
	σήμερον *adv.*	(‚diesen Tag':) heute
69	ὁ θάνατος **188**	
	θανατόω	töten
70	θέλω, ἐθέλω **128**	
	τὸ θέλημα, ατος	der Wille
71	τὸ θέρος **195**	
	θερίζω	ernten
72	θλίβω	bedrängen
	ἡ θλῖψις, ψεως	die Bedrängnis, Not

73	ὁ θυμός **203**	
	μακροθυμέω (μακρός **280** + θυμός)	langmütig sein, geduldig sein
	ἡ μακροθυμία	die Langmut, Geduld
	ὁμοθυμαδόν *adv.* (ὁμοῦ **335** + θυμός)	einmütig
74	θύω, ἡ θυσία **205**	
	τὸ θυσιαστήριον	(die Opferstätte:) der Altar
75	ὁ ἰατρός **207**	
	ἰάομαι	heilen
76	ἴδιος **208**	
	κατ᾽ ἰδίαν	für sich, privat
77	ἵημι, ἀφ|ίημι **210**	
	ἡ ἄφεσις, σεως	die Erlassung (einer Schuld oder Strafe)
	— ἁμαρτιῶν	die Vergebung der Sünden
78	ἵστημι, ἵσταμαι **214**	
	ἀνθ|ίσταμαι	sich entgegenstellen, Widerstand leisten
	ἐξ|ίσταμαι	außer sich geraten, von Sinnen kommen (*vgl.* Ekstase)
	ἡ ἀνά|στασις, σεως	die Auferstehung
79	καθαρός **217**	
	καθαρίζω	reinigen
	ἀ|κάθαρτος, ον	unrein
	ἡ ἀκαθαρσία	die Unreinheit, der Schmutz, die Unsittlichkeit
80	καθώς (κατά + ὡς)	wie
	καθὼς γέγραπται	wie geschrieben steht
81	ὁ κάλαμος	das (Schilf-)Rohr, *spez.* a) der Maßstab; b) der Rohrstock
82	καλέω **222**	
	προσ|καλέομαι	herbeirufen
	κλητός, ή, όν	berufen, eingeladen
	ἡ κλῆσις, σεως	die Berufung
	ἡ παρά|κλησις, σεως	1. die Ermahnung; 2. der Trost
83	ἀπο|καλύπτω	enthüllen, offenbaren
	ἡ ἀποκάλυψις, ψεως	die Offenbarung (*vgl.* Apokalypse, apokalyptisch)
84	ὁ καπνός	der Rauch
85	κάτω XII	
	ὑπο|κάτω *Präp. beim Gen.*	unter
	ὑποκάτω τῆς γῆς	unter der Erde
86	καυχάομαι (ἔν τινι)	sich rühmen mit etw., stolz sein auf etw.
	ἡ καύχησις, σεως	das Rühmen, der Stolz
	τὸ καύχημα, ατος	das, worauf jemand stolz ist

87	κεῖμαι **228**	
	ἀνά|κειμαι	zu Tische liegen, speisen
	κατά|κειμαι	daliegen: a) (krank) im Bett liegen b) zu Tische liegen, speisen
88	ὁ κλάδος	der Zweig
89	κλάω	etw. brechen, zerbrechen (*Kirchengeschichte* Ikonoklast: Bilderstürmer)
90	κλείω	etw. verschließen
91	κλέπτω **239**	
	ὁ κλέπτης, του	der Dieb
92	ὁ κλῆρος **240**	
	ὁ κληρονόμος (κλῆρος + νέμω **312**)	der Erbe
	κληρονομέω	etw. als Anteil erhalten, als Besitz bekommen
	ἡ κληρονομία	1. das Erbe; 2. der Besitz
93	κοῖλος **241**	
	ἡ κοιλία	der Bauch, *spez.* der Mutterleib
94	κολλάομαι (τινί)	fest verbunden sein mit etw., sich eng an etw. anschließen (*von* κόλλα Leim; *Chem.* kolloidale Lösung: leimartige L.)
95	ὁ διά|κονος	der Diener, Diakon
	δια|κονέω	dienen, Dienste tun
96	ὁ κόπος	die Mühe
	κοπιάω	sich abmühen
97	ἐκ|κόπτω	(heraushauen:) abhauen (*z. B.* e. Baum); ausrotten
98	ὁ κράβαττος	das Bett
99	κράζω *Aor.* ἔκραξα	schreien, rufen
100	τὸ κράτος. καρτερέω **249**	
	παντοκράτωρ, τορος (πᾶν **360** + κράτος)	(der ‚Allherrscher‘): der Allmächtige
	προσ|καρτερέω (τινί)	ausdauern bei etw., bleiben bei etw.
101	κρίνω. ὁ κριτής **251**	
	ἀνα|κρίνω	untersuchen
	κατα|κρίνω	verurteilen
	τὸ κρίμα, ατος	1. das Gericht 2. das Urteil, die Verurteilung, Verdammung
	ὁ ὑπο|κριτής, τοῦ	der Heuchler (F hypocrite)
102	κρύπτω **252**	
	κρυπτός, ή, όν	verborgen
103	κωφός, ή, όν	(stumpf:) 1. stumm; 2. taub

104	λαλέω	reden, (τι) etw. sagen
105	ὁ λαός	das Volk, die Menge
		(*vgl.* Laie; urspr. ‚einer aus dem Volk', d.h. Nichtkleriker)
107	λατρεύω	dienen
		(F idolâtre Götzendiener)
107	λέγω, ἐκλέγω, ὁ λόγος, λογίζομαι **266**. ὁμολογέω **335**	
	ἐκλεκτός, ή, όν	auserwählt, auserlesen
	δια|λογίζομαι	überlegen, erwägen
	ὁ διαλογισμός	die Überlegung, Erwägung
	εὐ|λογέω	1. gut von jmd. reden, jmd. rühmen, preisen
		2. segnen
		(*wie* L benedicere)
	ἡ εὐλογία	1. der Ruhm, Preis
		2. der Segen
	ἐξ|ομολογέομαι	1. (τι) etw. bekennen, eingestehen
		2. (τῷ θεῷ) (sich zu Gott bekennen:) Gott preisen
108	λευκός **269**	
	ὁ λύχνος	die Lampe
	ἡ λυχνία	der Leuchter (Ständer, an dem Lampen aufgehängt sind)
109	λύω, ἀπολύω **277**	
	ἡ ἀπολύτρωσις, σεως	(*urspr.* Loskaufung eines Gefangenen oder Sklaven:) die Erlösung
110	μακρός **280**	
	μακράν (*eigtl.* ὁδόν) *adv.*	weit, fern
	μακρόθεν *adv.*	von weitem, von ferne
111	μανθάνω **282**	
	ὁ μαθητής, τοῦ	der Jünger
112	ὁ μάρτυς **283**	
	ἡ μαρτυρία *und*	(die Aussage eines Zeugen:)
	τὸ μαρτύριον	das Zeugnis
	δια|μαρτύρομαι	1. etw. bezeugen
		2. (jmd. zum Zeugen machen:) jmd. dringend anreden, beschwören
113	ἡ μάχη **285**	
	ἡ μάχαιρα	das Messer, das Schwert
114	μένω, ὑπομένω **293**	
	ἡ ὑπομονή	die Ausdauer, Standhaftigkeit, Geduld
115	τὸ μέρος, μερίζω **294**	
	δια|μερίζω	verteilen
116	μεριμνάω	1. besorgt sein, Sorge haben
		2. etw. besorgen

117	ἡ μνήμη **305**	
	τὸ μνῆμα, ατος *und* τὸ μνημεῖον	die Grabanlage, das Grab
118	μοιχεύω (τινά)	Ehebruch treiben (mit jmd.)
119	τὸ μύρον	das Salböl (unserem Parfüm vergleichbar) (*vgl.* ‹schmieren›)
120	τὸ μυστήριον	das Geheimnis (*vgl.* Mysterium, mysteriös)
121	μωρός, ά, όν	töricht, dumm (*Stil.* Oxýmoron: ‚scharfsinniger Unsinn', Kombination zweier widersprüchlicher Begriffe, *z. B.* sanfte Gewalt, bittersüß)
122	νέμω, ὁ νόμος **312**	
	ἡ ἀ|νομία	die Gesetzlosigkeit
123	νέος **313**	
	ὁ νεανίσκος	der junge Mann
124	νίπτω	waschen
125	ὁ νοῦς, νοέω **317**	
	μετα|νοέω	seinen Sinn ändern, bereuen (‚Buße tun')
	ἡ μετάνοια	die Sinnesänderung, Reue (‚Buße')
126	ὁ νύμφιος	der Bräutigam (*vgl.* Nymphe: Braut, junge Frau)
127	ξένος, ξένιος **320**	
	ξενίζω	gastlich aufnehmen
128	ξηραίνω	etw. austrocknen, dürr machen
129	ὁ οἶκος, οἰκέω. οἰκοδομέω **325**	
	ἡ οἰκουμένη (*eigtl.* γῆ)	die ganze (von Menschen ‚bewohnte') Erde, die Menschheit (*vgl.* Ökumene)
	κατ|οικέω	1. wohnen; 2. bewohnen
	ὁ οἰκοδεσπότης, του (οἶ. + δεσπότης **106**)	der Hausherr
	ἡ οἰκοδομή	1. der Bau 2. die ‚Erbauung', (geistliche) Stärkung
130	ἀπ|όλλυμαι **330**	
	ἡ ἀπώλεια	das Verderben
131	ὁμοῖος **335**	
	ὁμοιόω	vergleichen
132	ὁράω **340**	
	τὸ ὅραμα, ατος	die Vision, das ‚Gesicht'
133	ὁ ὅρος **348**	
	τὰ ὅρια	das Gebiet
134	οὐδείς, οὐθέν = οὐδέν VI	
	ἐξ|ουθενέω	geringschätzen, verachten
135	οὐαί	‹wehe!› (L vae!)

136	ὁ οὐρανός **351**	
	ἐπ|ουράνιος, ον	am *od.* im Himmel befindlich, himmlisch
137	ὁ ὄφις, ὄφεως	die Schlange
138	ἡ ὄψις **355**	
	ἐν|ώπιον (τινός)	(angesichts:) vor jmd.
	ἐνώπιον πολλῶν μαρτύρων	vor vielen Zeugen
139	τὸ πάθος (πυ̥θ) **356**	
	πενθέω (τι)	klagen, trauern über etw.
140	ὁ παῖς **357**	
	ἡ παιδίσκη	die Magd
	ἐμ|παίζω (τινί)	mit jmd. seinen Spott treiben
141	πᾶς **360**	
	πάν|τοτε	zu allen Zeiten, immer
142	τὸ πάσχα (*undeklinierbar*)	das Passahfest; *spez.* das Passahmahl, Passahlamm
143	πατάσσω	schlagen
144	περι|πατέω	1. umhergehen, gehen 2. (vom Lebens-‚Wandel‘:) durchs Leben gehen, leben (*vgl.* Peripatos: urspr. Wandelgang, dann: Schule des Aristoteles, nach dem dort befindlichen Wandelgang)
145	πείθομαι. ἄ|πιστος **364**	
	πέποιθα *Pf.*	vertrauen
	ἡ ἀπιστία	der Unglaube
146	ἡ πεῖρα **366**	
	πειράζω	jmd. auf die Probe stellen, versuchen
	ὁ πειρασμός	die Erprobung, Versuchung
147	πέρα, πορεύομαι **369**	
	εἰσ|πορεύομαι	hineingehen
	ἐκ|πορεύομαι	herauskommen
148	περισσός **370**	
	περισσεύω	1. im Überfluß vorhanden sein, übrig sein 2. sehr reich sein 3. jmd. sehr reich machen
149	ἡ περιστερά	die Taube
150	πιέζω **373**	
	πιάζω (*volkstümlich für* πιέζω)	jmd. verhaften
151	πίμπλημι, τὸ πλῆθος, πληρόω **374**	
	πληθύνω	vermehren
	τὸ πλήρωμα, ατος	1. die Füllung, der Inhalt 2. die Fülle, der Überfluß

152	πίνω, τὸ ποτόν **375**	
	ποτίζω	jmd. trinken lassen, jmd. zu trinken geben
	τὸ ποτήριον	das Trinkgefäß
153	πίπτω **376**	
	ἀνα|πίπτω	sich zu Tische legen, speisen
	τὸ παρά|πτωμα, ατος	(‚wenn man daneben fällt‘:) der Fehltritt, die Sünde
154	πλανάομαι **377**	
	πλανάω	irreführen
	ἡ πλάνη	der Irrtum
155	ὁ πλοῦτος **383**	
	πλουτέω	reich sein
156	τὸ πνεῦμα **384**	
	πνευματικός, ή, όν	geistig, geistlich
157	ὁ ποιμήν **387**	
	ποιμαίνω	(eine Herde) weiden
158	ὁ πόρνος	der Hurer, der Unzüchtige
	ἡ πόρνη	die Hure, Dirne, Prostituierte
	ἡ πορνεία	die Hurerei, Unzucht (*vgl.* Porno-graphie)
159	ἡ πραΰτης, τητος	die Freundlichkeit
160	πρό VII	
	πρωΐ *od.* πρῴ *adv.*	‹früh› (morgens)
161	τὸ πτερόν, πτηνός **398**	
	τὸ πετεινόν	der Vogel
162	πτωχός, ή, όν	bettelnd, arm
163	ἡ ῥάβδος	der Stab, Stock
164	*Aor.* ἐρρήθην (λέγω) **266**	
	τὸ ῥῆμα, ατος	1. das Wort, der Ausspruch 2. die Angelegenheit
	ἡ παρρησία (πᾶν **360** + ρη-)	1. die Offenheit, Freimütigkeit (παρρησίᾳ frei heraus) 2. die Öffentlichkeit
165	ἡ ῥίζα, ης	die Wurzel
166	ῥύομαι	retten
167	τὸ σάββατον	1. der Sabbat 2. die Woche
168	σαλεύω	hin- und herbewegen, ins Wanken bringen
169	ἡ σάλπιγξ, ιγγος	die Trompete, Posaune (*Med.* Salpinx: Ohrtrompete)
	σαλπίζω	trompeten, in die Posaune stoßen
170	σέβομαι **410**	
	ἡ εὐ|σέβεια	die Frömmigkeit
171	ἀ|σθενής **414**	
	ἀσθενέω	schwach sein, krank sein

172	σιωπάω	schweigen
173	τὸ σκάνδαλον	(*urspr.* das Hölzchen, bei dessen Berührung die Falle zuschnappt:) 1. (die Veranlassung zur Sünde:) die Verführung 2. (der Gegenstand der Empörung:) das Anstößige, das Ärgernis (*vgl.* Skandal)
	σκανδαλίζω	1. (zur Sünde veranlassen:) verführen 2. Ärgernis erregen
174	τὸ σκότος **423**	
	ἡ σκοτία	die Dunkelheit, Finsternis
175	τὰ σπλάγχνα	das Herz (als Quelle von Mitleid, Liebe und Erbarmen)
	σπλαγχνίζομαι	Mitleid empfinden, sich erbarmen
176	ὁ σταυρός	das Kreuz
	σταυρόω	kreuzigen, ans Kreuz schlagen
177	ἀπο|στέλλω **427**	
	ἐξαπο|στέλλω	aussenden, fortschicken
	ὁ ἀπόστολος	der Abgesandte, Apostel
178	στηρίζω	(fest machen:) stärken, kräftigen (*von* στερεός fest; *vgl.* stereotyp u.a.)
179	στρέφω, ἀναστρέφω **432**	
	ἐπι|στρέφω *und* ἐπι|στρέφομαι	1. sich umwenden, umkehren 2. sich bekehren
	ἡ ἀναστροφή	das Verhalten, die Lebensführung
180	ἡ συκῆ	der ‹Feigen›baum
181	ἡ σφραγίς, ῖδος	das Siegel
	σφραγίζω	versiegeln
182	ἡ τάξις, τάττω **439**	
	ὑπο|τάσσω	unterordnen
183	ταπεινόω	1. jmd. erniedrigen, klein machen 2. jmd. demütig machen
184	τείνω **442**	
	ἀτενίζω (α *copulativum*)	‚gespannt' hinsehen auf jmd.
185	ἐν|τέλλομαι *Aor.* ἐν|ετειλάμην	jmd. etw. auftragen, befehlen
	ἡ ἐντολή	der Befehl, das Gebot, das Gesetz
186	τὸ τέλος, τέλειος **445**	
	τελειόω	vollenden
187	τέμνω **446**	
	περι|τέμνω	(die Vorhaut) beschneiden
	ἡ περιτομή	die Beschneidung

188	τίθημι (*Wurzel* θε-). προτίθημι **451**	
	ἀ|θετέω (α *privativum*)	für ungültig erklären, nicht anerkennen (*Textkritik* athetieren)
	ἡ δια|θήκη	die (testamentarische) Verfügung, das Testament
	ἡ πρό|θεσις, σεως	1. die Ausstellung οἱ ἄρτοι τῆς προθέσεως die Schaubrote (im Tempel) 2. der Vorsatz, Entschluß
	ὁ θεμέλιος	das Fundament
189	ἡ τιμή, τιμάω **453**	
	ἐπι|τιμάω (τινί τι)	jmd. etw. vorwerfen, etw. an jmd. tadeln
190	ὑγιαίνω **467**	
	ὑγιής, ές	gesund
191	ὕστερος **473**	
	ὑστερέω (τινός)	1. (an späterer Stelle kommen:) geringer sein (als jmd.) 2. (*auch Med.*) Mangel leiden (↔ περισσεύω 12.148)
192	ὑψηλός **474**	
	ὑψόω	erhöhen
	ὕψιστος, η, ον	der höchste
193	φαίνω, φανερός. τὸ φῶς **475**	
	φανερόω	offenbar machen, sichtbar machen
	ἐμ|φανίζω (↔ ἀ|φανίζω)	sichtbar machen, jmd. etw. erklären, (einer Behörde) etw. anzeigen
	φωτίζω	hell machen: 1. beleuchten 2. (geistig) erleuchten
194	φάσκω, φημί **477**	
	βλασφημέω	verleumden, lästern
	ἡ βλασφημία	die Verleumdung, Lästerung (*vgl.* Blasphemie)
	ὁ προ|φήτης, του	(der Verkünder) der Prophet
	προφητεύω	1. (die Gottesoffenbarung) verkündigen 2. (Zukünftiges) voraussagen, weissagen
	ἡ προφητεία	1. die prophetische Begabung 2. die Weissagung
	ὁ ψευδοπροφήτης, του (ψεῦδος **506**)	der falsche Prophet
195	ἡ φιάλη	die (Trink-)Schale (*vgl.* Phiole)

196 ἡ χάρις **496**	
ἡ χαρά	die Freude
τὸ χάρισμα, ατος	das Gnadengeschenk, die (göttliche) Gabe (*Theol.* Charisma)
εὐ|χαριστέω	Dank sagen, danken
ἡ εὐχαριστία	der Dank (*Theol.* Eucharistie: urspr. das die Abendmahlsfeier einleitende ‚Dankgebet', dann: Feier des hl. Abendmahls)
197 ἐκ|χέω	ausgießen, (Blut) vergießen
Aor. ἐξ|έχεα	
198 ἡ χήρα	die Witwe
199 ὁ χιτών, ῶνος	der „Chiton" (weißes Gewand, das ohne Unterwäsche getragen und durch einen Gürtel zusammengehalten wurde; gleichermaßen Tracht von Männern und Frauen)
200 ὁ χόρτος	das Futter, Gras, Heu (*vgl.* L hortus)
χορτάζω	satt machen, sättigen
201 ὁ χριστός	(*eigtl.* der — zum König — Gesalbte, *von* χρίω salben:) der Christus (*Übersetzung für hebr.* Messias)
202 χωλός, ή, όν	lahm
203 τὸ ψεῦδος, ψεύδομαι **506**	
ὁ ψεύστης, του	der Lügner

Alphabetischer Index

Die Zahlenangaben bedeuten im einzelnen (Beispiele):

IV: Wort in Gruppe IV der „Kleinen Wörter“.
5: Wort in der Wortfamilie Nr. 5 des GWS.
6.11: Wort in der Wortfamilie Nr. 11 des AWS Nr. 6 (Platon).
(6): Wort im Vorspann zum AWS Nr. 6 (Platon).
(10.3.): Wort im Vorspann zum AWS Homer, „Kleine Wörter“, 3.
W 2.1.2.: Prä- bzw. Suffix im Abschnitt Wortbildung
⚠ composita von εἶμι (ἰέναι) erscheinen im Infinitiv.

A

B

Γ

Δ

E

Z

H

Θ

I

K

Λ

Μ

N

Ξ

O

Π

Ρ

Σ

T

Y

Φ

Χ

Ψ

Ω